爱心与教育

［20周年纪念版］

AIXIN YU JIAOYU

李镇西 · 著

漓江出版社

·桂林·

图书在版编目 (CIP) 数据

爱心与教育：20 周年纪念版 / 李镇西著 . — 桂林：
漓江出版社，2018.6（2023.9 重印）
ISBN 978-7-5407-8449-2

Ⅰ. ①爱… Ⅱ. ①李… Ⅲ. ①素质教育— 教育研究
Ⅳ. ① G40-012

中国版本图书馆 CIP 数据核字 (2018) 第 113146 号

爱心与教育（20 周年纪念版）
作　　者　李镇西

出 版 人　刘迪才
策划组稿　文龙玉
责任编辑　章勤璐
书籍设计　石绍康
责任监印　黄菲菲

出版发行　漓江出版社有限公司
社　　址　广西桂林市南环路 22 号
邮政编码　541002
发行电话　010-85891290　0773-2582200
邮购热线　0773-2582200
网　　址　www.lijiangbooks.com
微信公众号　lijiangpress

印　　制　天津嘉恒印务有限公司
开　　本　710 mm × 960 mm　1/16
印　　张　21
字　　数　360 千字
版　　次　2018 年 6 月第 1 版
印　　次　2023 年 9 月第 9 次印刷
书　　号　ISBN 978-7-5407-8449-2
定　　价　79.80 元

目 录／Contents

回望 20 年，重新审视爱

——《爱心与教育》出版 20 周年随想

李镇西

一

时间不知不觉飞速流逝，整整 20 年过去了……

当年写《爱心与教育》时，我还属于大小伙子，而今临近退休；第一批《爱心与教育》的读者，大多是风华正茂的师范生或大学毕业生，而今已步入中年；而《爱心与教育》的故事中天真烂漫的孩子大多已经为人父母，许多读者都很惦记的宁玮，甚至已经当奶奶了。

但我依然忘不了 1997 年那个夏天。八月下旬，我从成都市玉林中学调到成都石室中学。在搬家的过程中，一张张发黄的老照片和一本本教育随笔触发了我的回忆，这些充满感动的回忆全是关于我和我的学生们的故事，我决定把这些故事讲述给更多的人听。当时我学电脑打字不久，每天下班后，我便坐在阳台上的台式电脑前，开始一个字一个字地敲，夕阳将余晖打在我的流汗的背上。经过一个月在电脑前的“零敲碎打”，《爱心与教育》一书写成了。几个月后正式出版，已是 1998 年。

当时，我怎么也不会想到，它会激起那么强烈的社会反响，更没有想到它会一直畅销至今。

二

《爱心与教育》并非我的处女作，却是第一本引起强烈反响因而给我带来巨大声誉的著作。关于这本书，我要感谢的人太多，其中最值得我感谢的有两位老师：

四川少年儿童出版社的郭孝平和漓江出版社的文龙玉。郭孝平老师是《爱心与教育》文稿的第一位读者，也是该书的责任编辑，正是在她逐字逐句地反复打磨、精心编辑下，《爱心与教育》由一份粗糙的手稿变成正式的著作。郭老师是《爱心与教育》出色的“接生婆”——或者用一个文雅的称呼叫“助产士”。正是由于郭老师的精心呵护，《爱心与教育》得以问世。

《爱心与教育》在四川少年儿童出版社的合同到期后，漓江出版社的文龙玉老师找到我，主动提出要将《爱心与教育》重新打造，修订出版。在文老师的建议和指导下，我对《爱心与教育》进行了修改充实，以更完美的形式呈献给了读者。作为一名优秀的责任编辑，文老师还具备出色的营销能力，所以后来《爱心与教育》的发行量不断攀升。如果说，没有郭老师就不会有《爱心与教育》的出版；那么，如果没有文老师，就不会有《爱心与教育》的畅销。我将永远铭记和感谢郭孝平老师与文龙玉老师！

三

我知道围绕这本书，20年来有太多感人的故事，也有许多年轻人的确因为这本书爱上了教育并成长起来。

去年我去贵州省兴义市讲学，一位中年女教师拿着一本翻旧了的《爱心与教育》让我签字，我一看封面就知道是最早的版本。扉页上有她当年购书的时间记录:2000年7月1日。我再翻了翻，里面勾勾画画，圈圈点点，看得出她读得很细。她说:“当时我去成都旅游便买了这本书。这么多年来，我经常翻看。这本书对我影响巨大！我不知读了多少遍，推荐给了许多人。我曾经走进成都石室中学，特别想拜见您，还托人找到您的电话，但没敢联系您。这本书对我的影响是前所未有的。我可以说出太多太多的情节……”现在，她已经是贞丰中学的校长了。

这样的老师，这样的故事，我还听到过很多很多，但即使我“听到过很多很多”，我也知道还有更多类似的老师和故事我没听说。但这不重要，重要的是，《爱心与教育》的确影响了千千万万年轻教师的教育人生，这是不争的事实。虽然这并非我的初衷——当年我写作时不过就是想让更多的人分享我的教育故事而已，但当拙著产生了我意想不到的良好社会效果之后，我也不想掩饰自己的自豪。

四

同样不必掩饰的是，这本书对我自己的改变与影响，也是巨大的，而且也超出了我的意料。

这本书出版后的第三个月，中央电视台《读书时间》编导李潘老师，以专题片的方式向全国观众推荐；出版后的第二年，《爱心与教育》同时获得中宣部“五个一工程奖”、冰心图书奖、中国教育学会教育科研成果一等奖。至于该书所获得的省级市级荣誉就更多了。从中央到地方，媒体好评如潮。

这本书出版之前，我基本上没有什么来自官方的荣誉，而 1998 年以后，各种荣誉纷至沓来：成都市有突出贡献的优秀专家、成都市劳动模范、四川省特级教师、四川省优秀教育工作者、2000 年全国中小学十杰教师提名、全国优秀教育工作者……由普通教师成了“教育专家”，这是《爱心与教育》带给我的改变。

《爱心与教育》还给我带来了自信——原来我也可以这样写教育的书！不必堆砌理论术语，不必追赶学术时髦，不必生造晦涩概念，不必搭建宏大框架，朴素、自然、真诚叙事，紧贴校园、面向孩子，让情感和故事从心里自然而然流淌出来……这都可以成为我的写作风格和手法。

正是《爱心与教育》的成功，让我继续自己的真诚写作——20 年来我又写下了《做最好的老师》《做最好的班主任》《做最好的家长》《我的教育心》《教育所思》《教育为谁》《幸福比优秀更重要》《自己培养自己》《好的管理莫过于示范》《好的教育莫过于感染》等 70 余部著作。

五

《爱心与教育》是对我教育之爱的理解与实践，但该书出版后又促使我更加自觉地维护甚至捍卫教育之爱。这种“维护”和“捍卫”不是停留在一般的“呼唤”上，而是更加深入地思考“爱心”与“教育”的关系。如果说，在写《爱心与教育》之前，师爱对我来说更多的是一种质朴的体验和源于良知的流露；那么，《爱心与教育》出版后，面对巨大的反响和由此引发的各种关于师爱的讨论，我更多的则是理性地思考与深入地追问。

拙著《爱心与教育》出版十多年来，我的教育理念和实践被有些人好心地贴了一个标签——“爱心教育”。对此，我一直不认可。这是对我的一种误读。

我不否认教育之爱，特别在这教育爱心越来越被忽略甚至被冷落的时代，强调爱心是必要的。爱是教育的前提条件，所以“没有爱，就没有教育”这话绝对是站得住脚的。在市场经济的今天，教育的爱在某些老师眼里已经淡化了。人们从书中读到了久违的温馨故事，因而热泪盈眶。本书出版二十年了，它依然能够让一些读者感动流泪，这说明人们依然呼唤着教育的爱。

六

但是，我们不能由此得出“有了爱就有了教育”的结论。从逻辑上说，“爱”只是教育的必要条件，而绝非充分条件。打个比方，我们可以说“没有米，就做不成饭”，但不能说“只要有了米，就能做成饭”，因为要做成饭还得有其他条件：水、火、锅以及“巧妇”等。教育同样如此，除了爱，还要有思想、智慧、技巧等。把“只有……才……”（“只有有了爱，才有教育”）当成“只要……就……”（“只要有了爱，就有了教育”）——好多对教育爱心的误解，都源于此。

所以说，“只有爱，也没有教育”这也是真理。缺乏爱的教育是伪教育，但用爱取代一切，也不可能有真正的教育。教师还要有职业精神，要有民主与平等的现代意识，要有渊博的学科素养和厚重的文化底蕴——一句话，要有不可替代的专业能力。

因此，今天我们重新审视教育的爱，它绝不只是一种简单的教师对学生的情感，而应该是充满民主精神和智慧的爱。

七

教育之爱应该是充满民主精神的爱。

民主的核心是对人的尊重，因此充满民主的爱同样意味着“尊重”——尊重学生的人，尊重学生的情感，尊重学生的思想，尊重学生的个性，尊重学生的差异，尊重学生的人权，尊重学生的创造力……当然，与此同时，也要教会学生尊重他人。特别要指出，这里的“尊重”还包括对规则（法律和规章制度）的尊重。因此，必要的教育惩戒也是充满民主之爱的固有要素。

不过，针对当下的教育现实，我更要强调的是，尊重学生，意味着教育者要有“儿童视角”。一个真正拥有民主之爱的教育者，应该在某种意义上把自己变成孩子，即学会用孩子的眼睛去观察，用孩子的耳朵去倾听，用孩子的大脑去思考，用孩子的兴趣去探寻，用孩子的情感去热爱。唯有如此，我们才能真正培养出同样具有民主情怀和博爱之心的下一代。

八

教育之爱还应该是充满智慧的爱。

这里的“智慧”，特指教育的专业智慧。然而，并不是每一位教师都具有教育的智慧。这样的老师可能为数不少，他们发自内心地爱孩子，对待工作很敬业，几乎随时守在学生身边，可依然管理不好班级；他们几乎每天放学后都把学生留得很晚，给学生义务补课，可学生的成绩还是没有提高。所以有人说：“一个学校最可怕的事情是，一群愚蠢的教师却兢兢业业。”这样的教师为什么“兢兢业业”？因为他爱着自己的学生。可为什么说他“愚蠢”？因为他缺乏专业智慧。缺乏爱的教育是伪教育，但用爱取代一切，也不可能实现真正的教育。

真正富有教育之爱的教师必须拥有深厚的文化功底、丰富的学科素养和高超的育人艺术——这些最后都体现于如何带好班、如何上好课、如何与学生谈心、如何进行家访、如何处理每一次突发事件等方面的智慧。离开这一切，空谈对学生的爱，是没有用的。

没有民主的爱，是专制的“爱”；没有智慧的爱，是愚蠢的爱。唯有民主和智慧的爱，才是我们需要的教育之爱。

九

一本书真的能够改变中国教育吗？我不敢如此乐观。

不知从什么时候起，我们似乎已经习惯于频频见诸媒体的师生暴力冲突——

12 岁男孩小汪，在无锡某小学上 4 年级的小汪，在学校上体育课时遭老师体罚，竟然被老师用脚踹断了 3 根肋骨！

在陕西省某中学的课堂上，因为一女生成绩下滑，又背了一个与学生身份不符的时尚包包，25 秒内被连着扇了 5 个耳光，女老师一边扇一边不停地骂，频频说出脏话。

铜川市耀州区某学校一学生未完成作业被老师“教育”，家长竟带人到老师家里算账，活活将其打伤致死。

广西柳州某中学初二男生小强与另一名男同学小陈违纪被执勤女教师王某批评，但两学生不但不听，反而将王老师“引”向了学校的男厕所，随后便将王老师往男厕里拖，并一阵拳打脚踢，甚至专门踢打老师的下体。

湖南省益阳市沅江三中高三 1502 班学生罗某杰因未完成作业，在与班主任鲍某交流的过程中发生冲突，罗某杰拿刀刺向鲍某脖子，鲍老师送进医院不治身亡。

……

20 年前我写《爱心与教育》时，师生之间的情感已经不如过去——不然拙著不会引起那么大的反响，但很少听说现在这般骇人听闻的恶性事件。每当看到这些新闻，我都不寒而栗：本来最富人情味的教育工作，居然成了最危险的职业；本来最亲密和谐的师生关系，现在居然伴着泪水与鲜血！如果这样的“教育”继续存在，无论中国的经济如何发达，中国人民也毫无幸福感可言！

亲爱的读者，对不起，现实无法让我这篇文字有一个温馨的结尾。但我还是想表达一个真诚的心愿——

希望再过 20 年，拙著《爱心与教育》不再畅销，甚至无人问津。因为到那时每一位教师的生活，都是一部属于自己的《爱心与教育》。

2018 年 4 月 4 日

序言：我们为什么要办教育？

余心言

读了李镇西同志写的教育手记，不由得不思考这样的问题：我们为什么要办教育？或者说，孩子们为什么要上学？

不能说过去没有提出过这样的问题。不但是思想家们、教育家们，而且千千万万为人父母者都回答过这样的问题。可惜许多人的回答过于简单。他们认为，上学就是为了读书。为什么要读书？读书是为了升学。升了学还是读书。最后的目的呢？找个好职业，过更好的生活。

于是又有新的问题出来：读好书是不是就一定能达到这样的目的？怎样才算读好书？分数高是不是就一定等于书读得好？

能够教育和受教育，是人类胜过其他生物的一大优势。人生苦短，几十年的实践，加上与生俱来的本能，人获得的能力毕竟有限。面对严酷的自然界，这些能力实在不足以应付。然而，人还可以通过教育获得前人和他人从实践中得来的知识，并且在这个基础上继续前进。于是，人就可以一代胜过一代，并且发展的速度越来越快。短短二三百万年，就从“其异于禽兽也几希”的境地，进步到如今的规模，其前途仍未可限量。

在人类的教育史上，教师作为一种专业出现，最多不过几千年（从孔夫子至今不足三千年）。这算是一个里程碑。现代学校的出现，不过三四百年。这又是一个里程碑。这两次大的飞跃都极大地加快了人类进步的速度。教师是天底下最崇高的职业。教师之功不可没。

说教师的职业最崇高，还因为他们生产的产品是世间最高级的产品——人才。人本身就是宇宙间已知的物质的最高级形态。对这个最高级的物质形态进行加工、雕琢，当然是一种最高级的劳动。人对于人自身的认识又还远远不足。在这种情况下，从事人的教育，更是一种艰苦的、带探索性的、后果往往难以完全确定的劳动。

为了教育自己的后代，人类在这方面的探索并没有停止过，而且已经取得了许多重要的进展。学校的分类、分级，学科、课程的分设，辅助教学设备以至电化教育设施的运用，实验、作业、考试、实习以及各种有益的教学方法，等等，都是教育科学研究的成果。

正像人类认识的每一个成果，只要向着另一方向多走一小步，真理就会变成谬误。对于教育领域里的许多有用的做法，如果忘记它们只是达到培养人才目的的手段，就完全有可能因为固守这些做法而远离我们的目标。因此我们还需要继续努力探索更加完善的做法。许多有志的教师正在这样做。李镇西同志的手记反映了这种努力的一部分可喜成果。

从李镇西同志的手记里，我们可以得到的最重要的启示，首先是认清自己的教育活动的目标，不是一张张的成绩单，不是一堆分数，不是高一级学校的录取通知，而是活生生的人，是人才，是能够在未来社会中站住脚跟、开创事业的人才。这样的人才，不仅要在学校里读书，通过读书获得一定的扎实的知识，更需要终身有读书的兴趣、求知的欲望，并且有能力自己学习，有能力找到自己所需要的知识，有能力吸取这些知识。这样的人才还要能够正确地处理社会各种复杂的人际关系，经历顺利和艰难、成功和挫折的考验。他们需要有知识，更需要有理想，有坚强的意志，有优良的品质。这一切都是需要在学校中奠定基础的。李镇西同志认为，这正是自己的职责。

其次，使我们强烈感受的是李镇西同志对学生的一腔爱心。这是所有成功教师的共同经验。爱孩子才能培育孩子的爱心。爱孩子才能无微不至地关心、注视他们成长中的每一个细节，才能为他们的每一点微小进步而衷心喜悦，才能感知他们的苦恼和困惑，并且为解决这些问题而费尽自己的心血。爱孩子，才能在十几年的时间里坚持不懈地写下那么多手记、札记，为进一步探索教育的规律积累那么多原始的宝贵的资料。

李镇西同志对待学生的平等态度，可能是他的这本手记中最有特色的部分。他是学生的老师，更是学生的朋友，而且是知心的朋友。正因为他知学生们的心，他就赢得了教育引导的主动权，同时也赢得了学生对他的尊重。在他和学生之间，我们看不见有什么“代沟”。有的人用“孩子王”的说法来贬低教师。其实，要做孩子们认可的“王”，真是谈何容易！

人的成长过程，变数实在太多，因此更需要有众多的有心人用心地探索、研究。李镇西同志的这本手记，就是他的“心灵写诗”。他是把自己一颗火红的心投入这个美好的事业中的。在这个世纪之交，中华民族振兴、腾飞急切地要求全民族素质提高的时候，出版他的手记，相信会受到许多教师的欢迎，也会受到许多家长的欢迎。同时我还相信，一定还有许多李镇西的同行们，也有他们的札记、手记。

我们期待有更多这样的作品出版。

1998 年 5 月

（本文作者余心言，原名徐惟诚，中共中央宣传部原常务副部长。）

引言：高扬民主、科学、个性的教育旗帜

——我的教育思想历程

李镇西

世纪之交的中国基础教育，使用频率最高的词语，当首推“素质教育”。

对于素质教育，已经有许多专家提出了不少精辟深刻、令我折服的见解。我是长期在基础教育第一线从事教育的实际工作者，因而不具备宏观的、高层次的理论思维，但十多年鲜活的校园生活使我对素质教育全身心地拥护，而且我的教育历程使我对素质教育有着自己独特的理解——

“素质教育”的大旗上，有一个大写的“人”字：它是目中有“人”的教育，是充满人性、人情和人道的教育，是为了一切人全面发展的教育！

我的这个理解，不是纯理论思考的结果，而是十几年教育实践赋予我的思想结晶。

不知我这样说是否有拔高自己之嫌：刚参加教育工作时，我有一种真诚的责任感和使命感。这种责任感和使命感，当然来自我少年时代所受的关于理想主义和英雄主义的教育，但更来源于我对当时社会风气的深深忧虑。

记得当时就有同事对我调侃道：“你把胡耀邦该操的心都操了！”

是的，现在想起来，那时我的“庄严”与“神圣”的确有些幼稚，但我那颗真诚的责任心（后来成了我的事业心），至今未曾褪色！

就理论素养而言，我当时堪称“一贫如洗”，然而我仍然凭着一腔热情便“赤膊上阵”了：一天十几个小时和学生“泡”在一起，真正成了“娃娃头”！

开始对教育进行一些肤浅的理论思考，是在我出手“教训”欺负我班学生的学生之后的反思。

正是在那时，我第一次读到了苏霍姆林斯基的《要相信孩子》，这本定价三毛六分钱的薄薄的小册子，成了我教育理论真正的启蒙读物，我也从此成了苏霍姆林

斯基的"追星族"一员。

苏霍姆林斯基在我教育生活中的出现，其意义远远超过了我对打学生这种错误行为的自我教育，更重要的是，对比当时的教育现实和我自己的教育状况，我第一次站在了"人"的高度来关注教育。

从教育现实来说，当时的"应试教育"显然远不及现在，但也端倪渐显，并已引起有识之士及社会各界的忧虑（当时对这一弊端的概括叫作"片面追求升学率"）。因此，教育已经明显开始畸形发展——在不少教育者眼中，学生的大脑就是装分数的容器。这样的背景下，学生的思想教育、能力发展以及综合素质的培养显然是远远不够的。

从我的教育现状来看，虽然我对学生充满了教育热情，但基本上是把学生仅仅当作被动接受教育的客体，而未把他们看作有自己独特心灵世界、有充分主体意识的人。在我的眼中，学生是作为共性存在的教育对象，而不是一个个独具个性的人。另外，当时我也注重了对学生进行德智体美劳几方面的教育培养，但这些教育只是孤立的德育、智育、体育等，而没有意识到任何有效的教育都是互相交融渗透的。

苏霍姆林斯基一系列精辟而又通俗的论述，一下子就深深地吸引了我——

他认为，我们的教育对象的心灵绝不是一块不毛之地，而是一片已经生长着美好思想道德萌芽的肥沃的田地，因此，教师的责任首先在于发现并扶正学生心灵土壤中的每一株幼苗，让它不断壮大，最后排挤掉自己缺点的杂草。

他提出，教育者的使命，就是让孩子各方面和谐地发展，而且，这种和谐发展的前提是对每一个学生个性的尊重："和谐的教育——这就是发现深藏在每一个人内心的财富。共产主义教育的明智，就在于使每一个人在他的天赋所及的一切领域中最充分地表现自己。"

他还十分注重"集体"这个有力的教育工具，特别强调集体中"共性"与"个性"的辩证统一。他一方面指出，"集体是在共同的思想、共同的智力、共同的情感、共同的组织这几个基石上建立起来的"；另一方面又指出，"如果学生没有个性，那就不会有集体"。

……

要想用三言两语概括苏霍姆林斯基的教育观点，不是一件容易的事。但我认为，他全部理论的基石无非就是一个朴素而富有人情味的愿望：把每一个学生培养成幸福的人！他说，教学大纲、教科书规定了给予学生的各种知识，但是没有规定给予学生最重要的一样东西，这就是：幸福。他的教育信念就是："要培养真正的人！"让每一个从他手里培养出来的人都能幸福地度过自己的一生，这就是苏霍姆林斯基的教育理想。

苏霍姆林斯基的观点是那样通俗，语言是那样亲切，连书名也充满了"人"的魅力：《要相信孩子》《我把整个心灵献给孩子》《关于人的思考》《给教师的一百条建议》《让少年一代健康成长》《怎样培养真正的人》……

可以说，苏霍姆林斯基的思想，是在我教育生涯的早晨投下的第一缕金色的霞光。

值得顺便一提的是，苏霍姆林斯基几十年如一日每天早晨 5 点钟就起来写教育日记的精神和做法，也深深影响了我。从那以后直到现在，我也一直坚持写教育日记、教育手记和教育随笔。

充满浪漫主义气息的"未来班"，是我第一次有意识比较系统全面的教育实验。其具体做法，在另外一本书里有详尽描述。在这里我想强调的是，在当时的历史条件下，未来班的教育实践是成功的，其标志固然是它符合了许多通常教育评价的"硬指标"；但在我的心目中，得意之点主要在于：我自觉地发挥了"集体"的教育功能，注意了各种教育内容和方式的有机融合，善于引导学生自我教育，开始重视学生的个性发展及其精神世界的充实，有意调动学校以外的积极因素参与教育……

更重要的是，未来班为学生的班级生活和我的教育生活增添了无穷的乐趣：学生通过生机勃勃的集体生活，切身体验到了成长的乐趣、发展的乐趣、创造的乐趣，他们拥有了自己充实而美好的精神世界；我通过学生的幸福体会到了自己的幸福，通过对未来班的创意、建设和发展体会到了教育科研的意义和教育艺术的魅力所在。

我当然不能像"事后诸葛亮"似的夸耀自己如何在十几年前就在搞"素质教育"了，但是，我最初教育探索的目的，就在于试图纠正当时"片面追求升学率"的教育的某些弊端，而且也部分地达到了自己的目的。

然而，未来班教育模式的缺陷也是明显的。虽然当时我并未意识到这一点，但继续向前推进的教育探索，逐步向我展示了未来班教育的缺陷，那就是：重继承，轻创新。

我是在对"宁小燕自杀事件"的剖析（参见本书《沉重的思考》）过程中，逐步意识到自己的教育缺陷的：革命传统教育永远是需要的，革命理想主义、英雄主义教育也是我们社会主义德育永远不可缺少的，但是，面对变化了的社会和日益发展的时代，如果我们的教育不及时更新内容，那就必然被社会和时代所抛弃，而且，如果我们的教育只是“玫瑰色教育”，那么，所培养的学生一旦走上社会必然碰壁。

未来班是我至今仍最为珍爱的教育诗篇，在具体的教育方式、手段和技巧上，无疑有许多创新，但其教育内容或者说贯穿其中的教育灵魂，却仅仅是力图继承恢复我国五六十年代的道德风尚。在未来班，我和我的学生也的确营造出了《青春万岁》中那样的一种纯真温馨的集体舆论和班级氛围；但是，我所培养的“郑波”们、“杨蔷云”们（注：郑波、杨蔷云均系《青春万岁》的主人公），从我这儿出去后，面对迥异于五六十年代风气的社会现实，肯定会产生“宁小燕”式的迷茫。这对我的教育来说，无疑是一种尴尬！

而当时日益汹涌的改革大潮，无疑呼唤着一种既深入学生心灵又真正面向未来的教育。一方面，面对日趋复杂的社会现象和紧张的生活节奏，学生的青春期心理疾病也渐渐增多，需要教育者深入每一个学生的心灵，而过去我们的教育除了“政治思想工作”，几乎没有真正的心理辅导和心理保健。同时，社会主义市场经济（当时的提法是“社会主义商品经济”）的发展，必然唤醒人们的主体意识，并期待着公民的独立人格、法制观念和民主精神的培养成为我们教育的应有内容。另外，现代社会所需要的价值观念、效益观念、竞争观念、信息观念、人才观念、创新意识、平等意识、守信意识、自立意识、破釜沉舟的冒险精神、愈挫愈勇的进取精神、机动灵活的应变能力、明察秋毫的预见能力以及人际关系处世艺术等，这些都是我们传统德育所缺乏或比较薄弱的。

1983 年邓小平同志关于“教育要面向现代化，面向世界，面向未来”的题词，无疑是中国教育由传统走向现代、由封闭走向开放的第一声春雷；而 1985 年《中共中央关于教育体制改革的决定》是我国新时期教育改革的第一声春雷，万里同志在全国教育工作会议上的讲话更是给我以强烈的心灵撞击：“教育体制改革的根本目的是提高民族素质，多出人才、出好人才。什么叫‘好人才’？一句话，就是新时代需要的人才。……这个新时代需要的人才，应该是有理想、有文化、有道德、有纪律，热爱社会主义祖国和社会主义事业，具有为国家富强和人民富裕而艰苦奋斗的献身精神，应该不断追求新知，具有实事求是、勇于创造的科学精神。这样的人才，才能真正成为新时代的主人和人民的公仆。这样的人才，当然具有独立思考、勇于探索、勇于创新的精神和民主的作风。如果缺乏这种时代精神和新的品质，没有理想、没有纪律、没有奋发进取的精神状态，不管有多少知识，也不能算新时代需要的人才。”同样在这篇讲话中，万里同志尖锐地抨击传统教育的弊端：“我国陈腐的传统教育思想和教学方法，可以说是一种封闭型的教育思想和教学方法。教育内容是固定的、僵化的，教育的任务就是灌输这些内容，不能稍加发挥，不能问个为什么，更不能怀疑，考试按固定的内容和格式照答就行，把学生引导到追求高分数上去。这种教育思想和教学方法培养出来的人才，只能是唯书、唯上，必然缺乏创造性和进取精神。历史上，凡是对人民做出较大贡献的政治家、思想家，都是或多或少地突破这种教育思想的结果。……我们现在要取得社会主义建设和经济体制改革的成功，就应该改革陈腐的传统教育思想和教学方法，大大发扬实事求是的精神，敢于创新的精神。”

这一时期，我发表了一系列教育反思的文章：《商品经济的德育思考》《中学德育危机原因初探》《德育观念的十大碰撞》《从理想的天空到现实的大地》《正视历史的进步》《回答学生关心的问题》《德育的困惑》《关于改进爱国主义教育的思考》……

以现在的眼光看，发表于 1987 年到 1990 年期间的这一系列的文章，观点也许偏激，认识也许片面，论述也许肤浅，但是，其中对教育现状的忧虑是真诚的，对教育弊端的思考是严肃的，对教育改革的期待是热切的。

当然不仅仅是忧虑、思考和期待，我也在实践中改进我的教育方法并更新教育内容——

我将学生青春期心理辅导纳入教育内容，系统地开展了学生青春期心理教育。通过专题讲座、个别谈心、书信交流等形式，真正走进学生心灵，对他们进行富有个性的引导和培养。我写下了近 20 万字的学生心理咨询通信和青春期教育论文，它们是我这一教育探索的结晶。

我继续进行班级集体主义教育的研究和实践。与过去不同的是，我在注重发挥“集体”对个人的教育功能的同时，更注重集体中个性的正常发展，使“集体”成为个性发展的健康摇篮，成为学生进行自我教育的有效载体。同时，我还对集体主义教育中压抑个性、依赖教师、追求虚荣等“假集体主义倾向”进行了研究和剖析。1990 年全年的《河南教育》特意为我开辟了《集体主义教育漫话》专栏，发表了我一系列的相关论文。

在班级管理上，我进行了用“法治”取代“人治”的探索。我大胆破除传统班级管理中的“人治”思想，采用体现民主观念和法治精神的“班级‘法规’”对班级实行“法治”管理。我的这一探索被《中国青年报》《天津教育》披露后，在全国引起较大反响。《天津教育》为此还专门展开了讨论和争鸣。即使到现在，我也不认为我的这一探索是完美无缺的，在理论上和实践上都还有许多值得商榷和改进的地方，但是，我所遵循的基本精神——让班级管理更加科学、更加民主，则已成为我坚定不移的信念。

另外，在学生创造性思维和能力的培养方面，在语文教学民主化的摸索方面，在教育个性化的尝试方面，在学校教育与社会教育关系的研究与实践方面……我都进行了有益的探索。

我开始被邀请到省内各地各学校讲学，后来又应邀到天津、河南、安徽、湖北、江西等省市汇报交流我的教育改革体会。我在宣传自己教育主张的同时，又得到了许多教育同行及专家的指导。

决不人云亦云，做一个勇于独立思考的教育者；决不因循守旧，做一个善于创新的教育者——是我那一时期教育的自觉追求。

1991 年初，我从乐山一中调到成都玉林中学，虽然仍然是当班主任和从事语文教学，但从以后的发展来看，这次调动是我教育事业的一个重要转折。

由于正式调动不很顺利，我在成都过了两年“单身汉”的日子，然而，我却因此有更多的业余时间读书、思考和写作。

我重新读了我书架上的苏霍姆林斯基的所有著作；同时，第一次完整地通读了《论语》《孟子》和《庄子》，读了《外国教育史》《人格心理学导论》，还读了一些与教育没有直接联系的书，如《马克思主义原理》《中国思想史论》《中国传统文化的反思》等。我试图从更深远的中外教育发展史和更广阔的文化背景中来思考教育，同时，从更多的科学理论中汲取教育养料。在这一时期所读的书中，特别值得一提的，是陶行知和叶圣陶的著作。我以前只是“语录”式地接触过这两位教育家的一些观点，而现在，我相对比较系统地阅读了《陶行知文集》和《叶圣陶语文教育论集》。说实话，我的阅读远远谈不上是精读，还只是浮光掠影的浏览，但尽管如此，我还是被两位教育家博大精深而又富于中国气派的教育思想所震撼了。联系我以前读过的苏霍姆林斯基，我不禁感叹：这几位教育大师的思想与我们今天的教育现实实在是太贴近了！他们所言所论，就仿佛是针对今天中国教育的弊端而发出的。换句话说，我们现在津津乐道的一些教改“新观念”，早在几十年前或更早，就被这几位教育家提出来了！

我以这些理论思考总结我的教育实践，完成了两本专著的写作：一本是《青春期悄悄话——致中学生朋友的100封信》（四川科技出版社出版），一本是与人合写的《班主任工作指导》（湖北少年儿童出版社出版）。另外，还在《中国青年报》《光明日报》《中国教育报》等十几家报刊发表了近百篇教育文章。

在教育实践方面，我进一步加强了对学生进行个性教育、民主教育和生活教育的研究和尝试。所谓“个性教育”，就是尊重学生个性、发展学生个性的教育，其核心是学生创造精神的培养。所谓“民主教育”，就是学生独立人格、平等意识、法治（注意:包括“法制”，但不仅仅是“法制”）精神等现代观念的教育。所谓“生活教育”，就是教会学生把书本知识转化为生活能力，把学校教育与日常生活沟通，把时代的活水引入课堂，把教育的空间扩展到社会的天地。

我在进行这些探索的时候，脑子里当然没有“素质教育”的概念，但对苏霍姆林斯基、陶行知、叶圣陶等教育家的理论学习和我自己多年的教育实践的回顾，使我形成了一个质朴的认识：教育的根本目的，是着眼于每一个“人”的发展，而不是培养“考试机器”；因此，唯分数至上的所谓教育，是目中无“人”的伪教育！

也正是有这样一种很质朴的认识，我开始对愈演愈烈的“升学教育”（这是我当时的概括）进行无情的抨击。在一篇题为《教育的魅力在于个性》（四川少年儿童出版社《中学生读写》1996年第4期发表）的文章中，我这样写道——

常说“不以成败论英雄”，但这话在中国似乎从来就未真正做到过。就目前中学教育而言，“成”的标志，从理论上讲，是学生德智体的全面发展；但事实上，“成”的唯一标志只是学生们的升学分数以及学校的升学率。这使许多有志于教育改革的人，虽然胸怀教育科学与教育民主的顽强信念，却不得不在“升学教育”的铁索桥上冒着“学生考不上大学一切都是白搭”的舆论“弹雨”，艰难而又执着地前行！

这是一种很不正常的教育评价：假如某位班主任的工作富有特色（比如班级管理尽可能交给学生，平时尽可能开展各种有益于学生全面发展的活动等），尽管在当时就可以判断出这些做法是符合教育规律的，但周围舆论仍然会自然而然地把目光投向几年后的高考：“工作倒是蛮有新意的，可万一高考滑坡怎么办？”“哼！就会搞一些花花哨哨的东西，到时候高考可有好戏看了！”……几年后，假若学生高考成绩不错，人们会齐声喝彩：“你看，人家的班级管理那么放手，而且又搞了那么多的班级教育活动，高考成绩仍然这么好，他确实有两下子！”相反，若高考成绩不理想或低于人们的期望值，同样的人也许会说：“班级管理那么松散，还搞了那么多与高考无关的活动，高考当然会砸锅——我早就料到了！”

于是，在当代中国，几乎任何一位“优秀教师”“优秀事迹”的辉煌大厦，都必须以其班级大大高于所在年级、所在地区平均水平的“升学率”作为支撑的主要栋梁，否则，他的一切教育思考、探索与创新都等于零！

不能简单说这种社会评价舆论完全不合理。因为在中国这个人口压力极大的国度，升学是人们今后就业竞争乃至生存竞争的最关键也最重要的途径；而且，使学生具有较高的科学文化素质，也是教育的重要目标之一。但是，这毕竟不是唯一的目标！特别是在“升学教育”压倒一切时，不但“做人第一”“全面发展”“发展个性”等教育要义成了点缀的口号，而且取得较高升学率所付出的代价，往往是学生个性精神的丧失！没有个性的教育必然培养出没有个性的学生——缺乏心灵自由，丧失主体人格，不会独立思考，毫无创造精神！长此下去，我们的民族是很难真正屹立于世界强盛民族之林的。

马克思常用“人的解放”来说明共产主义革命的最终目的。时代发展到今天，我们有理由这样认为：从某种意义上讲，没有“教育的解放”，就谈不上“人的解放”！——正在告别20世纪走向新世纪、渴望现代化、渴望在世界上彻底扬眉吐气的社会主义中国，尤其呼唤这种“解放”！

正是因为我（其实，绝不仅仅是我一个人）多年来就有着这样一种热切的呼唤，所以，当我第一次读到《中国教育改革和发展纲要》中“中小学要由应试教育转到全面提高国民素质的轨道上来”时，当我听到李岚清副总理提出“基础教育要由应试教育转向素质教育”时，是多么欣喜、多么激动！

时至今日，还有人对“素质教育”的概念提出质疑，甚至还有人对柳斌同志概括的“素质教育三要义”（即“面向全体学生”“让学生全面发展”“让学生生动活泼地主动发展”）嗤之以鼻，认为“搞了半天，素质教育就是这么个玩意儿”。但是，素质教育所体现的一些基本思想——“教育学生学会做人”“教育为社会发展服务主要是通过为每个人的个性发展服务来实现的”“中学阶段德育要培养学生三个意识：一个公民意识，一个爱国意识，还有一个民主意识”“要注重学生良好的心理素质培养”“教育多样性、培养目标多样化”等，则充分表明，素质教育是真正把学生当作“人”的教育！

回顾以往读过的教育理论书籍，我感到，“素质教育”的概念虽然是近几年才提出的，但我从许多前辈教育大家的著作中，都读到了不少体现素质教育精神的精辟论述，特别是陶行知的“生活教育”和苏霍姆林斯基的“和谐教育”，对我们今天的素质教育有着直接的指导意义。陶行知说：“我们此地的教育，是生活的教育，是供给人生需要的教育，不是作假的教育。人生需要什么，我们就教什么。”他明确指出，生活教育的“四大方针，即民主的、大众的、科学的、进步的方针”。他还大声疾呼，要“解放儿童的创造力”，“解放小孩子的双手，解放小孩子的嘴，解放小孩子的空间，解放小孩子的时间”。苏霍姆林斯基说：“所谓和谐的教育，就是如何把人的活动的两种职能配合起来，使两者得到平衡：一种职能就是认识和理解客观世界，另一种职能就是人的自我表现，自己的内在本质的表现，自己的世界观、观点、信念、意志力、性格在积极的劳动中和创造中，以及在集体成员的相互关系中的表现和显示。正是在这一点上，即在人的表现上，应当加以深刻地思考，并且朝着这个方向改革教育工作。”苏霍姆林斯基还以诗一样美好的语言描述道：“共产主义教育的英明和真正的人道精神就在于：要在每一个人（毫无例外地是每一个人）的身上发现他那独一无二的创造性劳动的源泉，帮助每一个人打开眼界看到自己，使他看见、理解和感觉到自己身上的人类自豪感的火花，从而成为一个精神上坚强的人，成为维护自己尊严的不可战胜的战士……人的充分的表现，这既是社会的幸福，也是个人的幸福。”

在重新学习陶行知教育思想时，先生有一段话特别震撼我的心灵：“要想完成乡村教育的使命，属于什么计划方法都是次要的，那超过一切的条件是同志们肯不肯把整个的心献给乡村人民和儿童。真教育是心心相印的活动。唯独从心里发出来的，才能达到心的深处。”

读着这段话，我很自然地想到了今天的素质教育。说到“素质教育”，不少教育者往往更多的是把眼光投向教学内容、教学方法、教学设备、考试制度等的改革，这些当然是必要的，但是我认为，素质教育绝不仅仅是教育技术层面的事，它首先是一种充满情感的教育，是充分体现教育者爱心与童心的教育，是“心心相印的活动”。

素质教育的提出，一下照亮了我十几年教育实践中潜在而朦胧的思想萌芽，我进而提出了我的“素质教育观”——素质教育是“民主、科学、个性”的教育！它是“民主”的教育：把学生当成有灵性的人，而非“学习机器”；发自肺腑地爱每一位学生而不仅仅是少数“尖子生”；教师把自己视为与学生在人格、尊严和情感上平等的朋友和探求真理道路上志同道合的同志。它是“科学”的教育：严格遵循教育自身的规律，而不是硬套经济规律，以致把学校办成工厂，把学生当成商品；同时更要符合学生心理的实际和他们的认识发展规律，把教育学生的过程还原为学生自我教育的过程。它是“个性”的教育：尊重学生在性格、情感、思想等方面的独特性，特别应尊重学生的精神世界；要求教育者摈弃“应试教育”中的“一刀切”，真正做到“一把钥匙开一把锁”；尊重学生的个性，还意味着不用升学与否来衡量学生是否成才，而是尊重学生未来的发展，坚信每一个学生都会在今后的社会生活中找到自己的位置。在我的心目中，“民主”是学生观，“科学”是教育观，“个性”是人才观。

以“民主、科学、个性”为主题，我写了两篇文章：《语文素质教育的思考与实践》《教育呼唤民主、科学与个性》。前者是谈语文教学改革的，发表在《语文学习》杂志；后者是谈班主任工作改革的，发表在《中国教育报》。同时，我又在四川《华西都市报》上发表了一组谈素质教育的系列文章。这些文章发表后，均收到良好的社会反响。

1997年9月，我来到具有悠久办学历史和优良文化传统的“中华名校”成都石室中学任教，又开始了素质教育新的探索……

“路漫漫其修远兮，吾将上下而求索。”新的世纪已曙光初露，素质教育尚任重道远。我个人的力量也许是微不足道的，但我仍然希望通过自己可能微不足道的探索，顽强地证明——

尽管也许还会有碰撞，但素质教育这只世纪鲲鹏，毕竟已经顽强地起飞了！

我把这篇题为《素质教育：在碰撞中顽强起飞》的最后一句话，移植过来作为这篇“思想历程”的结尾，是想表达一个同样顽强的信念：“素质教育”的旗帜终将在中国的每一座校园的上空猎猎飘扬！

谨以我这本《探索手记》，献给走向21世纪的中国教育，并为世纪之交的中国留下一页“素质教育备忘录”。

1998年1月8日

手记一：爱心和童心

——我和学生的感情故事

素质教育，首先是充满感情的教育。

一个受孩子衷心爱戴的老师，一定是一位最富有人情味的人。

只有童心能够唤醒爱心，只有爱心能够滋润童心。

离开了情感，一切教育都无从谈起。

关于爱心和童心的随想

当一个好老师的基本条件

常常有人问我："当一个好老师最基本的条件是什么？"

我总是不假思索地这样回答："拥有一颗爱学生的心！"

已有不少有识之士指出，素质教育的关键在于高素质的教师队伍。不过，按我的理解，这"高素质"的第一条应该是乐于像苏霍姆林斯基那样"把整个心灵献给孩子"。

这当然早已不是什么"新潮观点"。从孔子的"爱之，能勿劳乎？忠焉，能勿诲乎？"到夏丏尊的"没有爱就没有教育"，从罗素"凡是教师缺乏爱的地方，无论品格还是智慧都不能充分地或者自由地得到发展"到苏霍姆林斯基的"我把整个心灵献给孩子"……古今中外的教育家们教育思想有所不同，教育风格各有千秋，但有一点是共同的，那就是"爱的教育"。

素质教育，首先是充满感情的教育。

一个真诚的教育者同时必定又是一位真诚的人道主义者。

一个受孩子衷心爱戴的老师，一定是一位最富有人情味的人。

只有童心能够唤醒爱心，只有爱心能够滋润童心。

离开了情感，一切教育都无从谈起。

但这种情感，不是装模作样的"平易近人"，也不是教师对学生居高临下的"感情恩赐"，甚至不是为了达到某种教育目的而采取的"感情投资"（我对这种充满商业气息的说法向来十分反感），而是朋友般平等而真诚的感情。

感情当然不能取代教育，但教育必须充满感情。然而，有时候师生之间相互的感情并不一定有着明显的直接的"教育功利"目的。因为如果师生间建立起了感情的良性循环——教师经常想："这么好的学生，我怎么能不想方设法把他们教好呢？”学生经常想:“这么好的老师，我怎么能不好好听从他的教育呢？”——那么，我们的教育已经出现成功的曙光！

爱学生，就必须善于走进学生的情感世界。而要走进学生的情感世界，首先就必须把自己当作学生的朋友，去感受他们的喜怒哀乐。“每个孩子都引起我的兴趣，总想知道，他的主要精力倾注在什么上面，他最关心和最感兴趣的是什么，他有哪些快乐和痛苦等等。我的小朋友圈子一天天扩大，并且像我以后才意识到的那样，连我不曾教过课的那些孩子也成了我的朋友和受我教育的了。”——当第一次读到苏霍姆林斯基这段真诚的话时，我竟感动得眼睛都湿润了：一个享誉全球的大教育家竟然有这样一颗爱孩子的童心！还是这位我敬重的教育家，曾在一个春天，和他的学生们共同买了一条小木船，然后划到一个荒无人烟的小岛上去探险。教育家写道:“可能有人会想，作者想借这些事例来炫耀自己特别关心孩子。不对，买船是出于我想给孩子们带来快乐，而孩子们的快乐，对于我就是最大的幸福。”（苏霍姆林斯基:《帕夫雷什中学》）

教师对学生真挚的爱，这是我们感染学生的情感魅力。有些教师总喜欢在学生面前表现出“高深莫测”“凛然不可侵犯”的“派头”，从中体验着自己的“尊严”。其实，这不是尊严，只是威严。真正的尊严是敬重而非敬畏。师生在人格上应是绝对平等的，教师不应自视比学生“高人一等”。因此，我们对学生的爱，不应是居高临下的“平易近人”，而应是发自肺腑的对朋友的爱。这种爱的表达既是无微不至的，又是不由自主的：上课时面对学生的问候，我们不是礼节性地点点头，而是充满真诚感激之情地深深鞠躬；气温骤降，我们感到寒冷时，也自然急切地提醒学生“多穿一件衣服”；学生生日到了，班主任笑眯眯地送上一张贺卡；节假日，我们邀约学生（或被学生邀约）去远足郊游，去登山探险；在课余，与学生一起评论甚至争论一下北约东扩的影响、中东和平的前景或马拉多纳或郝海东……当我们把爱心自然而然地献给学生时，学生就不只把我们当作老师。这时我们获得的尊严，就不仅仅是教师的尊严，更有朋友的尊严、同志的尊严、兄长的尊严、父亲的尊严。

教师真正的尊严，从某种意义上讲，并不是我们个人的主观感受，而是学生对我们的道德肯定、知识折服和感情依恋。当我们故作尊严，甚至以牺牲学生的尊严来换取自己的尊严时，学生根本不会买我们的账，只会向我们投来冷漠的眼光；当我们“无视”自己的尊严，而努力追求高尚的品德、出色的教育、真诚的感情，并随时注意维护、尊重学生的尊严时，学生会把他们全部的爱心和敬意奉献给我们。

这样，我们便把自己尊严的丰碑建在了学生的心中！由此，我们可以得到一个朴素的真理——

教育者的尊严是学生给的！

本来，从某种角度看，我其实是很不适宜于当老师的，因为我性子太急躁，常常忍不住就发火甚至对学生态度粗暴，但是从另外一个角度看，我当老师又有着自己的可能是独特的优势，这就是我很爱孩子，或者说我的性格里面本身就有许多“孩子气”。就教育技巧或者说教育艺术而言，我有许多致命的弱点，因而在我的教育历程中，我有过不少至今想起来都令我脸红的失误。但是，只有一点我可以毫无愧色地说：我有一颗童心！

这颗童心，使我深深地爱着我每一届学生、每一位学生；这颗童心，使我的学生原谅了我对他们有时抑制不住的暴怒；这颗童心，不止一次使我和学生一起欢笑，一起流泪；这颗童心，使我自然而然地走进了学生的情感世界，也让我的学生常常不知不觉地拨动了我的情弦……

爱心和童心，是我教育事业永不言败的最后一道防线。

“是我们把您气病的”

刚参加工作那几年，出于爱孩子的天性，我几乎整天都和比我小不了多少的学生泡在一起，因此，学生们喜欢我，他们的家长也很感动。

我首先得到的关怀，是来自学生们的家长。

汪斌同学的父亲来学校看我，见我单身宿舍除了一个书桌、一个书架和一张床，便是一个煤油炉子，他对我说：“李老师，您可要注意身体啊！要学会照顾自己，尤其是要加强营养。”他第二次来的时候，给我提来一筐鸡蛋，让我补补身子。可我怎么能收学生家长的东西呢？我推让了很久，但他硬要我收下，我只好收下了。

这位家长走后，我老觉得不安，便想了个处理这一筐鸡蛋的办法。

第二天课间操时，我用煤油炉子煮一个鸡蛋，然后，叫来汪斌，把热鸡蛋塞给他：“这是你爸爸托我给你煮的，快趁热吃了！”

于是，我开始每天都定时给汪斌煮一个鸡蛋，一直持续了整整一个月。

后来，有老师知道了这件事，都说我“太爱学生了”，我却不好意思地说：“他是我表弟！”

是的，我没有把握我对学生的赤诚能够被所有人理解，相反，那时年轻幼稚的我生怕别人说我“假得很”……

1983 年，是我参加工作的第二年。这年春天，我因劳累过度，患上了严重的神经衰弱症，常常连续几夜不能入睡，最后，医生不得不决定让我住院治疗休养。

我本不打算告诉学生，想悄悄离开学校，以免学生们感情受到震动。可临时代我做班主任的冯老师却在她上体育课时告诉了学生们，于是，在离校那天下午我为学生上最后一堂课的时候，教室里哭成了一片！

放学后，许多学生又含泪来到我的宿舍，韩军、李松、张红霞等几个孩子天真地问我联系好医院没有，如果没有的话他们愿意帮我找“最好的医院”。

一批学生走了，又一批学生来了，就像我永远不会再教他们似的。

天色已晚，我的头也有些昏沉沉的，便准备回我母亲家了。可又来了几位女同学：许艳、毛利、黄慧萍、杨红、耿梅。

她们一进屋，就“呜呜”地哭了起来，我一时真不知该怎么劝她们，但又不能让她们这么老哭下去，便用开玩笑的口吻对她们说：“谢谢你们来参加李老师的追悼会！”

但她们并没有被我逗笑，不过哭声渐渐小些了。

过了很久，几位同学抽泣着说：“李老师，以前我们惹您生气了，做了对不起您的事。请您原谅！”

我说：“哪儿的话？你们从来没有对不起我，别哭了！你们都是非常非常可爱的孩子，是我最喜欢的学生！”

谁知听了我的这句话，她们竟又哭得厉害了：“呜呜……是我们把您……气病的……呜呜……”

于是，我装出真的很生气的样子，说：“你们怎么不听李老师的话呢？叫你们别哭，可你们老哭！这才是真对不起李老师！”

她们终于控制住了自己，只有许艳和黄慧萍还在抽抽搭搭的。

我便给她们提希望，鼓励她们在我走后要听冯老师的话，要努力学习……

天已经完全黑了，我便劝她们：“你们该回去了，不然会让爸爸妈妈在家里等得着急！”

“李老师，让我们给您唱支歌吧！”许艳擦擦眼泪说道。

另外几个女生也说：“对！李老师，让我们为您唱支歌吧！”

“好！”我同意了，“不过等等，我把录音机打开，把你们的歌声录下来。”

唱什么呢？她们讨论了好一会儿，决定唱“李老师最喜欢听的”《少年，少年，祖国的春天》。

于是，在我的口琴伴奏下，简陋狭小的房间里飘出了世界上最美的歌声：

我们欢乐的笑脸，
比那春天的花朵还要鲜艳；
我们清脆的歌声，
比那百灵鸟还要婉转！
……

我在住院的整整一个月里，每天都在想念学生；学生们也随时在想念我，来看我的学生络绎不绝，使其他病友羡慕不已。一天早晨，我偷偷地从医院溜了出来，和冯老师一起带着学生去峨眉山玩了整整一天！虽然，晚上回病房时被护士长狠狠批评了一顿：“还是当老师的，这么不听话！”但那天晚上却是我住院以来睡得最好的一夜……

于是，我经常在想：怎样才能报答学生对我的厚爱？

“给人民作牛马的，人民永远记住他”

1987年8月31日，是高90届（1）班的新生进校第一天报到的日子。

当天夜里，我刚上床准备入睡，忽听有人敲门。

披衣开门一看，是上午报到时才认识的宁玮。

她神情紧张而急促地对我说：“李老师，周慧病了！”

周慧？我脑子里闪出一张清秀但苍白的脸，忙问：“什么病？”

“不知道。她肚子疼得厉害。”

我一看表：已近12点。但我没有犹豫，马上跟宁玮来到女生宿舍楼下，几个女生已把周慧扶了出来。

看她弯着腰捂着肚子，显现出十分难受的样子，我决定立即送她到医院。但医院离学校非常远，现在公共汽车早已停开，只有用自行车送她去医院了。

我估计她要住院，决定让宁玮和我一起去，以便照顾周慧方便些，但宁玮不会骑车。这时，与周慧同寝室的朱建英说她会骑车，要求一起去。我同意了。

于是，我便用自行车载着周慧来到了医院。

医生一检查，怀疑是阑尾炎，但又还没有到动手术的时候，需要住院观察。

住院部在门诊部后面的山顶上，自行车根本没法上去，而此刻的周慧好像更加疼痛难忍了，小声地呻吟着，几乎走不动路了。

怎么办？我一蹲，弯下腰，让朱建英把周慧扶在我的背上。周慧过意不去，想自己走，但我已憋足劲一步一步向山上走去了。

开始还不觉得累，我一边走还一边说些话来安慰周慧。可越往上走，山坡越陡，我的腿有些发颤了，大口大口地喘粗气，说话也很吃力了。但这时，也许是疼得太厉害了，周慧在我背上又呻吟起来。于是，我便和她开玩笑以分散她的注意力："周慧啊……你，好会……享受哟！……骑在人民……的头上……作威作福……"走在旁边的朱建英"咯咯"笑了起来，周慧却一言不发，依然趴在我背上，但呻吟声已几乎没有了。走了一段路，我又继续引用了臧克家纪念鲁迅的一句诗来逗周慧："骑在人民……头上的，人民……把他……摔垮！……"

走了大约十分钟，我们终于来到住院部。当天夜里，我就和朱建英在病房里守候着她。到后半夜，周慧昏沉沉地睡过去了，朱建英也趴在床沿打着盹，而我，却望着输液瓶里的点滴，一直到天明……

一周以后，在周慧出院那天，她在彭山农村的父亲赶来了。这位朴实的汉子给我提了一只肥母鸡来，流着泪硬要我收下："李老师，您就是我女儿的亲生父亲啊！……"

后来，周慧考上北京外国语学院德语系。高中毕业前，她回忆起进高中第一天就生病住院的情景，写了一篇作文《在我生病的日子里》：

……

李老师背着我慢慢走着，头埋得很低，腰也给压弯了；他不停地喘着粗气，可还和我开玩笑："骑在人民头上的，人民把他摔垮！"我一句话也说不出来，却在心里默默地接着诗句念着："给人民作牛马的，人民永远记住他！"

……

学生们的“秘密行动”

其实，历届学生对我的爱才真正值得我“永远记住”。

更使我感动的，是我的学生不止一次“爱屋及乌”——因为爱我，进而爱我的家人。比如，1987年底，我爱人生了孩子后，当时的高90级（1）班学生竟背着我每人从家里拿了一些鸡蛋来，然后趁我外出开会的时候，送到我爱人的床前！

类似这样的“秘密行动”已不止一次。这里，让我再全文引用一篇学生的作文，作者潘芳奕从读初一到高三毕业整整六年，我都任她的班主任，这篇文章是1986年她读初二时写的，记叙的是那年秋天的事——

秘密行动

“给，这是鸡蛋、苹果。哦！还有橘子……”我小心翼翼地接过一件件慰问品，按捺不住内心的高兴。一边又回过头去瞥了瞥正站在跑道那边和同学们谈话的李老师：他并没有发现我们的行动！我不禁为我们这神不知鬼不觉的行动而感到得意……

前两天，我们发现李老师心情很不好，有时还对同学们大动肝火。经我们了解，原来李老师的妹妹因病住院了。病情很重，动了两次手术还不见好转。李老师一天到晚在医院、学校来回奔波不停，还要利用休息时间为我们读小说，晚上还要家访……心情怎么会好呢？

对于李老师，同学们都十分了解和敬重。他为我们操的心远远超过了一般班主任的职责范围。就说最近吧，他妹妹住了院，需要营养，这使本来经济就不宽裕的李老师面临“经济危机”，但他仍然继续为班上购置图书，上周男同学买足球，他又把刚刚收到的一笔稿费捐给了他们。

想到这些，我们心里很不踏实。

于是，一个个小脑袋开始凑在了一起：

“我们自己去看李老师的妹妹，好不好？”

“好倒是好。可他妹妹住在哪个医院，姓名等等情况，我们都不知道。”

大家一阵叹惜。

可这个难题还是被我们解决了。我们在同李老师谈话时，有意把话题往他妹妹生病的事上扯，结果李老师无意中说出了他妹妹住在市红十字医院。至于他妹妹的姓名到时候再说吧！

我们班委开了一个秘密会议，一致决定：明天学校将在市体育广场开运动会，大家从家里一人拿一个鸡蛋或苹果什么的，凑合成慰问品，然后我们中午去医院。放学后，李老师刚离开教室，班长吴涛就对全班同学宣布了这件事。同学们的回答是那么响亮！

这天早上，我还有些担心：大家可别忘了，或者出什么岔子，让李老师发现了。

到了广场，一看吴涛的提兜里，早已有了二十来个鸡蛋，还有一些苹果。一贯调皮捣蛋的谈俊彦出人意料地拿了12个鸡蛋来！陆续来的同学一个个从身上各个部位变戏法似的掏出鸡蛋、水果。我十分感动：同学们对我们的李老师是多么的爱啊！

运动会开始不久，有同学来向班委报告，听说李老师中午放学后也要去医院看他妹妹。我们当机立断：一定要抢在李老师前面到达医院！程桦、杨毅自告奋勇当了"先遣队"。程桦谎称"肚子不舒服，要由杨毅陪着上医院"向李老师请了个早退假，便提前离开了班上。他俩一出广场便骑车飞奔去医院打听李老师妹妹的姓名和病房……

中午李老师一宣布"解散"，同学们就行动了起来。我和吴涛，还有谈俊彦、李毅、韩广州、喻建忠、彭可佳等十几位同学赶在李老师前面，向医院跑去。

进了医院，等候在大门口的程桦、杨毅把我们带领着一路跑步进了李老师妹妹的病房。她躺在床上，脸色苍白。看到我们提着东西进来，很快就明白了是怎么回事，十分感动。

"还让你们提东西来看我，怎么感谢你们呢？"她欠起身子不停地谢着，"我哥哥知道不？"

我们忙说："不知道，你可千万别告诉李老师，不然他会批评我们的。"

我们手忙脚乱地把鸡蛋、水果一股脑儿地放在了床前的桌子上，塞进抽屉里、脸盆里、碗里、杯子里……门口这时已站了好些其他病房的病人，他们都惊讶地看着我们，不明白发生了什么事。可我们顾不上这些，时间对我们来说十分珍贵。因为李老师随时都可能进来。我们匆匆放好慰问品，向阿姨说了声"再见，好好养病"，便迎着一双双好奇的目光，一溜烟出了病房。

刚下楼，跑在前面的程桦便慌慌张张跑回来了："不好！李老师已经进了医院大门！快隐蔽！"我们吓得马上回头躲在了旁边一个小房子的后面，大家都蹲着，尽可能低地埋着头。我们屏住呼吸，只听见自己的心在紧张地跳着，同时又是那样兴奋，一下子觉得自己真像电影里搞地下工作的情报员。李老师的脚步声越来越近了，他从我们身边走过去。呀，他竟没有发现我们！

等他的背影越来越远了，我们才一下站了起来舒一口气，大家雀跃着，一阵风似的冲出了医院，像完成了一项重要使命。这时我的心像长了翅膀一样，飞向那蓝蓝的天空……

我这是在还债啊

我觉得我的运气好，每教一批学生，他们都对我特别好。比起学生对我的感情，我欠他们的实在太多太多！

但我应该也必须还这笔债。

在 80 年代，我几乎每年春节都和学生一起度过，几乎每个暑假都和学生一起游山玩水：近的如峨眉山，远的如重庆歌乐山、云南石林、贵州黄果树瀑布……

如此和学生“泡”在一起，耗费精力不说，的确还很花钱。一些领导和老师都很佩服我：“李镇西简直太爱他的学生了！”我嘴上说：“不过就是一起玩玩嘛！我喜欢。”心里却说：“我这是在还债啊！”

接手高 95 级（1）班时，我刚到成都不久，爱人和女儿还在乐山，我实际上又成了“单身汉”。于是，每到周末，我都轮流把一个小组的学生请到我家做客：有时是包饺子吃，有时是自己煮火锅吃，少数时候也正儿八经地做饭吃……吃完后我和学生聊天、唱歌、打扑克，闹得天翻地覆！有老师知道后对我说：“你把每个学生都请到家里吃饭，得花多少钱啊！”我只淡淡一笑，心里却说：“我这是在还债啊！”

据说在电话日益普及的今天，已很少有班主任家访了——除非某个学生出现了非常特殊的情况，但我每带一个班，不管是优生还是“后进生”，或是一般人说的中等生，我都坚持按学号轮流家访：我质朴而真诚地希望通过家访把我对每一位学生的爱送到他的家里。不止一次，我的学生家长感动地对我说：“我的孩子读了这么多年的书，您是第一个来家访的老师！”我一方面对家长说：“这是我的工作嘛！”一方面在心里对自己说：“我这是在还债啊！”

1993 年我教高二时，学校缺老师，校长托年级组长给我带话，希望我能多上两个班。我二话没说，在继续当班主任的同时，硬是承担了全年级三个班的语文教学任务，而且坚持了整整一年！到了 1995 年，学校又安排我担任两个班（共 131 名学生）的班主任和语文教学工作，我仍然二话没说，咬着牙把“工作”扛在了自己的肩上！如此惊人的超负荷工作量，我却并没拿相应的报酬。不少同事在戏称我是严重的“工作中毒者”的同时，也为我鸣不平；但我虽有遗憾，却不后悔。因为比起学生给我的，我的付出算得了什么？只要是为学生“当长工”，我真的心甘情愿。我仍然在心里对自己说：“我这是在还债啊！”

从当第一个班的班主任起，十几年来，我每送走一个毕业班，都要在他们毕业前夕，为他们编一本反映班级三年难忘生活的“班级史册”。临近毕业的最后一学期，复习、写评语、模拟考试、填毕业生档案表……该有多少烦琐的事啊！可是，在如此紧张的情况下，我硬是近乎玩命地为学生编着他们的“班级风采录”，不，为他们铸造青春纪念碑！看稿，改稿，设计栏目，跑印刷厂，校对……在那挥汗如雨的日子里，我常常在办公室一坐就是 14 个小时！于是，《未来》《花季》《恰同学少年》《少年》《童心》……就这样诞生了。在历届学生及其家长对我感激敬佩的同时，也使一些好心的人难以理解：这些“书”既不能作为申报职称的专著，也无助于学生高考“抓分”，何苦这样“疯狂”？我还是在心里对自己说：“我这是在还债啊！”

……

1993 年 6 月“父亲节”，广东《黄金时代》杂志搞了一个代儿女们为父亲寄贺卡的活动。我的女儿只有 5 岁，显然还不会为我寄贺卡。但我却意外地收到了《黄金时代》转寄来的贺卡——

亲爱的老师、朋友和父亲：

我们永远爱戴您，尊敬您，感激您！

您的高 93 级（1）班全体“儿女”

1993 年“父亲节”

手捧这张朴素而珍贵、单薄而沉甸甸的贺卡，我热泪盈眶，不知道该怎样表达我激动的心情，我只在心里叹息：

看来，我对学生欠下的债是永远也还不清的了！

附：学者周慧

几年前，一位远方的老师我给来信，说读了《爱心与教育》后很感动，也记住了书中很多学生的名字。她问我："宁玮现在联系上了吗？周慧现在在哪里？做什么？"我回复："宁玮联系上了，常常见面。而周慧，后来一直失去联系了。"

20年前，我在《爱心与教育》中写这段往事的时候，周慧已经和我失去联系了。她最后一次和我的联系，是考上北京外国语学院（现北京外国语大学）后给我的来信，还写过贺年卡。后来，我调到了另一所中学，渐渐地便断了联系，但时不时还会想到周慧。

2015年夏天，高90届1班聚会，她也没来。但我却听到了她的消息——她现在在德国一所大学任教。因为路途遥远，再加上工作原因，她无法回国，但特意录了一个微视频发回来。视频上，给同学们问好的周慧，脸还是那么白白净净的，只是不像高中时那么瘦了。

后来她加了我的微信，我们便经常在网上"见面"。她说她大学毕业后留校，后来又读了博士，专业是日耳曼语言文学。再后来由学校派到德国任教，便在德国留下，并成家。她说买了我的《爱心与教育》《做最好的家长》，正在看。

我给她说，去年我写了一篇《学生给老师撑伞，何错之有》的文章，在文中我说，不了解教育的记者是很难理解那种亲密无间不分彼此的师生关系的，比如我的确就经常让学生帮我倒开水，帮我抱本子，帮我去办公室拿东西，帮我搬家，等等。可我也经常为学生做事。我特意举了我当年背周慧上医院的事，然后我写道："写到这里，突然想到，这事若发生在今天，一个年轻男教师半夜背着一个高一女生，多半会被一些无聊的记者演绎成为别样的'新闻'！"

我把这篇文章从微信上发给周慧看。周慧看了回我："下次回来我背你，看媒体怎么说！"我乐了，回复道："哈哈，李老师长胖了，你背不动的。"

在微信上和周慧交流，我感觉，周慧已经不是当年那个害羞的柔弱小姑娘了，而是有思想有主见的知识分子。可能是久居国外的原因，她视野开阔，无论对国际形势还是国内政治，以及民主、自由、人权等话题，都有着清醒的认识和见解。我觉得周慧长大了。

2016年春天，宁玮给我打电话，说周慧从德国回来了。周慧也在微信上跟我说，想“见见李老师”。于是，那天我自驾前往彭山，在宁玮开的茶楼里，见到了分别26年的周慧和她可爱的小女儿，还有毕业后就没见过的宋敏和邓吉炯。细看周慧，她比我记忆中略胖了一些。其实也不胖，只是和高中时比，脸颊没那么瘦削。她四岁的女儿可爱极了，标准的“洋娃娃”，只是有些认生，不说话。问她什么名字，她不说；我要抱抱她，她直往妈妈怀里躲。看着抱着女儿的周慧，我再次感慨，周慧的确长大了。

久别重逢，自然有说不完的话。我问周慧：“你是1971年12月18日的吧！”“宁玮，你是4月28日的。”“宋敏，你是1971年11月的。”他们都惊叹我的记忆力好。我说：“教你们的时候年轻嘛！再说，那时每年都要给你们写生日贺卡，当然有印象。”周慧说：“我现在都还保留着李老师当年给我写的生日贺卡呢！”

我很高兴，多年前的学生，现在都找到了自己的人生位置，都有了出息：无论是在德国大学任教的周慧，还是开餐馆的宁玮，不管是职业中学的英语教师宋敏，还是国家公务员邓吉炯，他们都是我最优秀的学生，都是我的骄傲！

美好的相聚总是很短。时间不早了，我得回成都了。周慧送我小礼物——一盒巧克力、一瓶香水和两本她的译著，其中一本是《启蒙的冒险——与诺贝尔文学奖得主特·格拉斯对话》。

去年，某特级教师在某学校讲学无端说我的著作很多都是编造，举的例子就是周慧的故事，他说：“你们都读了《爱心与教育》，里面李镇西写了他晚上背一个女生去医院，还有照片。当时怎么可能有照片呢？这不是很假吗？”我不知道这位老师是从哪里看到我背周慧上医院“有照片”的《爱心与教育》。事实上，这本书里根本就没有照片！但事情本身是真实的。我在网上和周慧说起这事，她说：“这人很无聊！”

我和学生的故事和感情，并不是每个人都能理解的。不过没关系，我的教育故事并不是为了让别人“理解”才发生的，我们自己感到幸福就足够了。

一晃又过去几年了。我那天给周慧说，《爱心与教育》出版20周年了，出版社准备出版“纪念版”，并把书中的一些主人公请去搞一个活动。她说：“如果时间合适，和我这边的安排不冲突，我一定回国参加。”

（2018年5月9日补记）

生日的祝福

我给学生送生日礼物

当班主任的十几年来，真诚的师生情使“生日”——我的生日和学生的生日，成了我们共同的节日。

最初我给学生送生日礼物是出于偶然。

记不清是参加工作的第二年还是第三年，我有一次布置学生写作文《忘不了妈妈给我的爱》，班上有个名叫章舒云的女生却迟迟不交。放学后，我把她留下来问她为什么不写作文，她却低着头，一言不发，只是不停地流泪。我当时狠狠批评了她，并决定去她家家访。到了她家，我才了解到她其实是个孤儿：爸爸妈妈几年前先后病故，她平时和哥哥一起生活……

我怎么这么粗心，连班上有个孤儿都不知道呢？当天晚上回到学校，我马上找出学生报名登记册，翻到章舒云一页，上面却明明写着她父母的姓名及工作单位。我想，是章舒云的自尊心使她对同学老师隐瞒了自己的不幸吧！

我心情沉重地久久凝视着这一页登记表，突然发现，明天就是章舒云的生日！

于是，第二天，我特意买了一个文具盒，作为送给章舒云的生日礼物。

从那以后，我开始尽我所能地为学生祝贺生日：无论多忙，我都提醒自己别忘了学生的生日。为了不忘记每一位学生的生日，我每接手一个班，便把所有学生的生日印制成醒目的“一览表”，压在家里书桌的玻璃板下面，同时又贴一张在办公室的墙上。

我可以自豪地说，从乐山一中初 84 级（1）班起到成都玉林中学初 98 级（5）、（6）班，我教的每一位学生都收到过我的生日礼物：大到生日蛋糕，小到一张精美的书签……

如果说，刚开始我为学生祝贺生日，主要是对学生真诚感情的表达的话，那么，后来这种方式就在表达情感的同时有意识地注入了教育的内容。

80年代我送给学生的礼物，最多的是书籍，而且往往是针对不同学生的特点而赠送不同内容的书。刘令喜爱现代革命史，他得到的礼物是一本《长征：前所未闻的故事》；我希望程桦战胜自己，便赠给他一套《约翰·克利斯朵夫》；潘芳奕爱好古典文学，我便送他一套《红楼梦》；彭艳阳思想纯正，为人善良，我送她一本《傅雷家书》；雷磊酷爱数学，我送的便是《数学思维训练》；杨鸣明喜欢哲学，我送他《通俗哲学》；范晓靖喜欢军事书籍，我便送他一本《孙子今译》……

进入90年代，书价猛涨，我的经济能力有些承受不住了，便改为赠送笔记本，并在笔记本的扉页上写一段热情勉励的话或一首小诗。这里，我摘录几则我所教的成都玉林中学高95级（1）班学生进入高三学年时，我写在一些学生生日礼物上的祝词——

（赠翔威）今天你进入18岁男子汉的行列了，同时，你的肩上也就有了男子汉的使命——对自己的前途，对祖国的未来。祝贺你，更希望你——翱翔万里，威震四方！

（赠刘攀）在高三冲刺的日子里，你进入18岁的年轮，这最能体现出你名字的含义——勇往直前，奋力攀登！明年秋天，你一定会硕果累累！

（赠李慰萱）你在班上独占了两个"全班之最"——年龄最小，个子最高；在你满16岁的今天，我祝你再创一个"全班之最"——成绩最好！

（赠李成）18岁，是生命的呐喊，18岁，是奋进的鼓点；18岁，是男儿的热血，18岁，是青春的誓言！

（赠张剑）致"水手"张剑：桅杆也许会折断，信念绝不会击碎；躯体也许会困乏，心灵却永远不会疲惫！让意志接受大海的洗礼，让青春迎接朝阳的检阅——风浪中，你驶进18岁！

（赠刘汀）"你的性格？——目标始终如一！"在你18岁生日之际，我把马克思青年时代的这句"自白"赠给你，愿能为你的人生注入新的动力。

（赠陈蓓）17岁的蓓蕾，在初冬绽放，正迎接青春的太阳！

（赠庄力）人生拼搏不只在考场——未来生活中、工作中乃至社会的每一个方面，都有考验我们的风浪。迎风破浪，方为英雄！

（赠沈扬眉）绚丽青春正十八，锦绣岁月好年华；暂舍少女情与趣，拼搏人生更潇洒！

（赠黄金涛）名字也许太普通，人格永远不会平凡；生活也许很清贫，事业永远不会黯淡；歌声也许会暂停，旋律永远不会中断；理想也许还遥远，追求永远不会遗憾！

……

后来，这个班51名学生中，除一人读中专外，其余全部都考入了大学！

为学生举行生日晚会

到了1997年9月，我担任初1997级（3）班班主任起，我不得不停止了向学生赠送生日礼物，主要原因有二：一是现在相当多的中学生大办生日之风愈演愈烈，我的贺礼客观上起了推波助澜的作用；二是许多家长见我给学生赠送生日礼物，便要还礼，于是，我的送礼便有财物上的“抛砖引玉”之嫌。

但是，我对学生的爱却没有变也不会变。

我还经常为学生举行集体生日晚会。最成功的一次，要算1983年6月1日，我为初84届（1）班学生主持的“14岁生日篝火晚会”。我和学生们在学校外面的河滩上燃起了熊熊的篝火。头上，是满天星斗；身边，是滚滚岷江。大家先是高唱《少年，少年，祖国的春天》，随后由我赠送给每一位同学一张生日贺卡，然后分小组表演各种文艺节目，接下来是玩“丢手巾”的游戏，后来又是一群男生和我摔跤，到了最后是跳啊唱啊，一直闹到深夜……

对学生的生日祝福，也是一种潜移默化的爱的教育。学生之间也学会利用生日为同学送去真诚的问候。下面，是我教过的初84级（1）班邱梅影同学的一篇作文《生日的祝贺》——

4月17日，是彭艳阳同学的生日。由于期中考试，大家只好等考完了再去祝贺她。4月19日是星期日，我和吴涛、程桦、周磊、陈晓蕾、张荣焱、潘芳奕、刘忠斌等八位同学，相约来到彭艳阳家，为她祝贺生日。

来到彭艳阳家，我们发现林玲、卢婕、彭可嘉比我们先来一步。我们笑着骂道：“好啊，你们三个家伙什么时候蹿进来的？坦白交代！”她们急了，大声为自己争辩道："我们可是正大光明地来给艳阳祝生的！"哟，大家都不约而同想到一起来了，真难得啊！

但我们还想再吼她们几句，彭艳阳却出来打圆场了。她大叫道："大家一起来帮我消灭蛋糕，好不好？""好！"我们忙应道。随后我们就把大家给彭艳阳买的生日蛋糕摆在桌子中央，点上蜡烛——14 根。不知怎的，看着这 14 根蜡烛，我心中陡然涌起一股暖流。艳阳在大家的推搡下，站在蜡烛面前，一口气吹灭了 14 根。顿时，掌声响了起来。大家纷纷说道："艳阳，祝你生日快乐！""谢谢大家！"她真诚地说。从她那兴奋的神情中，我不难看出她心情是如何激动。她激动，我们也激动。因为我们都是幸福的。彭艳阳当班长时，曾给予同学们那么多的关心和帮助，给予班集体那么多的爱！今天，我们来为她祝福，致以生日的祝贺，表达大家对她的敬意。

有人敲门。一打开：呀，是李老师来了！这下更热闹了！大家见家里没有大人（李老师当然不算是"大人"），便开始狂欢。我们在李老师的指挥下，放肆地乱喊、乱叫、乱唱……喊腻了，叫够了，唱累了，便又开始吃——于是，盘子里的广柑、香蕉在一瞬间就飞得无影无踪，而地上则开始增添一块块果皮。洗洗手，抹抹嘴，清清喉咙，调整调整面部表情，又开始"重操旧业"。不过，这下不再是肆无忌惮地乱吼了，因为彭艳阳的爸爸妈妈已从里屋走出来，笑眯眯地在一旁当我们的观众了。大家决定来个"大联唱"。我们分为两派：一派是以李老师为首的男中音，另一派则是我们女同学的女高音。待程桦报幕完毕，战局就拉开了。有唱《少年，少年，祖国的春天》的，有吼《冬天里的一把火》的，还有哼《武则天》的，也有叫《卖报歌》的……真是人声鼎沸！大家互不相让，都把自己平日学会的或没有完全学会的所有歌用最大的力气吼出来。细心的彭艳阳把我们的"节目"全部录下来了。我想，等我们以后再次听到这盒"原声磁带"时，心中一定会充满无限的幸福！

时间在我们的吼叫声中溜走了，我们给彭艳阳写下了一句句祝愿的话语之后，依依不舍地离开了她的家。但我永远也忘不了这个温馨而又热闹的下午。

"祝李老师生日快乐"

教师对学生的爱，应该是无私的；但这种纯洁的爱，必然赢得学生爱的回报。

1985 年 5 月的一天，是星期一。下午读报课时，我走进教室，继续为学生读小说《钢铁是怎样炼成的》——每天的这个时候，都是我的“小说连播”：《青春万岁》《爱的教育》《烈火金刚》《红岩》……进入中学以来，学生把每天的这个时候视为最珍贵也最美好的时光。

“保尔紧张地注视着朱赫来和那个押着他的士兵，心里在盘算着怎么才能救出朱赫来……”我在讲台上朗读着，教室里一片安静。同学们都关心着朱赫来的命运。

突然，坐后排的学习委员陈晓蕾举起了手。

我停住朗读，问：“什么事？你不舒服了吗？”

她却离开座位走到了我的面前：“李老师，请您出去一下。”

我想她可能是有什么急事要跟我单独谈，便对同学们说：“大家稍等一会儿。”然后跟着她出了教室。但就在我走出教室门的一瞬间，我好像看到潘芳奕匆匆走上了讲台。

来到教室外面的楼梯口，我用询问的目光看着她，她却说：“请您在这儿站一会儿。”

我非常吃惊：“站一会儿？你们要干什么？”说着我转身就要返回教室，可陈晓蕾急忙把我拉住：“李老师，您现在不能进去！”

我明白自己上当了，但现在我反倒不怎么急了，而觉得挺有趣：好吧，我倒要看看这些学生们要搞些什么名堂！

过了大约五分钟，陈晓蕾跑到教室窗口往里面看了看，然后过来对我说：“好了，可以进去了。”

（后来，陈晓蕾在日记中这样写道：“当我领着李老师走进教室时，我自豪极了，像个打了胜仗又抓了个俘虏的将军！”）

进了教室，我仔细看了看讲台和教室里面，没有发现什么异样。但学生们的表情却神秘而得意，他们都冲着我微笑，微笑中含着诡秘，仿佛他们都拥有一个共同的秘密，不，是“阴谋”。

我问：“刚才潘芳奕对你们说了些什么？”

“没有说什么！”全体学生异口同声。

还有学生说：“真的没什么！——李老师，您继续读小说吧！”

我只好接着读：“保尔出其不意向那士兵扑去……”

接下来的几天，平安无事。直到三四天后，我才明白学生们的“密谋”是怎么回事。

那天，我走进教室准备上语文课。

学生们安静了下来，我习惯地说了声："上课！"

"起立！"随着值日生罗晓宇清脆的口令，同学们精神抖擞地站了起来。

"同学们好。"我敷衍着。

"祝——李老师——生——日——快——乐！"回应我的，竟是这整齐而响亮的童音！

我被这声音惊呆了。只见坐在前排的谈俊彦双手捧着一张洁白的纸走到我面前：

"李老师，这是全班同学的祝贺信！"

班长彭艳阳捧着一束还带着露水的鲜花从后排跑上来：

"李老师，这是全班同学献给您的鲜花！"

副班长张锐捧着一大摞礼品上前来："李老师，全班同学的一点心意，请收下！"

在我目瞪口呆之际，小小的讲台已堆满了鲜花、生日蛋糕、影集、笔记本、手绢、书签、毛笔等各种礼物。台下，闪着兴奋而得意的光芒的 57 双眼睛望着我。与此同时，响起了整齐而富有节奏的掌声为我祝贺！

"今天，并不是我的生日啊！"激动中，我真诚地向他们撒了一个谎。

"是的，今天就是您的生日！"

"5 月 17 日，没错，我们早打听清楚了！"

"李老师，要诚实哟！"

……

57 双眼睛恳切而焦灼地望着我！

我说什么呢？我还能说什么呢？"好……我收下"……我的声音在发抖。

"啪啪啪……"又是一阵长时间震耳欲聋的掌声！

此刻，我的心情，除了感激，更多的是惭愧。我走下讲台，缓缓说道："同学们，我受之有愧啊！我的工作做得并不好。真的，我脾气急躁，时常发火，有时还错批评同学，伤同学们的心……我对不起大家啊！"

教室里格外安静，孩子们静静地听着我激动的话语。

我说："李老师并不是你们想象的那样高尚。但是，今天同学们又一次深深地教育了我：教师的艰辛劳动所换来的报酬，绝不仅仅是金钱，而更多的，是丰厚得无法估量的精神财富！——这，才是今天同学们送给我的最珍贵的生日礼物。我将把它化作无穷的力量，竭尽全力把你们教好！请同学们，不！请我的朋友们监督我！”我深深地鞠了一躬，带着发自内心的真诚敬意！

“啪啪啪……”又是一阵春雷般的掌声在教室里回荡，在我心头滚过。我感到：面对这57颗晶莹的心，我的心也变得更加纯净起来！

是的，这样的日子，对我和我的学生来说，都是永远难忘的节日！而在我的教育历程中，有幸不止一次享受这样的节日——

敬爱的李老师：

您好！

如果我们没有记错的话，今天是您的生日。

我们几个住校生让您多操了一份不该操的心。您的时间很宝贵，可您每天晚上总要到寝室来看看我们，不是问学习就是问生活。我们对您感激不尽。今天是您的生日，我们除了好好学习报答您外，还凑钱买了一本日记本，请您收下吧！如果今天不是您的生日，这就算我们的一片心意！

祝生日快乐！

您的学生：彭艳阳　任岚　周磊

1986年5月17日

这本笔记本我至今还珍藏着。

此外，每年五月，我都会收到来自全国各地我以前教过的学生寄来的贺信或生日电报，有时是电话……

下面，我再一次全文抄录一篇学生作文——

盛开在心灵的感情之花

——给老李祝生纪实

杨　嵩

最美好的一定是最真诚的、最自然的。——题记

公元1990年5月19日，星期六，一个普通的日子。

下午读报课，李老师照例来给同学们读小说《送你一条红地毯》。他刚走进来，

教室里就响起了震耳欲聋的掌声，不，确切地说，是所有同学用真诚的心所奏响的最悦耳的交响乐。

李老师莫名其妙地盯着大家，竭力想从同学们那神秘、兴奋的笑容中去寻找答案。

看着李老师惊愕的窘态，我们感到了这次“突然袭击”的成功。得意之中，掌声更响了！

李老师慢慢地一步一步走上了讲台，终于看到了放在上面的特制大蛋糕，赫然映入他眼帘的，是生日蛋糕上的“奶油大字”——

祝李老师生日快乐！

高 90 级（1）班全体同学

掌声渐渐平息了下来，教室里一片寂静，只有 60 颗心在兴奋地跳动。足足有好几十秒钟，李老师没有说话，只是默默地看着那蛋糕，他显然是被感动了。同学们也没有说话。教室里，一种宁静、温馨的氛围正在逐渐形成，并感染着每一个人；一股浸入心灵的暖流使每一个人的身心都在被陶冶、融化。在同学们静静的注视中，李老师慢慢地将目光从生日蛋糕移到了讲桌上的另外两件礼物上——一本精美的有着每一位同学签名的相册和一束灿烂的鲜花。他将那鲜花捧起，深情地小声说道：“这，就够了！”那神态像是在对我们说，又仿佛自言自语。

终于，李老师抬起了头，慈祥地看着同学们，略微有点激动地说：“谢谢……谢谢同学们！今天，并不是我的生日，真的不是！……但从此我将把 5 月 19 日当作我的又一个生日！……我，我……”李老师好像还想说什么，但又说不出来。他站在讲台上，深深地、深深地向全班同学鞠了一躬！

又是一阵雷鸣般的掌声响起了……

掌声终于停止了。李老师的情绪好像平静一些了，他抚摸着鲜花一字一句地说：“作为教师，还有什么比这更高的荣誉呢？”停了一会儿，他又微含责备地说：“只是，为了这并不是我生日的日子，你们如此兴师动众，还有一个多月大家就要高考了啊！……”

这时，一双双充满感激的眼睛都默默地望着李老师。大家心里都在说：李老师，三年来，您无论多么忙，总是准确地记得我们每一位同学的生日，并按时在我们的生日那天送上一份真诚的礼物；李老师，今天是不是您的生日其实并不重要，我们不过是借“祝生”向您表达三年来我们对您的感激之情罢了——“祝生”是手段，“抒情”才是目的！如果您认为不应该的话，就请原谅我们吧，因为这是第一次，也是最后一次了啊！

感情的浪涛激荡着60颗心，但教室里仍是静静的，真正是“此时无声胜有声”！此刻，那束鲜花似乎也更加光彩夺目了——它象征着我们在李老师的教育下，青春之花开得如此鲜艳；象征着李老师在未来的工作中，事业之花必将更加灿烂！

程桦同学将从家里拿来的菜刀递给了李老师，同学们“轰”的一下子笑了起来，于是教室里的气氛开始活跃起来了。在大家的欢呼声中，李老师将蛋糕切分成12份：10个小组各一份，李老师本人一份，还有一份留给他心爱的两岁女儿李晴雁。

李老师走下讲台，一一把蛋糕送到每个小组。顿时，整个教室一片欢腾，真正充满了节日的气氛！在这样的气氛中，我又一次感到师生之间的心灵是那么贴近，感情是那么融洽。

是啊！我们尊敬李镇西老师，绝不仅仅因为他是一名老师，更在于他是我们的“镇西将军”，是我们的“老李”。我们因为他具有正直、纯朴、勇于进取、敢于创新等实实在在的品质而尊敬他，因为他那杰出的才华而佩服他，因为他那令我们折服的教育思想而感激他，当然，还有他的激情，他的幽默，他的“孩子气”……都让我们感到亲切因而敬重他。但这一切绝不是对他的顶礼膜拜，而是在三年朝夕相处、互相了解的基础上，产生的朋友般的真挚情意。我们把他当作一个有血有肉、感情丰富甚至有缺点的人，而不是把他看作一个至高无上、完美无缺的神；我们更多的是把他当作知心朋友，而忘了他是老师。正因为这样，我们将永远拥有一位实实在在的朋友——老李，而不是只在高中三年拥有一个班主任和语文老师。还有一个多月，我们就要高中毕业了，李镇西老师将不再是我们的“老师”了，但他将永远是我们真诚的朋友！

同学们还在伴着欢声笑语吃蛋糕，李老师还在笑吟吟地望着大家，他手里还捧着那束鲜花——那盛开在我们心灵最美丽最芬芳的感情之花！

许多学生家长常常真诚地对我说：“您对我们的孩子太好了！”而我也真诚地说：“那是因为你们的孩子对我太好了！”

宁玮：祝你一路平安！

每星期只吃一次肉

矮矮的个头，看起来弱不禁风的身材；一头稀疏的黄黄的头发，让人觉得严重营养不良；一身朴实的衣着，散发着来自农村的气息；然而，比衣着更朴实的，是她苍白脸上一双善良明亮的眼睛。这双眼睛告诉我：这是一个老练成熟的、也许过早就承担着家庭重担（至少经常为家庭重担忧虑）的懂事学生！这样的学生在五六十年代的中学是很多的，然而在当今的校园，尤其是城市校园已经非常少见了。

——这是我第一次见宁玮时的印象和感想。当时，是 1987 年 8 月 30 日，高一新生报名的时候。

现在回忆起来，好像是开学第一个周末的晚上，我从教学楼走过，突然听到楼梯转弯处的角落里传来嘤嘤的哭泣声，循声过去一看，竟是宁玮和几位住校女生在哭！她们看见我，都在黑暗中使劲擦泪，企图不让我知道她们哭过。

然而，我却问道："为什么哭呀？"

她们都不好意思地低着头，一言不发。

"是不是想家啊？"

仍然沉默，不过宁玮使劲点了点头。

于是，我把她们请到我家里，和她们聊了起来。

"想家？可以理解。"我说，"和你们一般大的时候，我也曾'流'学他乡，也哭过呢！"

说笑中，这几位学生的情绪渐渐开朗了起来……

虽然宁玮想家想得流泪，可在同寝室同学的眼里，宁玮像个老成的大姐姐。赵琼同学在开学不久的作文中这样描写宁玮：

报名那天，寝室里的同学一个个陆续由父母“护送”来了。宁玮最后一个到，穿一件淡绿色短袖上衣，一条白底方格裙，不高，短发，像个听话的小姑娘……床铺、蚊帐整理好后，寝室的地上满是废纸、床草，她立即拿起扫帚扫起地来。下午逛街时，周慧肚子疼了起来，脸色惨白，宁玮万分着急，急忙找到一家药店买来药，端开水给周慧喝了，接着又把周慧扶回了学校。第二天，周慧住进了医院，一放学，宁玮就叫上我赶到医院去看周慧……我们一致推选她当我们寝室的室长。妈妈送我到学校报到时，只见了宁玮一面，可她直夸宁玮懂事；妈妈走时再三叮嘱我要跟宁玮学，有事找宁玮。是的，宁玮是我的榜样。而且，我们班许多同学都和我一样喜欢而且信任宁玮。

宁玮很快以自己的善良赢得了同学们的尊敬，她被选为班委生活委员。于是，我常常看到她在课间清点着一大把钞票——那是她替同学们买饭菜票收的钱。

然而，在她每月经手的那么多饭菜票中，属于她自己的却少得可怜。由于家庭困难，她的生活非常节俭。赵琼同学有一次悄悄对我说：“李老师，宁玮给自己规定，每星期只吃一次肉。”

我听后一惊：连两三毛钱一份的肉她都吃不起，可见她的确很困难。但这怎么行？

于是，在一次晚自习下课后，我把她叫到身边，塞给她五元钱：“拿着。多买些菜票，不注意身体，早晚你会垮的。”

她硬是不接：“谢谢李老师！但我不需要，我早就习惯了。”

我严肃地说：“如果不接，那我明天就通知你父母来把你领回去！”

她只好含泪收下了。

可是，没过多久，赵琼又来找我了：“李老师，你给宁玮的钱，她根本没拿去买菜票。她跟我说，她要把李老师给她的这张人民币珍藏起来，作为永久的纪念。”

这次，我真的生气了，我把宁玮狠狠批评了一顿：“连老师的话都不听了，算什么好学生！”

这学期期末，宁玮考试成绩名列班上60个同学中的第22名。这个成绩当然不能说很好，但我认为，对宁玮来说，她已经尽力了，因为她所面临并克服的困难是其他同学没有的。

但宁玮很难过，觉得对不起苦苦供自己读书的父母……

放假那天，我在校门口碰见她提着一个大包，准备去车站乘车回家。我刚叫了一声“宁玮”，她却看了我一眼，便满脸愧色地低下了头，然后头也不回地走了。我心里完全明白她如此失礼的原因。望着她那远去的背影，我也很难过：这样的好学生，我对她的关心太少了！

于是，寒假中，我特意给她去了一封信：

宁玮同学：

你好！代问你爸爸妈妈好！

回家一切还好吧？

放假已经好几天了，可那天你离校时，为这次没考好而呈现出的黯然神情一直还浮现在我的眼前。其实，你第一次考试就名列班上第22名，还是不错的。因为和班上许多原来就读本校初中的同学比，你对环境、对老师的教法都还有一个熟悉和适应的过程；而且，你还面临许多生活上的困难；同时，你还担负着班上的一些工作……在这样的情况下，指望学习上一鸣惊人，显然是不现实的。你学习是很刻苦的，我相信，你会不断有进步的。千万不要因这次考试而灰心啊！毕竟这才是高中的第一次考试呀！

宁玮这一期给我和同学们留下了非常好的印象：善良、正直、勤奋、懂事。我为有你这样的纯朴学生而感到自豪，同时也为自己对你关心不够而感到内疚。这是我的真心话。作为你的老师和朋友，我在这里要提醒你，一定要注意身体啊！

学习刻苦当然是应该的，但不注意身体，不注意营养，伤了身体反而会影响学习的。到那时，你想学习也心有余而力不足啊！

以后你有什么困难，无论是学习上的还是生活上的困难，尽管提出来，好吗？

春节快到了，祝你春节快乐！

你的朋友　李镇西

1988年2月10日

信寄出去不久，我很快就收到了她的回信。信中不乏感激之情，也谈到许多她在假期中的所见所闻及所感，而我则通过这封信，对宁玮的正直与善良有了更深入的了解。同时，我想了很多：宁玮的正直善良当然不是我给她的，但从信中看，在她几个月的高中生活中，我无形中强化了她的这个做人的信念。我一方面为宁玮的纯洁而高兴，同时我又有一种莫名其妙的担心。担心什么呢？我好像又说不清。

不过，有一点我是坚定的，她的善良应该永远保持！

“阿姨，你吃鸡蛋吧”

寒假结束后的一件小事，再次显出了宁玮人格中的亮色。

本来按规定，住校生必须在开学典礼的前一天返校，而宁玮却是在开学典礼时匆匆赶到的。我问她为什么迟到，她支吾了很久，才吞吞吐吐地道出了原委——

宁玮的确是头天下午乘上返校的公共汽车的。但行车途中，公路阻塞了，等了很久，一直没有通。

天色渐渐晚了，公共汽车上的旅客纷纷拿出糕点、水果等当作晚饭吃了起来。宁玮也从提包里拿出煮鸡蛋吃了起来。这时，她突然发现一位四五十岁、戴着帽子、穿着半新不旧的棉袄的农村妇女静静地坐在位子上，手里既没有糕点，也没有水果。宁玮想，可能她没有带吃的吧。

于是，她便又拿出两个鸡蛋递给那人：“阿姨，你吃鸡蛋吧！”

那人似乎有些惊讶。车里的其他人看着这一切，似乎也很惊讶。

宁玮直接把鸡蛋塞进那位妇女的手里：“拿着吧，都是出门人，不用客气！”

那人很感动，接过鸡蛋，但硬要付钱给宁玮，宁玮坚决不要：“我不要你的钱。这蛋是自家的，不是花钱买的。”

车上的人都看着这温馨的一幕，不少人感慨：“这姑娘的心多好！”“现在这种人真是不多见！”

可车厢里居然有一个痞子模样的人怪声怪气：“啊哈！活雷锋，也给我一个嘛！”

宁玮的脸一下子涨得通红。

这时，那位妇女站了起来：“你想干什么？”

车厢里的大多数人也对那痞子吼了起来：“你想干什么？！”

结果痞子没声了。

那位妇女和宁玮聊了起来。原来，她也是农村人，是去乐山看她一个亲戚的。

阻塞的公路终于疏通了，但车到乐山已是深夜，那位妇女怕宁玮不安全，一直把她送到乐山一中，但学校大门早已关闭。于是，那位妇女主动把宁玮带到了她亲戚的家里……

讲述完这一切，宁玮自责地说："我如果前天赶车或者昨天上午赶车，也许就不会迟到了。"

面对她那颗水晶般的心，我还能说什么呢？

以前我们不少教育论者谈到教育，总是把学生当作空荡荡的容器，而所谓"教育"就是教师往这些"容器"里面装"高尚的思想"，装"美好的道德"……但我从教多年，在和学生深入交往的过程中，深深感到：其实，在很多时候很多方面，学生的心灵比我们教育者纯洁得多也高尚得多！"学历""阅历""经历"等使我们"成熟"起来，也冷漠起来。从这个意义上看，我们的确应该向学生学习！

那么，教育者真的就没有什么事做了吗？不，在有些时候，面对有些学生，教育的灌输也是必需的；但面对多数学生，特别是像宁玮这样的学生，我们要做的是"保持""扶持"与"引导"：让学生保持一颗童心，扶持学生美好道德的萌芽不断健康生长，引导他们面对复杂甚至有时显得比较阴暗的社会现实，让"纯真"更坚强也更机智！

宁玮后来对好友赵琼谈起返校"奇遇"时说道："我当时一看到那位妇女，我就觉得她像我们乡里的好多父辈的农民，他们朴实善良，他们真正是一辈子'面朝黄土背朝天'啊！比起来，我们这一辈人很幸运，在城里读书，父母们却在乡下辛劳，用他们的汗水供养我们。我们或许包括那位中年妇女的儿女不会再像父辈那样辛劳，但正是为了我们这一代人的翻身，他们可能付出了更大的代价！真的，我一看到她，就想起了我的父母……"

宁玮朴实无华的言行，感染了她的同学。毕业前夕，赵琼在作文中写道：

宁玮对乡村有一种特殊的挚爱之情。她爱花，爱草，走过一块小小的菜地也要蹲下去仔细瞧瞧那每一棵嫩芽。她是那样深深地爱着她的父母姐弟，爱着她的乡村家园！也许是为了把这种感情化为行动，她发奋地学习，认真地工作，真诚地待人。高中三年来，无论是当班干部还是当室长，或者是为学校管理广播室，她都尽心尽力而且严格认真。她抓紧每一分钟时间学习，上课积极思考并主动发言。她在课余给同学们带来欢乐：为同学们剪漂亮的纸花；在晚会上以清纯的歌喉为大家唱《洪湖水，浪打浪》；在太阳岛，她俨然像个特级厨师，给大伙儿煮好吃的饭菜……因此，她受到同学们深深的爱戴，也因此连续两年被同学们评为三好学生。

高考落榜……

然而高考结果下来了：宁玮落榜！

其实，她就差那么几分，如果她是城市户口，或者她的父母稍微有点“背景”与“社会活动能力”，或者她家里多少有一点“经济基础”，她完全可以通过“委培”或“自费”或其他途径踏进大学校门的。事实上，当时同班的不少同学分数比宁玮低得多，最后仍然通过各种门路上了大学——因为他们是“城里人”！

我绝无半点鄙薄这些“城里人”的意思，因为他们毕竟也是我喜爱的学生，我真诚地为他们最后还是如愿以偿而高兴。我之所以把他们与宁玮比较，只是想说明并突出宁玮的“不幸”而已！

宁玮返校看高考分数那些天，她和几位远道而来的农村同学就住在我家。面对她控制不住的眼泪，我虽然一遍遍苍白无力地劝慰她，但在心里再一次生起沉重的负疚感……

当年的10月，我收到宁玮的来信：

李老师：

您好！刚开学一定很忙吧？您新的一批学生听话吗？

几个月来，我如同大病了一场。想起高考，我就觉得自己对不起多年来为我辛劳的父母，对不起老师三年来的培养。但想到老师您是那么关心我，我还是应该向您谈谈我的心里话和今后的打算。

李老师，通过这次高考失败，我第一次因为自己是乡下人产生了自卑感。我的分数只差那么一点点，如果我有一个城市户口，我完全可以像班上其他同学一样读“委培”。这段时间我不止一次地感叹，命运对我为什么这样不公？请您不要以为我看不起自己的父母和自己的家乡。不，我从来都不因为自己出身农家而觉得比别人矮一截，而且现在，我对家乡的感情仍然没有变。但对在分数面前，城里人和乡下人却不能完全一视同仁而感到不平。当然，如果我在高考时能够再多考几分，使我的分数上统招线，我就能和其他人一样拥有同等的被录取的权利了。唉，还是怪我自己不争气啊！李老师，我是您最没出息的学生，辜负了您的希望，以后真没脸来见老师了！

本来，我可以再补习一年，而且如果那样，我相信经过一年补习，我是很有可能考上的。我的父母也希望我这样做。但想来想去，我还是放弃了这条路。因为我的弟弟还在读中学，他的学习比我好，以后肯定比我更有出息。家里现在应该全力支持弟弟读书，我不能再增加父母的经济负担了。我已经19岁了，再让父母供养我，我实在不好意思了。我想出去找点事，既养活自己，也帮助家里资助弟弟。当然，具体干什么，现在还没有定，反正是出去打工。我虽没有什么本事，但有一双还算勤劳的手和能吃苦的精神。

李老师，虽然我没有考上大学，但三年的高中生活我没有白过。我毕竟在您和其他老师的教育下学到了不少以后有用的知识，而且更重要的是，我幸运地成了您的学生，并生活在一个充满温暖的班级！我真想有一天，我能够拿起笔写写我难忘的高中生活，甚至写一部当代的《青春万岁》。李老师，您放心，不管今后怎样，我永远会做一个正直的人，至少不能有愧于自己的良心。

祝李老师工作愉快！

学生　宁玮

1990年10月6日

我很快给她回了信：

宁玮：

你好！

来信收到。

如果我用“正确对待人生挫折”之类的话来安慰你，已经没有多大的意义。但是，你现在确实只有正视现实。我们对生活对未来都有着美好的愿望与憧憬，然而，每一个人的生活道路总是不一样。这个“不一样”还不仅仅是指有的好有的坏，更多的时候是意味着每个人的一生都是独特的。这个世界如同一个大森林：有挺拔的乔木，也有繁茂的灌木；有参天的巨树，也有缠绕的藤蔓；有鲜艳的花朵，也有翠绿的小草……但都在阳光下展示着自己一份独特的勃勃生机。也许，我这样说，抽象了一些，但我真的坚信，宁玮未来的人生道路可能是平凡的，但绝不会是黯淡的！

我从来就不认为没考上大学的学生就不是好学生。尤其是对宁玮，我就更不会因为你高考落榜就对你另眼相看。你的朴实、善良与正直，我是永远忘不了的，同学们也是永远忘不了的；而且我相信，在以后的生活道路上，这些可贵的品质也许会为你带来一些烦恼，但更会使你赢得人们的尊敬与信任。当然，社会是复杂的，特别是现在社会风气、社会治安都不太好，你在外奔波一定要多一些心眼，多一份机智，要学会自己保护自己啊！

我永远是你值得信赖的朋友，有什么需要我帮忙的，尽管对我说。

真诚地祝你一路平安！

你的朋友　李镇西

1990 年 10 月 15 日

宁玮，好人一生平安

从此，在紧张的工作中，我的心灵深处多了一份惦念与忧思。我常常收到许多学生来自大学的书信，每当这时，我总是忍不住想：宁玮现在又在什么地方呢？而每每这样想的时候，我的眼前总是情不自禁地浮现出宁玮刚进高中的第一个周末因想家而流泪的面容……

终于收到她的来信，已是第二年 6 月了。那时，我已调到了成都玉林中学。信是从北京寄来的，她说她现在在北京西四的一家酒店打工，干得还不错。“老板挺信任我的！”信的字里行间洋溢着一种乐观。随信还寄了一张照片：天安门前的宁玮一脸灿烂的笑容。

这次我没有回她的信，因为我 7 月份就要去天津讲学，我打算路过北京时去看看她。

那天，我在北京下车时，正好遇上瓢泼大雨，我真想在车站直接乘车去天津算了。但我还是想去看看宁玮，于是，在风雨中，我挤上了公共汽车……

当我出现在宁玮面前时，一向举止娴静的宁玮，居然兴奋得跳了起来：“呀！是李老师！”

接下来是我们滔滔不绝的“龙门阵”。我了解到宁玮确实干得不错，老板的确很信任她，最近特意安排她收钱管账。而且这里的打工妹、打工仔们都很敬重宁玮，在我们交谈的时候，几位姑娘和小伙子都在远处羡慕地看着宁玮。

她去为我冲茶时，我无意地翻了翻放在桌上的顾客留言簿，上面几乎每一页都是对“宁小姐”的夸奖。

一晃到了中午吃饭的时候，我起身告辞，但宁玮硬不让我走：“我已经给厨房说好了，你一定得吃顿便饭！”我看她急得好像要哭了，只好说：“好吧，今天我就吃宁玮一顿！”

一桌丰盛的饭菜，简直让我不敢动筷子：“宁玮，你这……”

“没什么，不费钱的！”她又补了一句，“我们老板对我可好了！”

吃饭时，她提起当年我给她的五元钱，由此又谈到我对她的“关心”“教育”云云，颇有些“滴水之恩当涌泉相报”的意思，我却笑了：“那我可赚了呀！”

我又提醒她在保持善良的同时，接物待人也应多长一点心眼儿。她点头称是：“您放心，我会注意的！”好像是为了让我真正放心，她又悄悄对我说：“老师，您看那个小伙子——”她用眼色给我偷偷指了指远处正在忙活的一个英俊小伙子，“他正在追求我，可我没同意。因为我觉得他这个人不大实在。”

在送我去赶车的路上，她突然硬塞给我一个东西：“这是我给小晴雁买的连衣裙！”还没等我反应过来，她又拿出一个黑色的皮革小包：“这是我送给万老师的！”连我女儿和爱人她都想到了！

我真不知说什么好！

告别宁玮后，我已不像原来那么担心她的处境了，相反我庆幸她找到了一个比较满意的工作，而且我相信她会在酒店干得很好的。

然而我想错了。两个月后，我又收到宁玮的来信，但不是寄自北京，而是寄自她的老家“四川省彭山县黄丰乡中和村四组”：

李老师：

您好！

自八月中旬后，酒家情况不怎么好，人心浮动，月底酒家只好转租给别人。我的工作也调动了，到了另一个大酒家（西直门立交桥南侧）上班。但过去没几天，就发生了这样一件事：一天酒店来了几个顾客吃饭，他们吃着吃着不知为什么就吵了起来，后来竟大打出手。后来，一个喝红了眼睛的男子顺手抓起桌上的一个盘子，向另一个女人砸去！我见状赶忙扑上去拉那个女人，可是，盘子却砸在了我的鼻梁上，顿时血流满面。到医院一看，鼻梁骨折了……

于是，我只好回家养伤。

当然，回家后的日子是无聊的。我想重返学校补习，因为我现在毕竟挣了几千块钱，可以供自己上学了，我实在是想读大学；可是，小弟还在上学啊！于是，上学的机会又错过了。那天，我收到赵琼从大学寄来的信，还没看，我便伤心地大哭了一场，心里说不出是什么滋味！

李老师，我很清楚我在家也做不了什么农活，父母也希望我出去继续找事干。我现在有三条路可走：一是重返学校，争取考大学；二是学个专业，挣钱养活自己；三是返京打工。究竟下一步怎么办，我仍拿不定主意。我很想到成都来看看您，望得到老师指点，可我现在的伤还未完全好。

我想，等橘子成熟了的时候，我再来看老师。

学生　宁玮

1991 年 9 月 27 日

读完信，我百感交集：宁玮啊，宁玮！明知飞旋的盘子会砸伤人，你为什么还要扑上去呢？我又一次为她的善良惶惑起来了。她的大学梦仍然没有破灭，我是支持她的。而且凭我对她的了解，我觉得只要她经过一年的发奋补习，是很有希望考上大学的。

我本来准备给她回信，鼓励她补习功课准备明年考大学。但想到她“橘子成熟了的时候”就要来看我，一算时间，不过还有一个把月，所以，我便没有回她的信。

但是，“橘子成熟了的时候”她并没有来，也没有一封信寄给我。

是她的鼻梁留下了什么终身残疾而不好意思来看我吗？是又得了什么重病了吗？是她进了补习班，紧张的学习使她无暇给我写信吗？还是发生了什么我意想不到的其他什么事变呢？……我这样不安地猜测着，同时，也盼望着。

一年过去了，没有消息。

两年过去了，没有消息。

三年、五年过去了，仍然没有消息！

宁玮，你在哪里？

宁玮，你还好吗？

1996 年 10 月，我到长沙出席中国教育学会第十次年会刚回到学校，同办公室的一位同事告诉我，有一个人曾经给我打了个电话，我不在，对方便留下一个电话号码，叫我回来后去个电话。

当时，我根本没有把这个电话和宁玮联系在一起，可是，当我拨通电话，话筒里便传来一个声音：“您是李老师吗？我是宁玮啊！”

我简直不相信自己的耳朵：“宁玮”“林伟”“凌卫”……同名同姓的很多呀！于是我谨慎地问道：“请问你是哪个 Ning Wei？”

对方急切地说：“李老师，我是你的学生啊！”

我也更加激动地说：“啊，宁玮啊！你现在在哪里？”

“我就在成都。现在在四川省委党校旁边的 ×× 酒楼。”

……

足足通了半个小时的电话。仿佛一放下电话，宁玮就又会失踪似的，于是不停地追问，不停地回忆，不停地叙说……她说她几年来一直在外奔波，干的都是餐饮；她说她的弟弟终于大学毕业，现在已是一位中学教师；她说她是去年下半年到成都某酒楼的；她说她现在就住在成都，而且已经成家，爱人是一个厨师，孩子也快满一岁……

我再次为宁玮而庆幸：好人应该一生平安！

几天后，我收到她的来信。

一周以后，我一家和宁玮一家在光华园酒楼相见。宁玮自然比过去显得更加老练了，几年奔波的风尘好像还蒙在她的脸上，使她看上去仿佛是一张有些发黄的照片。但她那双善良的眼睛，仍是那么明亮。

我们约定在不久的时候，召集在成都的老同学在此聚会，畅叙友情。

但是，在新年前夕，我几次打电话，却一直无人接。过了元旦，我去酒楼找她，看到的却是人去楼空……

我和宁玮又失去了联系。我翻出她前次给我写的信，按信封上的地址“成都市外北梁家巷爱民路 94 号”写了一封信寄去。

然而，没有回信。

不过，这次仅仅过了半年，我便又得到了她的回音：

李老师：

您好！

您年初写给我的信，我最近回四川才看到。让您担心了，实在对不起！

“光华园”终于还是没能维持下去。从“光华园”出来后，几次想给您打电话，都没有勇气。春节过后不久，我们几个姐妹应邀到H省L市为一个即将开业的大酒店做筹备工作。忙了一段时间，酒店终于开业，而且生意一直不错。仅仅两个月，酒店的名声就在L市打响了。我很高兴，准备在这里大干一番。

可就在这时，发生了两件事：

头一件发生在5月初。一个与我挺熟的客人头晚在酒店用餐，第二天中午他打电话来说价值近两万元的项链丢在酒店。他要我帮忙找找。我很快向上层经理反映此事，没想到他们并不在乎，认为是顾客讹诈，想找“赔偿”。客人跑了两趟，经理都没露面，他一怒之下报了警。警察很快过来调查，并把两个服务员带到派出所拘留24小时。见被抓的服务员受委屈，我又着急又难受；见经理爱理不理，我又气愤又无奈。我尽量在经理和那位客人中间调解，没想到经理认为我轻信客人，偏向客人，而不维护酒店利益；客人呢，又认为我不相信他，很气我。最后，事情不了了之，可我的心里却难以平静……

再有一件，就刚发生不久。5月下旬的一个晚上，酒店来了一帮不速之客，他们大吃大喝，吃了两千多元。后来故意找碴，说有一个菜没做好，我再三解释他们也不听，我急忙把厨师长给叫出来亲自做解释。没想到，厨师长刚刚讲了一句话，他们就大施拳脚，大声侮骂，厨师长当场被打昏过去！情急之中，我报了“110”。

第二天，被打的年轻厨师长和他在酒店当服务员的女友双双辞职。他们悲愤难忍，准备到省城上告、申诉。我也很同情他们，也很难过，于是我再一次去派出所，请求他们让打人的人来给厨师长赔个不是，我找到一位看起来比较面善的年轻警察请求他帮帮忙。没想到他劝我别管这事，甚至最好别再在这家酒店干了。他又说我脾气太直，太坏，爱管闲事。又说我们“招惹”的是当地有名的流氓地痞，当地人提起他们就谈虎色变，何况我们是外地人呢？

李老师，你未身临其境，是无论如何也想象不出那几天我是怎样过的！干餐饮这行当已好几年，可这是头一次与流氓、无赖打交道。不管怎样，我是没有忘记高中第一天坐在教室里，看到那黑板上方的一行大字：“团结、善良、正直、向上。”眼见这样的现实，我心里很痛苦。最后，我大哭一场后，便决意不在那里干了！

面对好不容易找到而又失去的工作和高薪，我没有犹豫，毕竟人活一辈子，做一个善良正直的人比什么都重要！我和爱人回到了四川！

李老师，从迈出乐山一中这么多年来，我一直过着辗转不定的生活，虽然在每一个地方我都干得很卖力、很出色，也深受老板器重，但这行当始终不稳定，成都的家又很拥挤，待着难受。有时我真想一个人找个地方过着那世外桃源般的生活，可我又舍不得儿子和丈夫，于是只好委屈自己，姑且过着这游荡而平庸的生活！

好，就写到这里。

祝老师全家幸福！

学生　宁玮

1997 年 6 月 6 日

又：李老师，这几天忙着找工作，所以信写好后一直搁在那儿，今天才寄出。过两天我要和我爱人一起到北京颐和园一个酒家上班，所以你收到信后别再回信。我到北京后再跟老师联系。

我不知该怎么评论宁玮这封沉重的来信。面对邪恶，她没有躲避更没有同流合污，而是勇敢地迎了上去！一向和蔼温柔的宁玮，居然在一些人的眼中成了“脾气太直，太坏”“爱管闲事”的人，这恰恰说明了她的高洁她的正直她的疾恶如仇！对于她发出的某些激愤之辞，我已不想再对她进行什么自以为是的“引导”了。我相信，她的人生信念和她今后所面临的生活会使她更加成熟也更加坚韧的。

直到我 7 月份和家人一起上北京旅游前，她都还没有来信。

7 月 25 日，我和爱人及女儿游颐和园时，我们甚至还怀着一丝侥幸，希望能在熙熙攘攘的人群中突然发现宁玮那熟悉亲切的身影……

我再次与宁玮失去了联系。

前不久，我去广汉市参加四川省青年教师语文教学大赛。当我上完课走下讲台时，几位青年老师围了上来，要我签名并请我合影。我欣然答应了他们的要求。

照完相，其中一位看起来特别朴实精干的小伙子突然问我：“李老师，您还记得宁玮吗？”

我一惊：在这个地方，居然有人提起“宁玮”！我连忙问他：“你是……”

小伙子有些自豪地说：“我就是宁玮的弟弟！现在在彭山青龙中学工作，和您一样，也教语文。”

“啊！你就是宁玮的弟弟！”我激动得一把抓住他的手，仿佛他就是宁玮。

我问他宁玮的近况，可他说：“我也不太清楚，因为姐姐几年来一直是东奔西走。不过，她应该回四川了。”

茫茫人海，宁玮在为自己的理想而不停地奔波着……

当我写到这里，又禁不住想：此刻宁玮又在做什么呢？不过，我现在已经不太担心她会和我失去联系。因为说不定哪一天，我又会突然收到她寄自某某酒店的来信；或者电话铃响起的时候，我提起话筒，里面会传来宁玮那亲切的声音：

“李老师，您好！我是宁玮。”

附：宁玮近况——“无论什么，要做就做最好！”

《爱心与教育》出版以后，宁玮的故事让许多读者流下眼泪，他们牵挂着宁玮的命运。我常常收到读者的来信或电话，问我：“李老师，后来你和宁玮联系上了吗？宁玮后来的情况怎样？”

我在这里告诉读者：宁玮现在生活得很好！我们现在保持着联系，她常常来看我。我两次请她给我的学生做了报告。

2015年9月开学第一天，我把宁玮请到我的学校对全校师生演讲，给孩子们讲她的经历，孩子们都被她的故事吸引了。有一个老师对我说：“没想到，宁玮那么娇小的躯体却蕴藏着巨大的能量！”

下面是她的演讲稿《无论什么，要做就做最好！》，从中我们可以知道大家特别关心的“她后来的情况”——

成都市武侯实验中学的老师、同学们：

早上好！

我叫宁玮，是李镇西老师高90届的学生。回想当年迈进乐山一中，非常幸运地遇到了李老师。开学第一天看到的教室上方的几个醒目大字“热情、向上、正直、善良”刻在了我的脑海里，一直鞭策我行事做人。

开学第一天我和今天的你们一样满怀梦想，想着毕业考大学，以后当医生可以造福病人，以后当律师可以仗义执言。然而那年我落榜了。为了供小弟上学，我放弃复读，毕业没几天便到北京打工去了。后来知道去复读的同学都考上了大学，我也想过或许自己去复读也能考上大学。可人生是没有假设的，也没有回头路，只有坦然、乐观、坚强地走下去。否则你就难以轻松和愉快，哪里还有成功和喜悦呢！

我到北京不久，李老师就送我一句话：“宁玮，老师相信你无论做什么都会做得最好！”这句话激励我打工十多年，创业十多年，直到今天，无论何时何地，无论做什么，我都会全力以赴做到最好！“心中目标是做最好的自己，幸福、快乐、成功、喜悦会常伴你。”就是我今天送给大家的人生感悟。今天很高兴能在这里和大家分享我的亲身感受。

我刚到北京餐厅打工时，什么也不懂，但我确定一定要做一名出色的服务员！定下这个目标后，我买了烹饪书，学习掌握了回锅肉、豆瓣鱼、麻婆豆腐、夫妻肺片、担担面、水饺等许多川菜小吃的配料、做法及典故，了解中国四大菜系的各自特色。店里累活我主动去做，客人呕吐我去打扫，客人争执打架我去劝架，客人小孩哭闹我哄……我贴心周到地服务于每位客人，很快收获许多信任与友情，许多人邀请我到家去做客。我也很快当上收银员、领班、大堂经理，为以后自己开饭馆打下基础。一次我好心劝架被一个大烟缸砸伤鼻梁，破了相，就回了四川。

1998 年，在餐饮业打工八年的我回川后转行，应聘到巴斯迪公司当营业员，一切从零开始。上班第一天我在心里默念：“一定要努力踏实干，当一名优秀的营业员。”我用心熟记每样产品的功能，归纳、总结、清洁货柜产品，热情耐心地接待每位客户。一天晚上我在十二桥专卖店接待一位客人，我介绍完所有产品，嗓子都快哑了，结果他一样也没买，但我仍微笑送他出店。第二天公司来电让我去。见了才知昨晚的客人是公司老总。他让我到人北总店当专卖店经理。那个店是公司旗舰店，业绩却最差。他问我有没有信心扭转。我说只要我去了肯定会尽全力做好。装修配置那么好的店怎么会业绩最差呢？我去了，带着员工不分黑天白天努力，抓卫生，练技巧，讲诚信……连着半年个个月业绩冲到公司第一。老总又把我调去当商场总经理，管理 7 个专卖店。就这样，在公司做到最好。

在我三十岁那年，我重新确定自己的人生目标：三十岁前打工，三十岁后自主创业。于是我毅然辞职。我到荷花池摆了一个多月地摊，想想都好笑，每天啃着馒头，雪白地摊布上摆着整齐的小百货，我尽力让它们一尘不染。就是地摊也要摆得最好。

后来我找了半个多月，才在驷马桥外花 3000 元盘下个小饭馆，满怀信心地开张了。然而第一天只卖了 28 元。别人都说我买了个死铺，我才不信。别人已做到最好我怎么开呢？别人都没做好我才有更大发展空间。我每天用水彩笔写醒目广告，每天站在门口笑着招呼路过的人，我努力让每一位进店的客人满意而归。三个月后我的小店不再愁客源，成了那条街生意最好的店。

后来我还在互助路一条小巷开过饭馆。那条小巷不足 100 米，只有一排待拆迁房，一下雨满街泥水，根本没人做生意。房东不收房租，只让我把房子守着。很多人笑我怎么选那鸟都不下蛋的地方开饭馆。可我就是相信自己一定会做起来，我在门口种了许多花草，把它设计成爬满青藤的小屋，干净利落，价格实惠，菜品丰富，吃饭时可看电视，饭后还可打麻将。附近民工都来，北新干道的土建工、钢筋工、绿化工，都在我的饭馆吃饭。冬天我要烧大锅开水让他们暖手烫脚，闹疫情我准备大锅药汤，工人早晚来都有饭吃……我在那个没人做生意、鸟都不下蛋的地方红红火火开了六年。

毕业二十多年，一路走来尽管很艰辛、波折、坎坷，但我从未放弃“无论做什么都要做最好”的信念。今天我终于拥有踏实、平稳、幸福的生活，实现了拥有小店，并能够照顾年迈父母的心愿。

武侯的学子们，你们今天正在求学路上，一定要努力、珍惜。人是万物之灵，没什么可以难倒你。只要你坚持心中目标是做最好的自己，自然会爱学习、爱老师、爱父母、爱同学。你自然也会人见人爱，每天快乐幸福！你只要坚持做最好的自己，每天就会积攒能力，拥有足够能力，到你找工作、找爱人那天自然会有人争着要你。只要你坚持勤奋、努力、向上、正直、热情、善良，你自然会成就生活的美好，人们也会因你的存在而感到幸福！谢谢！

现在，宁玮依然宁静地过着她恬淡的生活。时不时给我送点腊肉香肠，或自制的豆瓣酱。她现在专心在家里照顾父母，带孙子——对了，还忘记告诉大家了，48岁的宁玮现在已经当奶奶了。

（2018年5月9日补记）

爱的升华

《爱的教育》与帮助伍建

我们对学生充满真挚的情感，无疑会使学生亲近我们并乐意接受我们的教育，但仅止于此是远远不够的。爱的教育，最终目的是应使学生感受到老师无私的爱后，再把这种无私的爱自觉地传播给周围的人，进而爱我们的社会，爱我们的民族，爱我们的国家……

从教之初，我就把意大利作家亚米契斯的《爱的教育》作为学生必读的德育教材。我在班上立下规矩：凡是学生病休三天以上，班里必须派人去慰问，病休一周以上，班主任再忙也要亲自去看望。对于那些由于特殊原因，不能经常享受家庭温暖的同学，更应关心。

教初 84 级（1）班的时候，有一段时间，我发现姜茹、王琦、彭霞、杨虹几个女同学课间神情动作异常，好像总在密谋着什么。有一次上语文课，我正在讲课，突然发现一张纸条正在学生课桌下悄悄地传递着：由姜茹传给毛利，再经过许艳、文丽的手传给男生班长马庆，但马庆正要接的时候，我一步跨过去，将纸条截获了！我当场打开纸条一看："这事一定要保密！千万不要让李老师知道！"

我大吃一惊：女同学给男同学传纸条就够让我担心的了，何况又是这样神秘的语言。我把这几位女生请到了办公室。

"你们说实话，上课为什么传纸条？"我严肃地对她们说。

她们都一言不发。

我说："那好，我请你们的家长来和我一起帮助你们！"

"李老师，我……"许艳刚说了一句，另外几个女生迅速给她悄悄摆手，于是她便把话吞了进去。

其实，我心里已经明白，"传纸条"与我最初怀疑的"男女同学之间的敏感问题"

并没联系，但现在我却故意以此来狠狠批评她们："哼！男女同学上课传纸条，还说什么'千万不要让李老师知道'！有什么见不得人的事怕我知道？你们这种年纪啊，思想就是容易变坏！"

这一句让她们急了："不是，不是……"

姜茹嘀咕了一句："我们真的不是要干坏事！"

"哦！是好事？"我故意装出不相信的样子，"那你们就说出来呀！说出来，也让李老师和你们一起做嘛！"

沉默了一会儿，她们终于吞吞吐吐道出了原委——

来自农村的伍建同学，家里最近遇到了严重的困难：父亲不幸病逝，拖了一大笔债，现在家里除了体弱的母亲，还有一个16岁的姐姐，责任田也缺人种……

前些时候，同学们偶然听说伍建流露出不想读书的念头，他对他的一个好朋友说："现在，我是家里唯一的男子汉，应该回去种地！"同学们知道这件事后，都决定帮伍建一把，为他捐款，希望他留在我们班上继续学习。于是，这几天，大家便暗中想办法，并希望班长马庆来组织这次对伍建的捐助活动……

听了几位女生的诉说，我首先感到的是内疚：以前我只知道伍建学习成绩较差，却不知道他竟有这么大的困难！

我又问她们："这的确是件好事啊！为什么怕让我知道呢？"

她们说："我们想自己做成功一件好事，让您高兴高兴。再说，您太忙了！"

我又给她们开玩笑："这么好的事把李老师给忘了，还说喜欢李老师呢！"

她们天真而不好意思地笑了，我们开始商量起来……

伍建平时住校，周末才回到乡下家里。这个星期六下午的班会课前，我借口伍建回家路途太远（得步行30多里山路），便叫他提前离校了。然后，我和全班同学一起开了主题班会："让伍建因为有我而感到温暖。"

在班会课上，马庆同学向大家讲述了伍建家的不幸之后，号召同学们向伍建伸出援助的手，他在发言中说："李老师最近刚为我们读完《爱的教育》，大家都很感动。同学们想想，资本主义国家的儿童都知道关心同情别人，我们社会主义新中国的少年更应关心别人，富有同情心。"

班会的气氛极为热烈，大家一致决定为伍建下学期的学习费用捐款。很快地，讲台上便堆积了一座钞票的小山。经过清点，学生们和我共捐款37.76元！

这笔钱在现在看来当然是微不足道的，但在80年代初，这几十元钱却是一笔不小的资金。下学期伍建的学习费用只需8元钱，大家决定把其余的钱拿来为伍建购置生活用品。

韩军同学说："为伍建买一个闹钟吧！他家里没有钟，有一次星期一早晨他估计着时间从家里出发，走到学校时，大门都还没开，因为天都还没亮。"

张海波同学说："还应该给他买一个开水瓶。他平时住校经常喝自来水。"

张春银同学说："还该为他买些学习用品。我见他的钢笔都坏了，可还在用。"

……

我提醒学生们："除了生活上、经济上的帮助，伍建还需要什么帮助？"

周涛同学说："伍建的数学比较差，从下周起，我帮助他的数学！"

王红川说："我帮助他的英语！"

更多的学生纷纷举手："我帮助他语文！""我帮助他物理！"……

在这以后一直到放寒假的两个星期里，伍建的桌子上、抽屉里经常出现一些物品，老实的伍建每次都要拿来交给我："李老师，不知谁把新钢笔丢在我桌上了。""李老师，我在我的抽屉里拾到一个新笔记本。""李老师，这文具盒不是我的，请您帮查一查是谁掉在我座位上了。"……

而我心里当然明白是怎么回事，但又不好说明，只好含糊地说："嗯，我在班上问问。你暂时先用着吧，等找到失主，你再还他。"

两周以后，学校放寒假了。在春节前的一个冬日高照的上午，我和马庆、吴蔚、姜茹、龚驰群、何静红、韩军、王红川一起，带着我们为伍建的捐款和许多生活用品，用了半天时间跋涉 30 多里山路，来到伍建家所在的小山村。刚拐过一个山坳，我们就远远地看见他在地里劳动着。我们悄悄地一直走到他面前时，他仍在弯腰劳作，竟没有觉察。

我们在田埂上站成一排，齐声大喊："伍、建、你、好！"

他猛然抬起头，惊呆了的脸上泪水夺眶而出……

一晃 15 年过去了，当年的伍建和他的同学们也已长大成人。前不久，我意外地收到伍建的来信。他在信中提起那年春节前夕同学们给他的温暖时，我从字里行间仍可感受到他的激动之情。多少有些令我吃惊和欣慰的是，他在信中自豪地写道："李老师，现在我也是一名中学语文教师了！"

爱的升华与教育的最高境界

1990 年 1 月，我发现班上一位叫胡国文的农村同学情绪低落，精神不振。一了解，原来他以前就有的肠胃病最近复发了，同时，由于学习紧张，他患上了失眠症，这使本来就性格内向的他更加郁闷了。虽然我找他谈了几次心，安慰他，鼓励他，但他终于没有坚持到期末考试，就回家养病去了。

放假的那一天，我和学生们给胡国文写了一封慰问信，然后，全班每一位同学都给他寄了一张明信片，上面写满了温馨而真诚的话语。我们希望，班级的温暖不但能使他过个好年，而且能使他乐观起来，振作起来，战胜疾病，回到我们这个可爱的集体。

寒假后开学第一天，见到胡国文来报到了，我还挺高兴，热情地问他："病好了没有？"

他却不说话，低着头，泪水渐渐从脸上滴到地上！

在我的一再安慰和追问下，他才向我断断续续地诉说了春节期间他家里遭到不幸——家里失火，房子被烧成一片灰烬！

最后，一向不会言辞的胡国文居然说了一句让我感动的话："最让我心痛的是，同学们给我寄来的明信片没抢出来，全被烧了……我本来是要终身珍藏的！"

接下来事情的发展究竟怎样？这个问题还是让胡国文当年写的一篇作文《谢谢您，亲爱的班集体》来"回答"——

……

第二天下午读报课，我刚走进教室，就觉得气氛不对。抬头看黑板，几个大字映入我的眼帘："国文兄，我们永远在你身边！"一股暖流闪电般传过全身，泪水模糊了我的双眼。原来同学们正在李老师的主持下，举行安慰我的主题班会。我真没想到同学们这么快就知道了我的困难，也没有想到他们会用如此庄严隆重的方式来给我以慰藉。不过，这又像是在意料之中，因为我们这个班的同学向来就团结、友爱。黑板上，还有何英同学写的一段话："一份痛苦，两人分担，便只有半份痛苦；一份欢乐，两人共享，便有双倍的欢乐。你只有1/60的痛苦，却拥有60倍的欢乐。"是的，同学们把欢乐给予了我，却把痛苦给我驱走，我还有什么痛苦可言呢？王英浩同学还深情地朗诵了一首他专门为我写的诗："哦，国文 / 不要悲伤 / 让我们温馨的友情 / 在你心间，投下一丝金色的阳光 / 带给你更多的温暖，更多的坚强……"他的诗，像是给我注射了兴奋剂，让我浑身热血沸腾，充满了力量。接着，团支部书记郑洁同学把60张明信片（包括李老师写的）送给我，她说："大火烧毁了我们以前给你写的明信片，但烧不毁我们的真诚友情。今天，我们每人再给你写一张明信片！”我看到每一张明信片上都写有鼓励我的文字，每一位同学都有一段暖人的话语鼓励我，安慰我，带给我一片真诚，让我本来压抑的心轻松起来，又获得了勇气和希望。我真正感到这友爱的丰厚崇高了。随后，班长周强又把几百元钱送到我手中。这钱是同学们决定这学期不看电影而捐给我的，这真让我感动得不知该说什么好了！同学们做出这样的牺牲，是在用真诚的心抚慰我，让我重新对一切充满希望。班会结束时，同学们还送来了慰问信、钱、粮票、笔记本、衣物、脸盆……李老师也送来了他捐给我的钱。到最后，我的桌上堆满了东西……昨天回到学校时那种伤感和悲痛，这时已烟消云散了，我的一颗冰冷的心已被同学们滚烫的真情融化了！

……

需要补充的是，当时我班任学校学生会主席的杨嵩同学，还在全校师生中发起并成功地组织了为胡国文捐款的活动。

师生之爱，同学之爱，都不应仅仅止于班级内部，而应该有爱的扩展和升华。这种爱的扩展，是对周围其他人的爱——同学、邻居，以及一切素不相识但需要帮助的人；这种爱的升华，是对我们祖国的爱！

这才是爱的教育应该达到的最高境界。

1990 年 10 月，我教高 90 级（1）班的时候，了解到学校附近有一位 90 多岁的老太太，唯一的儿子及儿媳在几年前因车祸双双身亡，现在和她 9 岁的孙子相依为命。同学们知道后，不但为她捐献钱物，还把自己的学习用品和一些书送给那个可怜的孩子。学生们还组织起来，每周都派一个小组去老太太家为她做家务事……

1983 年，在未来班的成立大会上，我们收到了一位家长寄来的一笔钱，同学们当即决定，把这笔钱寄往北京圆明园管理处，用于整修圆明园遗址。捐款寄出 20 多天后，我们收到了圆明园管理处的回信：“……同学们长大后能到北京读大学或旅游的机会是会有的，到那时请你们一定来圆明园。请同学们放心，我们全体工作人员将加倍努力，有全国人民的支持，不久的将来，一处大型古典园林遗址定会在祖国首都——北京出现……”

1987 年 5 月，大兴安岭火灾的消息传到我们班，还不用我动员，同学们就行动起来了。班长程桦、吴涛代表我们班率先在校园贴出了一份倡议书，倡议全校师生为扑灭大兴安岭火灾做出自己力所能及的贡献。在那次活动中，我班采取无记名方式捐款，所捐金额居全校第一。

1996 年，我任成都玉林中学初 96 级（5）班和（6）班的班主任，恰逢成都市人民政府开展府南河综合整治工程。我和学生们积极参与，同学们用自己节约的零花钱买来珍贵的银杏树和女贞树的树苗，种在府南河边。而且由此成立了“府南河红领巾志愿者中队”，每周星期五下午放学后，都去河边护理我们的小树，一直坚持到现在。

……

爱心捐款与诚实品德

在我教过的班级中，类似的活动，学生们究竟参加过多少次，现在已很难准确统计了。有时是我有意组织的，有时是学生自发开展的。这是爱心的教育，也是童心的教育。而最能体现爱心和童心和谐统一的，是那一次我班为重庆歌乐山烈士陵园建造烈士群雕的募捐——

从 1982 年 2 月刚参加工作起，我便利用每天中午的休息时间，为学生朗读《红岩》。到了第二学期的 11 月 13 日，我读完了《红岩》最后一节，可是学生们还沉浸在渣滓洞、白公馆那悲壮的场面之中。

我对表情庄重的学生们说：“明天是 11 月 14 日，星期天，同学们将度过愉快的一天。可是大家是否知道，33 年前的 11 月 14 日，江姐正含笑走向刑场？再过两周，11 月 27 日，是‘中美合作所’最后大屠杀的日子！……为了纪念这些先烈，重庆歌乐山烈士陵园正在筹建渣滓洞、白公馆烈士群雕塑像。”

“我们为建造烈士群雕捐点款吧！”

“对，向先烈表示一点我们的心意！”

学生们七嘴八舌地议论开了，说出了我本来准备提出的建议，我非常高兴，说：“同学们自愿捐款当然很好，可钱从哪儿来呢？回家向爸爸、妈妈要吗？”

“不，我们利用星期天去拾废品卖！”学生提议道。

“好！”我同意了大家的要求，并补充说：“当然，也可以清理家里的废品，如废书、旧报、牙膏皮等去卖。总之大家要注意：所交的钱必须是卖废品所得，决不能因此向家里要钱。只有通过自己劳动所得来的钱，才最能表达真诚的心意！”

两个星期过去了，全班大多数学生都陆续交来了自己的捐款。我一一清点着由一分、两分，一毛、两毛汇集而成的捐款，心中无比欣慰。

不知怎么的，在清点捐款的过程中，我心里突然闪过一丝怀疑：这些钱都是学生卖废品所得吗？虽然每个学生在交钱的时候，都说是“卖废品换来的”，但凭我对学生们的了解，我估计可能有少数学生并没有卖废品。想到这里，我隐隐感到不安：怎样才能使这一笔献给先烈的捐款真正纯洁无瑕呢？

我当然不好为我这个想法而在班上搞“清查”，但我想至少应通过什么方式提醒或教育一下学生们才好。怎么办呢？

正好，何静红、龚驰群、王薇三个同学来交钱了。我收下钱，照例问道：“卖的是什么废品啊？”

没有回答。

我把询问的目光投向班长何静红，她不好意思地回答：“我们，没有去拾废品。”

“那么，这钱是向家里要的喽？”

“不是，这是我们平时积攒的零用钱。”几个人的声音很小，充满了惭愧。

我踌躇了：收不收呢？她们这样做，显然不符合必须是“卖废品所得的钱”的要求，似乎该受批评。然而，她们没有撒谎，这却是很可贵的。再说，这钱并非是向家里要的，而是她们节约下来的，仍能代表她们的心意。

于是，我表扬了她们：“你们很诚实！”

上午最后一堂课快下课前，我在班上讲了何静红几位同学捐款的事：“她们没有拾废品，当然不对；但她们有一颗诚实的心！让祖国的新一代具备诚实纯正的品格，正是先烈们的希望。我请同学们想一想：如果我们在捐款时撒了谎，这难道仅仅是欺骗了老师吗？不！这是欺骗了先烈。我们不希望这笔捐给先烈的钱里包含有哪怕是一颗不诚实的心。”

放学后，又有几位学生来交钱，他们都如实地说明这笔钱是自己节省的零花钱。

中午，我到教室去，许艳同学不好意思地对我说：“李老师，那天我交的七角二分钱，并不是卖废铁得来的，而是妈妈给我吃早点的钱，可我在交钱时，却说是……”

“别说了，你今天做得对。你仍然是诚实的孩子！”我拍了拍她的肩膀。

不一会儿，刘春华、文丽、陈建等同学也来向我承认自己交钱时说了谎。

下午上课前，我又在班上表扬了许艳等同学："能主动用诚实行动来改正不诚实缺点的同学，仍然无愧于先烈！"

课后，又有两个学生来到我跟前。

"李老师，我昨天交的六角二分钱里，只有六分钱是卖牙膏皮得来的……"

陈晓梅低着头说。

"李老师，那天我交的两角四分钱里，只有一角七分钱是卖废品的钱……"张帆红着脸说。

……

凝集着学生们对先烈真诚敬仰之情的捐款寄出去了。在填写汇款单时，我在寄款人姓名一栏里写的是——

"献给先烈的五十三颗爱心和童心。"

附：伍建三十年

拙著《爱心与教育》出版20年来，打动了不少读者。书中一些学生，让读者难忘。伍建便是其中之一。曾收到一些老师的来信，说当年未来班的同学帮助伍建渡过难关的故事令他们落泪。

我见过伍建两次。一次是2010年2月寒假里的一天，他来看我。

分别二十六年了，眼前的伍建真的长大了——当年十五岁的男孩子，现在已经四十二岁了。如果在大街上碰着，我还真认不出来。但他依然朴实，善良。我和伍建滔滔不绝地聊天，并留他在家里吃了午饭。

说到往事，他回忆起那时全班同学对他的关心，说："李老师带着同学们到我家来看我的情景，我永远忘不了！我的第一个闹钟，第一个热水瓶，都是同学们给我买的！后来我当了教师，也这样引导学生们去关心家境贫寒的学生。"我知道他曾经在一所乡村中学当初中语文教师，便问他："现在还在教书吗？"他说："现在没有了。因为当初只是代课老师，后来无法转正，就离开了学校。"但他对我说："我教了五年书，教书的时候我完全学你，爱学生，建设班集体。当年未来班的班歌，我也教我的学生唱。虽然我并不是科班出身的教师，只是代课，但那五年里，我全身心扑在教育上，就像当年李老师那样。所以我班不光班风好，学生的成绩也不错，中考时我班的成绩创了学校的纪录呢！虽然我早就不当老师了，但我和我的学生感情一直很好！"他现在已经是一家企业的总经理了，女儿也已经读初三。看到当年的伍建有了出息，我很是欣慰。

第二次见面，便是2014年暑期未来班毕业30周年聚会。伍建依然纯朴，本色没变。在发言中，他感谢母校老师对自己的培养，感谢当年同学们对自己的关心，说自己永远不会辜负未来班这个温暖的班集体。他说："我感谢我的老师和同学！如真的有来生，我愿再做我老师的学生，再做我同学的同学！因为彼此那份爱！"

分别后便是教师节。我和他还有几个学生在微信群里聊天。伍建给我发了一个段子，大意是，老师，你当年教给我的知识，我早就还给你了，你看什么时候退我学费呢？我一听就乐了。另一学生黄杰反驳他："你想造反？利息要不要？你咋个不说老师教给你知识，就相当于投资入股了，就应该分红！你早就用这知识赚了钱，所以你现在每年都应该孝敬30%的收入作为红利给老师！"

以这种方式给老师带来节日的快乐，真是让我开心。

第二天，伍建发给我他写的一篇文章，回顾他三十年来的经历，我看了非常感动。三十年，对一个人来说，时间不算短。伍建的成长，让我看到了教育的力量。当然，这里的教育，不只是我对他的教育，还包括他的自我教育。

伍建说他写得很随意很自然，正因为如此，我读到了真诚。这也是一篇很好的励志文章。特向各位老师推荐。

一生的承诺

这一生能进乐山一中读书是我的幸运，这一生能做李镇西老师的学生是我的幸福，这一生能做乐山一中初84届（1）班（首届未来班）的一员是我的快乐！

2014年9月6日，是未来班毕业30年后聚会的日子，其间老师和同学、同学和同学间互相问候，热烈拥抱，还有笑脸和歌声……特别是李老师讲话中提到的教学目标是教会学生正直、善良、勤奋，这深深地触动了我。30多年来一幕幕情形仍在眼前。我在这里不想再去回忆老师和同学对我关心有多少，帮助有多少，因为这些是说不完的。我只想说这么多关心和帮助对我人生的影响有多大，我只想说我好像没有太辜负老师和同学的关心和帮助，更没有给我们未来班这个集体抹黑！

我的童年，家里很穷，每顿饭刚好一桌人，爸爸、妈妈、一个哥哥、四个姐姐和我。那时家里蒸饭的甑子完全可以装下我——因为那时我很瘦小，一天到晚都吃不饱啊！从懂事起，我就知道为家里做点什么了，放牛、割草、喂猪、煮饭，甚至自己缝补衣服……12岁以前，我已经学会了现在很多成年人还做不来的事情，现在想起来，我那时不简单啊，呵呵！

在初中，尽管老师和同学给了我无限的关心和帮助，但我的学习状态真不好启齿。我的老师和同学不知道，那时我天天惦记的是：家里的哥哥嫂嫂又同爸爸妈妈吵架没有？每周5毛钱的伙食费下周妈妈拿得出吗？家里的秧子栽了没有？谷子怎么打起来？这就是我的初中生活，谁能在这样的环境中好好学习呢？唉！

1981年家里分家时，我与父母就得了一间房，立柱已经和地面成85度的夹角，地面是千脚泥，墙壁是竹笆，采光很差。房顶的瓦稀稀疏疏，有缕缕阳光穿透瓦缝射进来。床顶盖满了塑料薄膜，下雨天要加几个盆子。

1982年5月，爸爸走了。虽然我从懂事起就知道他有病，什么重活也做不了，但他的离去仍然给家里带来了不小的打击，妈妈身上的担子更重了。之后我产生了辍学的念头，因为家里太穷了，妈妈太苦了，我想自己养活自己了。但当时李老师和同学们知道后，竟然背着我为我捐款。同学们怕我周一睡过了时间起不来而迟到，便为我买了闹钟；怕我在学校喝生水，便为我买了热水瓶。最后竟走几十里路来看我，给我做思想工作，就为了让我能完成初中的学习。同学们啊，你们不能想象我那时的眼泪何止决堤般涌出！初中学习生活不用我在这里细述，基本每天都被老师和同学感动着。.

初中毕业，我没能考上中专。跳不了"农门"，我怀着不甘心的复杂心情，在妈妈坚韧的目光中，走进了高中。以后的日子，基本就是我和妈妈两人相依为命。其实从13岁起，我就像是家里的男劳动力了，耕田、栽秧、打谷已经难不倒我了。

进了高中，也无法集中精力学习。成天想的是现在喂鸡能赚多少钱，喂兔子效益如何，甚至算出了喂兔子的年利润，设计出了兔舍，进行了项目论证。定出了近期和长远的目标：近期是挣5000元修房子，远期是挣3万元存起来，以后就可以干别的了……结果三年后高考的结果大家不用猜都知道了。

高中毕业，我灰溜溜地回家了。那时农村的高中生可是癞蛤蟆的耳朵——缺货，乡武装部长叫我去当兵，我还不干。不为什么，就为了我母亲，我不能让她一个人在家受气。结果我同学去当兵的基本都没有回来的——不是"壮烈"了，而是当官了。不然我现在可能不比黄杰同学差哦，说不定也是个政委之类的，呵呵！

以后，打过石头，冷冻厂分割过猪肉，制过药，做过泥水匠、钢筋工、保坎、挑灰浆……所到之处，好像无不受欢迎的。因为无论做什么，我始终坚守着善良、勤奋和认真。

1994年，凌云中学的老校长跑我家好几次，叫我做了一件做梦都没有想过的事情——去教书，还是初中！因为缺钱，去就去吧！虽然是代课教师，但每月88.5元工资呢！干！一不小心，我居然成了区级优秀老师，一周24节课，还是班主任！那时的我，与自己的学生一起笑，一起哭，一起摸爬滚打，一个班就是一个整体了。其实，我水平不高，但我有爱，爱能够让我认真，让我动脑筋去研究，去探索，这样我就慢慢地学会教书了。

中考后，我教的语文是全茅桥学校的第一名，最高分和平均分都是！我永远记得新校长去区里开会时说的一句话："我这次到区里开会，腰杆是最直的！因为你班上中考考得好。"其实这些对我来说，都不是最重要的。从1999年离开自己喜欢的学校后，我回忆自己的五年代课经历，认为自己最重要的收获是三个：一是我有37个现在我都为他们骄傲的学生；二是我教书期间还每天去取潲水喂猪，经济上有收入，让我度过了最困难的时期；三是我在1995年有了自己的女儿，也是我值得骄傲的女儿。最重要的是我传承了李老师的教育方法，包括也给学生读《爱的教育》，还有李老师写的《青春期悄悄话——致中学生的100封信》，所以收获了类似于我们给予李老师那样的尊重和爱戴！

这是我人生中很重要的一段日子！

1999年到2001年，我上工地了，学工地管理，开汽车、装载机、压路机……收获了不少学校以外的东西。2001年7月，我到了现在的公司，从办公室做起，每月400元。还是因为我的认真勤奋，2004年做到总经理。其间好多故事，说不完，写不尽……

这不是对自己的总结，因为自己的路还长。说这些，不是想回忆痛苦，更没有炫耀的资本，只是给老师和同学们汇报自己走过的路而已。

借这个机会，我想再次感谢我的老师，我的同学，我的初84届（1）班！是你们改变了一个农村孩子的一生。我不算成功，但我会努力！我永远以你们为我的骄傲！人生还有时间，我会好好走下去，也希望我们每个同学走好自己的路。这样的我们才无愧于未来班。这也是我一生的承诺。

（2018年5月9日补记）

手记二：与顽童打交道

——“后进学生”的转化

当我们自然而然地走进“后进学生”的心灵，而他们也乐于主动向我们敞开心扉时，我们的教育之舟便已驶入了成功的港湾。

教育呼唤民主、科学与个性！
——转化“后进学生”的指导思想

不客气地说，离开了对“后进学生”的研究与关注，“素质教育”不但是虚假的，而且是虚伪的。

理由很简单：“素质教育的要义第一是面向全体学生。”（柳斌）而对多数学校的多数班级来说，“面向全体”就必然面向为数不少的“后进学生”。或者换句话说，只要有哪怕极少数的“后进学生”在我们教育者的视野之外，那么，我们所标榜的任何“素质教育”都不是科学意义上的素质教育，而只能是我们社会主义教育的耻辱！

转化“后进学生”的途径、方法当然是很多的，但其基本的教育思想却应该充满“民主、科学和个性”的精神。

“后进学生”教育要民主：用心灵赢得心灵

爱，是教育的前提。但是，对“后进学生”来说，这种“爱”应该是真诚的。换句话说，教育者对“后进学生”的爱，绝不应是为了追求某种教育效果而故作姿态的“平易近人”，而是教育者真诚人道主义情怀的自然流露。当我们自然而然地把“后进学生”看作朋友时，这些顽皮的“后进学生”也会不知不觉地把我们视为“哥儿们”。我喜欢与“后进学生”们“吃喝玩乐”：星期天，和他们一起去公园，在草坪上摔跤、斗鸡；假期，和他们一块儿徒步去郊外旅游，在田野追逐；他们有了学习上的进步，我带他们去吃火锅以表庆贺……也许会有教育者指责我的教育“太庸俗”，但我认为教育能够真正走进学生的心灵，不但是无比幸福的，也是无比高尚的！也可能会有人敬佩我善于给“后进学生”们带去欢乐，我会说：“不！不是我给他们带去了欢乐，而是他们给我带来了欢乐；或者说在没有师生界限的交往过程中，我们获得了共同的欢乐！”

当孩子们与教师产生了朋友般的依恋之情后，点燃学生心中“想做好人”的愿望，便是教师实施教育的关键。苏霍姆林斯基多次谆谆告诫教育者：不能让儿童那种“成为一个好人”的愿望的火花熄灭。而且长期与顽童们打交道的经历告诉我，即使是某些教育者心目中“一无是处”“不可救药”的学生，其心灵深处或多或少也有着美好道德的萌芽，因此，对“后进学生”的成功转化，与其说是教师向他们“灌输”（即使是很巧妙的“灌输”），不如说是引导他们发现自己身上的善良之处、高尚之处，帮助他们树立“我是有缺点的一个好人”的道德自信。我经常与“后进学生”谈心的话题，便是让学生谈“我有什么优点”；如果某一“后进学生”因为长期受斥责而丧失了道德自我肯定的勇气和能力，我便让全班学生帮他找优点。注意，教师这样做，绝不仅仅是一种教育技巧，而首先是一种对“后进学生”由真诚热爱而产生的真诚信任。

当然，比起其他学生，“后进学生”犯错误的时候要多一些，教育者很难做到不对他们发怒；但是，“一个好的教师，就是在他责备学生，表现对学生的不满，发泄自己的愤怒（教师也有权发泄他的愤怒，任何一个有涵养的、受过教育的人也在所难免）的时候，他也时刻记着：不能让儿童那种‘成为一个好人’的愿望的火花熄灭”（苏霍姆林斯基）。我这里还想强调的是，在批评教育的问题上，师生同样是平等的：教师当然可以批评学生，学生也可以批评老师；教师如果批评失误，应该尊重学生申辩或解释的权利；如果冤枉了学生，教师应该公开主动认错。有一次上课，我看到一位因平时上课极爱说闲话而经常被我苦口婆心教育的学生，又在向周围同学说着什么，我一怒之下声色俱厉地把他痛斥了一顿，当时他红着脸低着头承受着我的批评。可是课后，有学生来告诉我，说那个同学刚才是为同桌念黑板上的板书（同桌眼睛近视而又忘戴眼镜了），并不是有意说话，我顿时惭愧极了，立即回教室当着全班学生向那个学生认错，并决定替他当一天值日生，以表达我的歉意。这事让学生们很感动，我却说：“学生认错，大家习以为常；为什么老师认错，同学们就格外感动呢？错误面前，也应该人人平等！”

作为真诚的民主教育，用心灵赢得心灵，不只是教育的条件，更是教育本身。当我们自然而然地走进“后进学生”的心灵，而他们也乐于主动向我们敞开心扉时，我们的教育之舟便已驶入了成功的港湾。

“后进学生”教育要科学：把教育主动权交给学生

前面谈到的学生心灵深处美好道德的萌芽，是学生自我教育的内在依据。但是，对“后进学生”而言，这些“萌芽”往往被各种缺点的“杂草”掩盖着。教育者的明智和机智，在于引导“后进学生”经常进行“灵魂的搏斗”，不但善于发现自己的可贵之处，更勇于用“高尚的‘我’”战胜“卑下的‘我’”。

要求“后进学生”在一个早晨就根绝所有坏习惯，显然是不可能的，但我们可以让他们通过自我控制而逐步减少犯错次数。有一位“后进学生”上课特别爱唱歌（虽然有时候只是小声哼哼），他知道同学们对他这个坏习惯很反感，自己也很想改正，但缺乏信心。我对他说：“你现在是每堂课都要唱歌，影响同学们学习。这样吧，你先试试尽量争取每天有一堂课不唱歌。如果没做到，我暂时不批评你，但如果哪一天做到了有一堂课没唱歌，你就来给我报个喜，好吗？”第一天，他没来报喜；第二天他来报喜了，而且特别兴奋；第三天和第四天他又没来报喜，我知道他未能战胜自己，但仍然耐心期待着；第五天，他又来报喜了。尽管一周之内他只有两天报喜，但我仍然给他以热情的鼓励。就这样，他犯这个错误的频率逐渐减少；半学期过后，他基本上改正了这个坏习惯。在表扬他的时候，我向全班强调的是，他有“战胜自己”的勇气和毅力。

引导学生自我教育，也包括利用学生集体的健康舆论对集体中某个或某些“后进学生”施予积极的影响。在这种情况下，教师要善于巧妙地把自己对学生的表扬或批评转化为集体舆论的褒贬，让集体的每一个成员（不只是“后进学生”）都意识到：自己有了进步，是全班的光荣；自己犯了错误，是全班的耻辱。我多次在新学期第一天开始让几个“后进学生”进行“看谁进步大”的比赛，半学期语文考试时，让全班学生以《××进步大》的作文进行投票——由于学生们的作文只能写一位同学，这就使“后进学生”的比赛具有了竞争性，而且这种竞争随时在学生集体的监督之中；由于学生的“选票”是考试作文，他们自然会认真对待，而这种“认真”必须体现为平时对那几个“后进学生”的细心关注。这种教育技巧，我在对历届学生的教育中都运用过，可以说是屡试不爽。其成功的原因，就在于其中蕴含着一条朴素的教育科学规律：“真正的教育是自我教育。”（苏霍姆林斯基）

但是，必须指出，“后进学生”的“自我教育”很难一劳永逸，相反，这是一个充满反复的长期教育过程。教育者期望通过一次谈心、家访、班会或听英模报告，便使“后进学生”从此成为一名优秀生，无疑是把教育想得太简单了。“犯错—认错—改错—又犯错—又认错……”这是“后进学生”普遍存在的循环。教师因此斥责学生“屡教不改”“光说不做”“本性难移”等，是极不公正的。教育者应该容忍“后进学生”的一次次“旧病复发”，与此同时，又继续充满热情和信心地鼓励学生一次次战胜自己，并引导学生从自己“犯错周期”的逐步延长或者错误程度的逐渐减轻的过程中，看到自己点点滴滴的进步，体验进步的快乐，进而增强继续进步的信心。我从来不对“后进学生”提“下不为例”之类他不可能做到的要求，相反，我专门印制了“报喜单”，如果某位“后进学生”觉得自己在某一周犯错误的次数减少了甚至没有犯错误，都可以主动到我这儿来领一张“报喜单”，拿回去向爸爸妈妈报喜。

实践证明，把教育主动权交给“后进学生”，让他们在自我教育的同时又接受集体的监督，既允许其反复，又鼓励其进步，这最能体现“以教师为主导，以学生为主体”的教育科学。

“后进学生”教育要个性：不以分数论英雄

苏霍姆林斯基告诉教育者：“不要让上课、评分成为人的精神生活的唯一的、吞没一切的活动领域。如果一个人只是在分数上表现自己，那么就可以毫不夸张地说，他等于根本没有表现自己，而我们的教育者，在人的这种片面表现的情况下，就根本算不得是教育者——我们只看到一片花瓣，而没有看到整个花朵。”因此，我们不应该把所有的“后进学生”看作思想品德坏、学习成绩差的群体，而应该视为一个一个具有自己丰富而独特精神世界的“个体”。没有健康愉快的精神生活的人，是不幸者；而我们眼里的“后进学生”，几乎都是这样的不幸者！由于在智力水平、行为习惯、知识基础、家庭背景等方面的差异，“后进学生”很难在短时间内与班集体同步，于是心灵的悲剧便发生了：自卑自贱但表面上满不在乎，上课无法听懂又不得不日复一日地坐在教室里，作业往往不会做便只好胡乱应付，因此自然常被各科老师斥骂，受尽了同学们的白眼，于是处处与集体作对……

“尊敬的教育者们，请时刻都不要忘记：有一样东西是任何教学大纲和教科书、任何教学方式都没有做出规定的，这就是儿童的幸福和充实的精神生活。”（苏霍姆林斯基）要求所有学生必须在同一时间内，达到思想道德、文化学习的统一标准，这是许多“后进学生”根本没有“幸福和充实的精神生活”的主要原因之一。而转化“后进学生”，从某种意义上讲，就是还他们以本来应该拥有的“幸福和充实的精神生活”——这，又必须从每一位“后进学生”独特的精神需要入手。平时上课老坐不住的陈元兵，有一次课堂上居然偷偷地在抽屉里“研制”炸药，结果引燃了书包，差点儿造成恶性事故。我严肃批评教育他后，主动给他介绍一位化学老师，让陈元兵“好好从基础学起”，结果他不但在课堂上“老实”多了，而且居然逐渐迷上了化学。伍锐在课堂上耍蛇，吓得全班同学不敢进教室；我介绍他与生物老师交朋友，后来生物老师叫他当科代表，还让他参加了生物课外兴趣小组。文建国上课从来不听讲，说是“听不懂”，但他对小制作特别入迷，所有的零花钱几乎都用来买车模零配件，于是，我专门嘱咐物理老师，请他指导文建国搞各种小制作，并让其参加各种小制作比赛。郭华威一上课便睡觉，我也看不出他有啥兴趣爱好，于是，我给他推荐既有教育意义又有精彩情节的长篇小说《烈火金刚》，叫他在课堂上抄这部小说，两年过去了，他已抄了 11 本作文本……

曾有同事对我的这些做法不理解：“这些学生的学习本来就够差的了，你还如此迁就他们，毕业考试怎么办？”我的回答是：“我不这样做，他们仍然毕不了业；而根据他们的个性，发展其爱好，这不但能使他们或多或少学点知识，而且还能引导他们学习做人之道。”后来这些学生的表现和发展，不但证明了我的这些尝试的成功，更进一步印证了苏霍姆林斯基的这段精辟论述：“我在学校里对儿童、少年和青年的几十年工作，使我得到一条深刻的信念：人的天赋、可能性、能力和爱好确实是无可限量的，而每一个人在这方面的表现又都是独一无二的。自然界里没有一个这样的人，我们有权利说他是‘无论干什么都不行’的人。共产主义教育的英明和真正的人道精神就在于：要在每一个人（毫无例外地是每一个人）的身上发现他那独一无二的创造性劳动的源泉，帮助每一个人打开眼界看到自己，使他看见、理解和感觉到自己身上的人类自豪感的火花，从而成为一个精神上坚强的人，成为维护自己尊严的不可战胜的战士。”

把更多的关注投向他们

——我对“后进学生”的认识及转化

“后进学生”家庭方面的原因

多年的教育实践告诉我，“后进学生”产生的家庭原因有：

教育方法不当。要么是溺爱，让孩子从小就在百依百顺的“温柔”中习惯于“朕即真理”；要么是粗暴，使孩子在呵斥和棍棒中学会仇视一切“教育”；要么就是放任，孩子在“自由”中疏远了棍棒也疏远了感情，养成了懒惰也养成了散漫。

家长行为不正。“家长是孩子的第一任老师”已是人人都懂的道理，但为数不少的“第一任老师”却不知不觉地以自身并不美好的言行影响着孩子。胸无大志、工作懒散、趣味低级、生活平庸、言谈粗俗、热衷赌博、沉迷色情……都是在对孩子进行启蒙教育。

家庭离异。真诚和睦的家庭，不但是孩子生活的温馨港湾，而且从教育的角度看，更是他们健康成长必不可少的良好环境。相反，夫妻经常打架、吵架，无疑会在孩子心中投下生活的阴影，扭曲他们的道德是非观念。由父母离异而造成的家庭破裂，使一些孩子失去了应有的家庭温暖和教育，心灵的创伤、感情的失落、畸形的教育，使不少孩子渐渐成为学校中的“后进学生”。

“后进学生”学校方面的原因

教师的歧视。这是我在一次对“后进学生”的问卷调查中获得的“惊人”发现。相当多的“后进学生”诉说，他们从小学起就被老师冷落、辱骂，甚至体罚。这种歧视，不一定是教师的自觉所为，但后果却是不但使这些学生丧失了自信更丧失了自尊，更严重的是在他们心中播下了对教师乃至对教育的敌意的种子。

教学的失误。这主要表现在教师教学上的“一刀切”。“因材施教”是古已有之的教学优良传统，但一些教师在教学中总习惯于让所有学生“齐步走”，必然出现并不断积累的学习成绩差异，使越来越多的学生沦为“后进”。

多次尝试失败。人们常说：“失败为成功之母。”但对相当多的“后进学生”而言，失败是失败之母。面对他们第一次“失败”，教育者并未予以应有的心灵抚慰和学习帮助，以致使沉重的自卑感成了第二次失败的前奏。如此恶性循环，使本来可以学得不错的学生，成了教师眼中的“瘟猪崽”！

“后进学生”个人方面的原因

街头结交。不正当地交友，因而染上社会恶习，是一些孩子成为“后进学生”的重要原因。

身体状况。体质较弱或身体某些方面的疾病，自然会导致孩子的学习成绩不佳，以至成为“后进学生”。

智力状况。个别学生反应迟钝、接受能力较弱，也是他们学习落后的原因。

以上只是粗略地将“后进学生”的成因做了个大致的分析。我认为，在家庭、学校和个人三者中，来自家庭和学校的原因占主要地位，其中最主要的原因首推家庭。但作为教育者，我们在研究“后进学生”时，却应该也必须把着眼点放在学校教育方面。

就班主任工作而言，我们在转化“后进学生”时，必须把他们放在整个集体教育中来考虑。根据我多年工作的体会，转化“后进学生”务必注意以下几点：

第一，注重感情倾斜。教师对“后进学生”真诚的爱，是转化他们的第一剂良药。“后进学生”们几乎从受教育起就伴随着呵斥、嘲笑、辱骂甚至体罚，因此，教师应怀着强烈的人道主义情怀给他们以心灵的呵护，帮助他们树立起人的尊严。我要特别强调的是，首先这种“爱”不是故作的特殊的“偏爱”，而是自然而然的和其他学生一样平等的爱。不然，“后进学生”仍然会觉得老师对他是另一种形式的“另眼相看”。其次，这种“爱”不应该仅仅来自老师，还应来自学生集体，要让“后进学生”感到不但老师没有歧视他，而且同学们也在真诚地尊重他，进而唤起他对集体的热爱之情，并把这种感情转化为上进心。

第二，唤起向上信心。苏霍姆林斯基有句名言：“真正的教育是自我教育。”我想，这对“后进学生”同样适用。每当我自己感到学生不听我的话时，就问自己：“我的这些话，是否点燃了他心灵深处向上的愿望和信心？”无数事实证明，只有当学生自己有强烈的上进愿望和信心时，他的进步才会出现并得以持久。所以，从某种意义上讲，所谓“转化后进生”，更多的时候就是不断设法唤起他向上的信心。

第三，引导集体舆论。每当读到或听到关于某一位班主任如何如何长期无微不至关心或苦口婆心帮助某一“后进学生”的经验时，我总是纳闷：怎么帮助“后进学生”成了教师一人的孤军奋战呢？集体的力量在什么地方呢？事实上，比起教师单枪匹马的操心，学生集体的健康舆论更有利于“后进学生”的转化。教师要善于把自己对某一学生的批评、表扬、鼓励、关心、帮助变成集体对这个学生的批评、表扬、鼓励、关心、帮助。

第四，讲究有效方法。我这里没有说“科学方法”而说“有效方法”，当然不是不讲“科学”，而是更强调“有效”：“有效”的方法往往包含有“科学”的因素，但有时“科学”未必“有效”（比如缺乏可操作性、缺乏具体针对性等）；另外，这里的“有效”，还包含有“艺术”的意思（让方法更新颖而使学生易于接受）。总之，转化“后进学生”除了耐心细致的思想教育，还必须有“十八般武艺”的行为引导、规范甚至必要的制约。

“后进学生”的教育方法

在我与“后进学生”长期磨合的过程中，我采用过的比较有效的具体方法有：

写家校联系本。让“后进学生”为自己确定一个“帮助人”，让这个“帮助人”每天将“后进学生”的当天表现（纪律、作业、进步、问题等）写在家校联系本上，然后让“后进学生”带回去给家长看。

填报喜单。每当新学期开始，我便印制好一沓“学生进步报喜单”，然后在每周末发给本周进步明显的“后进学生”，让他们带回去向家长报喜。

游玩。我常常利用节假日，邀约班上的“后进学生”和他们的“帮助人”一起去公园或野外游玩，有时还把这样的活动当作对进步学生的奖励。当学生忘记了我是他们的老师而和我摸爬滚打时，我的教育已成功了一半。

集体评议。不定期由全班学生评选“最近表现最差的同学”，再让班长当场公开结果，并对有关同学提出批评和希望；然后过一段时间，再在班上评选“最近进步最大的同学”，仍由班长当场公布结果，并对进步大的同学发奖或填报喜单。根据我的体会，这样前后两次评选活动的当选者往往是同样的学生。

写“每日九问”。引导“后进学生”养成每天“自省”的习惯：一问今天影响同学学习没有；二问今天上课开小差没有；三问今天学习上提出什么问题没有；四问今天的功课复习预习没有；五问今天做过什么不文明的事没有；六问今天说过脏话没有；七问今天战胜弱点没有；八问今天有进步没有；九问今天有什么遗憾没有。

写《灵魂的搏斗》。引导“后进学生”自己战胜自己并体验其中的乐趣。我常常在某一“后进学生”做了一件他以前不容易做到的事之后，请他写《灵魂的搏斗——记一次“战胜自我”的经过》，然后在班上朗读，以激励更多的学生。

安排当干部。为了让“后进学生”也有体现自己尊严和才能的机会，我有时鼓动班上同学选他们当班干部，或者给他们安排一个“助理”“干事”之类的“职务”。他们一旦有较好的工作成绩，即让全班同学给他们以褒扬和鼓励。

对手竞赛。让每一个“后进学生”都找一个与自己各方面情况接近的同学作为竞争对手，在纪律、学习等方面展开比赛，并定期让全班评比。

学生作文表扬。经常向全班学生布置写《××同学进步大》的作文，并在班上大张旗鼓地朗读或张贴，以形成一个催人向上的集体舆论氛围。

推荐好书。有针对性地给有关学生推荐有益读物，并定期和他们一起讨论阅读体会，以引导他们形成健康的精神生活。

我和万同的故事

我当了一回“福尔摩斯”

下午，学生们正在上体育课时，游贤来向我报案：“李老师，我的随身听被人偷了。”

我问：“怎么回事儿？说具体些。”

“今天，我背着家里把随身听带到学校来。上体育课前，我把它放在教室我的课桌抽屉里。刚才我回教室拿乒乓球拍，发现随身听不见了。”

我又问：“你想想，有谁知道你带了随身听到学校来？”

他说：“好些同学都知道。”停了一下，他又说：“李老师，我的随身听可能是社会上的人偷了。”

“为什么呢？”我感到有些不解。

“万同说，他刚才看见有几个不三不四的人在我们教室外面游逛，可能是那几个人偷了。”

“现在万同在哪儿？”

“他说他去帮我追那几个人去了。”

我想起来了，上体育课不久，万同就来向我请假，说他病了，要提前回去打针，我便同意了。

“他怎么追得上？”我又对游贤说，“你看，这怎么好清查呢？记住，以后不许把这些贵重的东西带到学校里来！”

这是学生进初中第一天上课发生的事。游贤在这第一天便损失了一部价值几千元的随身听；我在这第一天，便遇上了这么一桩“大案”。

第二天早晨，游贤又来向我报告：“今天万同一到学校便叫我把随身听的使用说明书送他。他说他奶奶也给他买了一个随身听，但说明书弄丢了。”

我一下来了兴趣：“万同还说了些什么？”

“他说：‘反正你的随身听都被人偷了，说明书也没用了，干脆就送我算了。’”

我猛然茅塞顿开！遂当机立断：“你马上把万同叫来。”

一分钟之后，万同坐在了我的面前。我请游贤退出办公室后，便仔细打量起万同来：蓬乱的头发，似乎从来没有梳理过；黑黑的脸庞，好像左脸颊上还隐隐约约有一块疤痕；由于下嘴唇比上嘴唇突出，所以随时都给人一种赌气的感觉；眼睛不大，眼神看不出有半点天真，却闪射着与他年龄不大相称的老练。此刻，这双老练的眼睛正坦然地迎着我对他审视的目光，也审视着我。

“今天，公安局的到学校来了。”我一直目不转睛地盯着万同，严肃而缓缓地说道。

他老练的眼光顿时闪烁出一丝惊慌，但仍然死死地与我的目光对视。

我继续不紧不慢地对他说：“昨天，游贤的家长去报了案。公安局的人来学校后，先到政教处……”

万同的眼睛仍死死地盯着我，但眼光已是一片呆滞，仿佛他已没有了知觉。

他的眼睛已完全告诉了我他此刻的内心。我于是接着说：“公安局的人说，破这个案子不过是小菜一碟。”

他终于垂下眼帘，说：“我是与游贤开玩笑的。”

我顺着他的话说：“就是嘛，我也在想，这里面肯定有些误会。所以，我才对公安局的人说，先让我来处理这件事。”

他于是急忙申辩：“我的确不是想偷，我真的是和他开玩笑的！”

“我也想万同是不会做那种事的。”我语气更加缓和了，“但是，你这个玩笑可开大了，把公安局都惊动了。这样吧，我去向公安局的人澄清这个误会。你呢，下午一定记着把游贤的随身听带来交给我，由我还给他。好吗？”

他如释重负地点了点头。

下午，我把随身听还给游贤时对他说：“万同是跟你开了个玩笑，你应该原谅他。而且，你一定不要对班上任何同学讲这件事，以免万同背思想包袱。”

游贤拿着失而复得的随身听高高兴兴地走出了办公室。我却找出了万同的家庭情况登记表仔细研究起来：在父母情况的“备注”一栏中，写着“父母已离异，现随母”一行字。

“哦！原来这个万同是离异家庭的孩子。这种家庭，一般不会有太好的教育环境……”我不禁若有所思起来。

唉！随身听一“案”我倒是火速“破获”了，可我与万同的“较量”才刚刚拉开序幕啊！放下万同的家庭情况登记表，我不由得重重地叹了口气。

“新官”未能烧到“三把火”

然而，开学第一周的周末，万同却让我刮目相看。

在第一次班会课上，我让学生们评一评：在第一周，谁为我们这个新的班集体做的好事最多？

多少有些出乎我的意料，不少学生都提到万同——

有的说：“每天下午放学以后，万同都主动留下来和值日生一起打扫教室。”

有的说：“每天早晨，万同来得最早，来了以后便做早扫除。”

还有的说：“有一次，万同还从家里拿来钉锤修理班上的椅子。”

……

学生们当然不知道随身听的“案子”，但他们说的也是事实。所以，万同理所当然地受到了表彰。

多年养成的教育敏感使我意识到，教育良机来了。于是，放学后，我把万同留下来谈心。

我先问万同：“还记得李老师和你们第一次见面时，送你们的第一句话吗？”

“好像，好像是——”他回忆着，“是，‘让人们……’，好像什么‘幸福’吧？”

“是‘让人们因我的存在而感到幸福’！”我对他说，“请重复一遍。”

他一字一顿地认真重复道：“让、人、们、因、我、的、存、在、而、感、到、幸、福！”

“很好。但别再忘记了。”我又问他：“懂这句话的意思吗？”

“懂，但是说不出来。”他憨厚地笑了笑，显出了几分难得的天真。

“比方说，”我努力用他能理解的语言解释说，“这个星期，你多次主动打扫教室，同学们就因你的存在感到了班集体的温暖；又比方说，你主动帮同学修理坏了的椅子，那位同学就因班上有了你而感到了幸福！”

听了我的话，万同的脸上泛出了感动而又有些不好意思的红晕。

“可是——”我把话题一转，“那天，你把游贤的随身听拿了，他就因为你的存在而感到痛苦，甚至可能对咱们班级也产生了不好的印象。你说是不是啊？”

万同不由得低着头轻轻地点了一下。

“所以，李老师希望你永远做一个能让别人感到幸福的人！”我双手拍着他的两肩，郑重地说。

他抬眼望着我，又重重地点了点头。

几天后，班里选举临时班委时，万同把又黑又脏的手举得很高很高——他迫切要求当清洁委员。于是，全班同学当然鼓掌通过。

万同就任清洁委员的第二天，便遇上“创卫”迎检大扫除。他不但“身先士卒”——为了擦干净黑板上方的积尘，他竟叠桌架椅地“高空作业”，而且打扫完本班教室后，还邀约上几位同学到其他教室去帮别班同学搞卫生。

当天，我班的卫生得了个年级最高分！

然而，“新官”上任还未能烧到“三把火”，就引燃了许多同学对他的愤怒之火——

他课堂纪律实在太糟糕：不是与同学说话，就是趴在桌上唱歌，甚至还与后面的同学打闹，总之，几乎没有一分钟的安稳，真使人疑心他凳子上有钉子或者他屁股上长有疮。

第一次语文单元测验，他仅得了 17 分！

自然，在正式班委选举时，尽管他仍然高举要求“连任”的手臂，全班绝大多数人没有把选票投给他。

“哼！有啥了不起？老子本来就不想当这个狗屁干部！”一下班会课，他又恢复了一脸的“痞气”。

未曾料到的“知名度”

我决定对万同进行一次家访。

于是，一天下午放学后，我揣上学生花名册骑车出了校门。

他在花名册上填的家庭住址是“华西街 52 号 16 幢三单元六楼 × 号”，可是，我在华西街来回骑了几转仍然晕头转向：因为有“华西上街”“华西中街”“华西下街”，而这三条街的每一个 52 号都没有什么“16 幢”！

我只好从华西上街开始向居民打听。华西上街 52 号是一家抄手铺，我先问一位老板模样的汉子附近有没有“16幢”。他反问我找哪条街啥门牌号哪个人。我只好又把“华西街52号”重复了一遍，并照着报名册上说了万同填的其母姓名“田翠芬”。他摇摇头：“不认识。她是华西上街、中街还是下街嘛？”

我当然也说不出来。这时，店堂里面一位刚吃完抄手的老太婆放下碗，转过脸来，用“分析敌情”的眼光打量我：“你，是她的啥子人嘛？”

我一下笑了起来：“我是她儿子的班主任。是来家访的。”说着，我把手中的花名册递给她看。

老太婆居然拿过花名册，贴着鼻子尖“研究”起来，大概是在鉴定其真伪吧。然而，当她抬起头来时，脸上却堆满了感动：“哦，当真是来家访的嗦？这年头，家访的老师还真难找。”接着，她又道歉般的解释道：“严打期间，不能不警惕点。”然后，好像是为了弥补什么似的，她竟主动帮我分析起来：“田翠芬，田翠芬……这个名字我倒没听到过。哎，她的娃儿叫啥子名字？”

我已不抱任何希望，但实在不忍拒绝老太婆的热情，便说：“万同。”

“哎呀！万同？”她居然惊叫了一声，“你说的就是同娃儿嗦！”

老板扛了一袋面粉过来，重重地放在案桌上，也长长地吐了一口气：“唉，你不早点说是找万同……”

我似乎绝处逢生：“你们认识万同？”

老太婆好像很奇怪我提这个问题：“这附近几条街的人哪个不晓得同娃儿？”

老板一边和面一边说：“老师，这同娃儿烦人得很哟！年纪不大，却常跟街头那些不三不四的痞子混在一起，经常打架斗殴，染了一身匪气……”

“不过话又说回来，”老太婆截断老板的话说，“这娃儿也造孽！几岁的时候，父母就离了婚。他先是跟着他爸，后来他爸又结了婚，后妈对他不好，他就回到妈这儿来。但是他妈也结了婚，后爸不愿认他这个儿，他又只好去找爷爷。不久，他爷爷又死了，于是他又回来找他妈……唉！造孽，造孽！有好长一段时间，他还没有人管，孤儿一样……”

听到这里，我更急于想找到万同家了，便问老太婆：“他就住在这条街吗？”

“哪儿这条街哟！”她摆了摆手，又给我比画着说，“他住在华西后街。喏，从这儿往前走，一直走完华西下街，然后左拐进一个小巷，走大概一百米，再……唉，我也说不清楚！反正，你到那一片去问，只要说‘万同’，多半都晓得。”

小小万同在这一带居然如此“家喻户晓”！看来在这之前我还小看了他。虽然他在填家庭住址时，字写得歪歪扭扭，还少写了一个关键的“后”字，害得我家访时几乎走投无路，但此刻，我觉得刚才“华西街”上的几趟徘徊一点都不冤枉！

果然，凭着万同的“知名度”，我很顺利地叩开了他的家门。

门是虚掩着的，敲了几声没人应，我干脆推开门进去了。里面光线很昏暗，屋内的生活用品破损陈旧，而且摆放凌乱，我疑心自己走进了一家废旧物品收购站。在昏暗的光线里，一中年妇女半躺在床上，未经梳理的头发遮住了她半张脸。这大概就是万同的母亲了，因为她听了我的自我介绍后，便对正在阳台上摆弄汽车模型的万同吼道：

“狗日同娃儿瓜娃子，还不给你们李老师倒杯开水！”

然后，她拢了拢头发，欠起身子向我抱歉：“不好意思，李老师！我前几天把脚杆摔坏了……”她又着急地问我：“同娃儿在外头又摆了啥子摊子哇？”

“没有，没有。”我接过万同端来的水杯，让他坐在我身边，“我是来做一般性家访的。”

“哎呀，同娃儿小学读了六年，从来都没有老师来家访过。我倒是三天两头被老师叫去学校挨训——都是因为狗日同娃儿不给老子争气！”

说着说着，她向我倒起了一肚子的“苦水”：前夫在外面“乱搞”，两口子经常打架，离婚，另结婚，后来这个男人很讨厌同娃儿，又喜欢赌钱，输了便醉酒，醉了酒便打她，目前，正在闹离婚……

“其实，我不敢和他离，”她很响地擤了一把鼻涕，并熟练地揩在床单上，继续说道，“因为离了后，我就没有任何经济来源了。我是前几年‘农转非’的，没有工作，身体又不好……”

话题转到万同上，她就开始骂“狗日不争气的同娃儿”了：其神态之凶神恶煞，使我怀疑她是不是万同的亲妈；其语言之不堪入耳，让我脸红耳热；同时，生怕坐在一旁的万同跳将起来和她对骂——然而，万同居然神情自若，俨然受辱不惊！

……

出了万同的家，已是万家灯火。仰望夜幕，圆月如轮——我一下子才想起来：

哦，今天是中秋节！

他给自己找了个“帮助人”

我几乎每天都要接到对万同的“举报”——

“李老师，万同一上课就摇我的桌子。”

“李老师，万同把撮箕、扫帚搁在教室门上面，同学一进教室便挨砸。”

“李老师，万同抢我的钢笔，我叫他还我，他就说要放我的血。”

“李老师，万同今天自习课上拿出一张女同学的照片，向我们炫耀说是他的女朋友。”

……

我班第一次试行无人监督考试，全班绝大多数同学经受住了考验，就万同一人偷偷翻书作弊。气得我当即上报政教处，给了他一个警告处分！

看来，是得采取措施了！这天，我初步打算下午放学后，把万同留下来，狠狠批评一顿，然后在班上给他指定一名“帮助人”，督促其每天在校遵守纪律。

但是，在去教室的路上，我脑子里闪过一个念头：这个教育措施可不可以换个角度来实施呢？我决定试试。

走进教室，我对学生们说：“这段时间，一些同学表现很不好，为班上抹了黑。当然，也许这些同学已经感到惭愧了。今天我准备留下一些同学谈谈心。这样吧，凡是觉得自己最近表现不好，而又愿意接受李老师帮助的同学，请举个手。”

几个比较调皮的学生陆陆续续举起了手，我看了看万同，他却没有举手，但他有一只手扶着脑袋，好像欲举又止。

我知道他此刻的心理状态，便有意问大家：“还有没有啊？”

学生们的目光都不约而同地射向万同。万同埋着头，迟疑了一下，终于把手举了起来！

“好，这些同学主动请求李老师的帮助，他们是高尚的！”我对全班学生说道，“让我们用掌声鼓励他们的勇敢！”

教室里响起了热烈的掌声。

我说：“李老师将满足每一个举手同学的愿望，尽量帮助他们。今天，我就先留万同同学谈心。”

万同在我办公室温顺地坐下了。此刻，在我的眼中，他不是被我当着全班同学“揪”出来的“后进学生”，而是主动请求我帮助的渴求上进的学生。

我和蔼地问道：“你是不是表现不好啊？”

“就是。”他重重地点了点头。

“怎么样的不好呢？”我仍然很和蔼地问。

“我上课老坐不住……还爱欺侮同学……还，还骂人。还有，还有……”他很认真地边想边回答。

“你是不是进中学才这样的啊？”我又问。

“不是。我小学就一直是这样。”

“你说说，小学时你犯了错误，老师怎么教育你呢？”

“扇耳光！”他不假思索地说道，“还有吃粉笔，还有用透明胶布把嘴贴上，或者把我撵出教室……”

我心里一惊：居然有这样的老师！不过，由此也可看出小学的万同是何等地让老师伤透了心。

我问万同：“那么，你希不希望李老师也这样体罚你呢？”

“当然不希望啦！”

“好，李老师向你保证，无论你今后犯了多大的错误，我也决不会打你，也不会用不文明的语言骂你。”

他抬起了头，很感动地看着我。

“可是——”我话题一转，“为什么从小学到现在，你老是改正不了自己的缺点呢？请继续说实话。”

“我实在是控制不住自己，真的。”他眼里闪烁着真诚的苦恼，“有时我上课时提醒自己，一定要管好自己，可过一会儿又忍不住动了起来——我真恨自己！”

无论是课堂上的“声东击西”，还是课间的霸气十足，那个万同无疑是真实的；而这时候，满脸纯真说“我真恨自己”的万同也是真实的。如果教育者否定学生的两重性甚至认为学生的真诚不过是在演戏，那么，教育者不但低估了教育的复杂性，而且还会伤害了学生心灵中渴望做“好人”的道德萌芽。

我决心尽最大努力扶持万同心灵中这棵弱小的萌芽！

“好吧，我们现在一起来想想办法，怎样才能使你控制住自己？”我说。

万同想了想，说：“李老师，您和我一起上几堂课吧！随时提醒我。”

我笑了，反问道："那我还备不备课，改不改作业了呢？"

他也笑了，又说："这样吧，您在教室后门上掏个小洞，这样可以悄悄地在外边看我的表现。"

"我不想当特务。"我说。

"那您说怎么办？我听您的。"他用期待的眼睛看着我——此刻的万同真是可爱极了！透过他的眼睛，我看到善良的星星之火正在他心灵深处燃烧。

"我给你找了两位老师，让这两位老师随时提醒你别违反纪律。"我严肃而诚恳地对他说道，"一位就是你自己——每个人的上进心和意志都是自己最严厉的老师；另一位呢？是你的同学——我打算给你安排一位'帮助人'，由这位同学随时注意你的表现并提醒你改正。之所以叫'帮助人'，就是说，这位同学是出于对你的爱护而帮助你进步的。你不是想叫李老师和你一起上课吗？你的'帮助人'就相当于李老师。"

万同很高兴，连忙问我："李老师，你快说，我的'帮助人'是谁？"

看着他那急切的样子，我脑子里又转了个弯：与其由我给他指定"帮助人"，不如让他自己给自己找"帮助人"，这样他在教育过程中的主动性更强，效果可能会更好些。于是，我说："这个'帮助人'，由你自己在班上找。条件是：1. 你最信任的人；2. 他比你表现得好；3. 他又坐在你附近。"

他认真地想了一会儿，说："就请我的同桌同学袁夏，行不行？"

"你自己觉得行就行。"我又告诫他说，"不过，袁夏是个女同学，你可不能欺负她呀！"

"保证不会！"

我又说："袁夏怎么'帮助'你呢？她每次上课就要提醒你好好学习，不要违纪；每天下午放学时，在家校联系本上向你的妈妈写上你当天在校的表现。"

"啊？"他十分不愿意"帮助人"写家校联系本，因为他担心自己表现不好而被家长知道。

我耐心地对他说："前不久，我七岁的女儿因腿病住进了医院。医生说，为了治好她的腿，必须做'牵引'，就是把腿固定起来，一动不动。这是很痛苦的。我女儿哭着求医生别做'牵引'，但为了疗效，医生非这样做不可。一周以后，我女儿腿病大有好转，现在已经出院了。你想想，假如我当初因为心疼女儿而不同意给她的腿做'牵引'，那么，也许我女儿现在还躺在医院里哭呢！"

万同懂了我的意思，说：“写就写嘛。”语气中还是有一点不情愿。

我又说：“其实，你不要把联系本想象成告状本。你的进步和其他好表现，‘帮助人’也应通过联系本向你妈妈汇报。”

万同完全同意了我的意见，爽快地说：“好吧！就从明天开始，我就让袁夏随时监督、帮助我。”

最后我说：“今天，是你自己要求李老师帮助你，又是你自己给自己找了一位‘帮助人’。我相信，从明天起，你一定会有一个新的开端！”

第二天下午放学后，袁夏同学在万同的家校联系本上这样写道——

阿姨：

万同请我做他的“帮助人”，督促他遵守纪律。以后我每天都会给您汇报万同的在校表现。万同今天大有进步，语文课还主动举手发了一次言，受到李老师表扬。但他地理课表现不太好，用钢笔在前面同学的背上乱画。希望他改正。

《烈火金刚》手抄本的诞生

“帮助人”使万同的纪律明显好转，连续两周班里评比“进步最大的同学”，万同都名列榜首。

不仅仅是纪律有进步，而且他又恢复了对班级事务的热情。为迎接上级检查，学校要求各班美化教室，我便请学生们上街买几幅科学家的肖像来贴在教室墙上。万同非常积极，中午放学后连饭也不回家吃，便骑车直奔新华书店。下午上学时，他气喘吁吁地给我一张斯大林的画像：“李老师，这是我买的科学家挂图。书店只剩这一种了。”

虽然我哭笑不得，但还是在班上表扬了他“关心集体”。

然而，好景不长——

这天，袁夏交给我一张糖纸：“李老师，您看——这是万同上英语课时偷偷贴在我背上的！”

紧接着，英语老师也告诉我：“这个万同，上课从来不听讲，这段时间虽然很少影响其他人了，但是，上课他总在搞小动作。”

看着袁夏留下的这张糖纸，我心里很不是滋味：万同学习成绩太差，必然对学习感到痛苦，最后，他的所有兴趣就只能集中在这小小的糖纸上了！换句话说，如果不让他在学习上产生愉悦感，那么，仅仅靠意志来维持良好的纪律，是不可能持久的。

星期日，我约上万同等一群调皮学生去杜甫草堂游玩，万同高兴得脸上绽出了平时在校园里很难看得到的天真笑容。在湖边，他硬要拉我与他一起划小船，还主动去把船票买了。于是，我和他跳上了晃悠悠的小船。

“万同，你上课为什么老要搞小动作呢？”柳荫小桥下，我一边划船一边和他聊了起来。

“我听不懂。”他回答得很干脆，一点没有我想象的“苦恼”。

“有没有能听懂的课？”

他想象了一下，说：“语文和英语能听懂。”

我感到吃惊：“你真的能听懂英语？”

他点点头：“嗯，反正跟着老师读就是了嘛！”

原来如此——他认为只要跟着读，就算听懂了。

我又问他：“哪些课你最听不懂？”

“数学，还有地理……其他课我都听不懂。”停了一会儿，他又说：“确实听不懂。”

我顿时对他产生了深深的同情：听不懂课而又必须坐在教室里，而且还不许做其他事，这是多么痛苦的事啊！可万同却日复一日甚至年复一年地在忍受着这种痛苦。

“这样好不好，万同——”我认真地对他说，“我给你一本反映抗日战争的小说《烈火金刚》。以后只要能听懂课，你就认真听；遇到听不懂的时候，你就看《烈火金刚》，好吗？”

“您同意我上课看小说？”万同望着我，好像不相信我的话。

“是的！如果你真的听不懂的话。”

万同竟高兴得跳了起来，小船随之一倾斜，他没立稳的身子眼看就要落水，我一下把他拉住，他才免于“堕落”！

离开杜甫草堂时，万同不住地问我：“李老师，您什么时候把《烈火金刚》给我呢？”

“明天就给你！”看到他愿意读书，哪怕是课外书的积极性，我也有点兴奋了。

果然，以后好几天，万同在课堂上不再捣蛋了：别人听课，他读小说——大家

“井水不犯河水”。

然而，似乎只是昙花一现，过了不久，学生们又来向我反映万同上课“坐不住”了。

我把万同找来：“怎么？老毛病又犯了？”

“我不想看《烈火金刚》了。因为好多字我都不认识。”万同说。

哦，原来是这样。确实，以万同的语文基础，他看《烈火金刚》这样的“大部头”的确有些困难。于是，我又与他商量：“这样好不好？你抄《烈火金刚》吧！在抄的过程中，如果有不认识的字，你就写在一张纸条上，拿来问我。好吗？”

“好吧！”万同立刻去学校小卖部买了一本作文本，我工工整整地为他写封面——科目：《烈火金刚》；姓名：万同；教师：李镇西……

这以后，万同不时到办公室来请教生字；我呢，在教他认生字的同时又检查他手抄的《烈火金刚》。他写的字不算好，但一笔一画都十分认真。

有的老师知道了，不无担心地对我说：“你让万同抄《烈火金刚》，他怎么能够通过初中毕业考试呢？”

我说：“他不抄《烈火金刚》，也很难初中毕业，而且上课还要去干扰别人，很可能使更多的人不能初中毕业。让他抄抄小说，他脑子里多少可以装些抗日英雄的形象，何况还可以练练字，并多认几个字呢！”

在很长一段时间里，我没听到有人来告万同的“状”，因为他上课有事做了呀——别人在思考几何难题或做物理题的时候，他却正在奋笔疾书，沉浸在半个世纪以前冀中平原的抗日烽火之中……

“未娶媳妇就想不认娘”

“李老师，同娃儿出走了！”电话里，万同母亲的声音带着哭腔。

我一惊：今天下午放学时，万同还拿了一本新作文本给我写封面。当时，他高高兴兴地告诉我，他第一个作文本的《烈火金刚》已抄完了。怎么一回家就出走了呢？

我忙问他母亲：“什么时候走的？”

“大概八点钟左右。”

我一看表，此刻是九点过四分。放下电话，我马上便赶往万同家。

据他母亲说，下午，她收拾万同的桌子抽屉时，发现了一封信，是万同小学时一位叫司婷婷的女同学写来的。晚饭时，她便问万同怎么回事，并叫万同不要和这位女同学来往。万同当即就大耍脾气，说："你少管！"吃完饭以后，他母亲出去染发，回来便不见万同。但桌上留有一张纸条，说他找司婷婷去了。

我拿起那张没有称呼也没有落款的条子看了起来——

十二年来，你很少关（管）我，你和爸立（离）昏（婚）时，你们两个都不要我，我像古（孤）儿一样。还是司婷婷对我好，我就是要和他（她）好，这是我们之间的事，我不要你关（管）我们的事。我走了，去我（找）司婷婷。

我又看了看司婷婷的来信，上面写满了从言情小说里抄来的爱情词语，赤裸裸地希望和万同"生不同侵（寝）死同八（穴）"。

万同母亲又一把鼻涕一把泪地哭诉，说司婷婷"小小年纪就不学好，跟她不要脸的妈一个样"，说她的"同娃儿"如何"媳妇都还没有娶就想不认娘了"，又说她怎么怎么"命苦"……

我劝道："好了，好了，先找人要紧。——司婷婷住在哪里？"

她含糊其词地说了好几个地址，最后又补一句"其实我也搞不太清楚"。

但我还是按着这几个"不太清楚"的地址，骑车穿行于大街小巷，直到深夜十一点过，仍一无所获。

当晚，我躺在床上，老想着万同这件事，久久不能入眠。后来迷迷糊糊地在梦中把万同找到了——他在一个建筑工地的砖堆上缩成一团，瑟瑟发抖……

第二天上午十一点半，我刚上完课，办公室的老师告诉我，刚才距本市 19 公里处的一物资仓库打来电话，说我校初一一个叫万同的学生，昨夜游荡到那里，被治安联防队员收留，请学校速去领人。

我随即给万同母亲电话通报了这个情况，然后迅速叫了辆出租车，二十几分钟便赶到那个仓库。

接回万同，他却怎么也不肯回家。已是吃午饭的时候了，我只好先带他走进一家餐馆。

"你不是说去找司婷婷吗？怎么朝外地跑，而且是一个人呢？——我希望你对我说实话。"饭桌上，我严肃地问他。

"我没找到司婷婷，又不愿回家……我便想去乡下找我奶奶。走着走着……我就找不着路了……”他一边大口大口地吞咽，一边回答我。

“你为什么这么恨你妈呢？”

“听我奶奶说，原来我爸我妈离婚时，他们都不要我。”说着说着，他眼圈有些红了，赶紧埋头扒饭。过一会儿，他又接着说：“现在，她又经常出去或邀约一伙人来搓麻将，常常闹个通宵。有时输了又交不出钱，就被人家打；她挨了打就回来骂我出气……”

听了他的话，我很长时间一言未发。

从餐厅出来，我对他说：“你必须回家。不管怎样，她还是你的母亲，而且，她现在还与你相依为命。昨天，给我打电话时，你妈都哭了，可见她从心里还是很爱你的。这样，我先给你妈打个电话，劝劝她。”

在电话里，我严肃地对万同母亲说：“万同找回来了，但我不能保证他以后不会再次出走。当然，我会继续教育他。但是，我希望你不要再赌钱了，至少不要在家中搓麻将，更不要拿万同出气。”

“我没有拿他出气啊……”她支支吾吾地说，“搓搓麻将有什么关系嘛！”

我继续说：“我无意干涉你的生活方式，但万同不仅是你的儿子，也是我的学生，我有责任为他争取一个良好的教育环境。”我舒缓了一下语气：“我也是真心诚意为你好。”

“好吧，我以后注意点。”她总算答应了我，虽然不是十分情愿。

在送万同回家的路上，我提到司婷婷：“大道理我不多讲。如果你信任李老师的话，咱们另外抽个时间好好聊聊。现在，我只希望你至少做到也必须做到，暂时别和她来往，好吗？”

他想了想，终于点了点头。

但是，目送着他的身影走进他家的单元楼时，我的心情仍然十分沉重。

说实话，虽然司婷婷向万同表白“爱情”，万同也扬言“就是要和她好”，但我并不认为小小万同真会与那个司婷婷“早恋”，更不会有真正意义上的“爱情”；然而，这事却提醒我：万同是一个精神和感情的双重孤独者！——从小几乎没有什么亲情之爱，读小学起便总是生活在集体舆论的对立面，成绩太差使他很难从中体会到学习的乐趣……干涸的心田，渴望真情的雨露，可是，谁来满足万同作为一个“人”的最起码的精神需要和感情企盼？

而离开了对学生心灵的尊重，还有什么教育可言？

“我们才是你真正的哥儿们”

万同在社会上曾有许多哥儿们：有的是他原来小学的辍学同学，有的是他流浪时的“患难之交”，还有一些是街头斗殴时“不打不相识”“越打越亲热”而结拜的“师兄师弟”。

刚进初中时，这些小痞子还不时来找他。经我多次教育，万同与他们的往来渐渐稀少。这天，万同放学回家，却被他昔日的“兄弟伙”暴打一顿。

消息是游贤打电话告诉我的。当时，我刚洗了澡，端上一碗稀饭喝。放下电话，我立刻赶往现场——西南民族学院。

原来，这一段时间，这伙人天天都在万同放学回家的必经之路——西南民族学院侧门守候万同，约他去“玩”。万同都以“没时间”推辞了。今天，万同和游贤回家走到这里，他们又围着万同，硬要拉他一起去打台球；万同不肯，这伙人便要他“缴纳管理费”！结果发生摩擦，最后，四五个人用拳头、木棍把万同“教训”了一顿。游贤吓得直奔电话亭，拨通了我的电话。

我赶到时，万同正在路边蜷成一团蹲着，一些过路群众已经抓住三个十五六岁的打手。知道我是被打者的班主任后，纷纷向我诉说刚才的惨状：

“这些二流子简直没有人性，把他围住拳打脚踢！”

“我们大家都吼起来了，这一伙人赶紧跑了。我们抓到了其中的三个。”

我把万同扶起来，他的前胸衣服被撕破了，面部流着血，左眼肿得像个桃子，眼睛眯成一条缝。他说他背上火辣辣的，我撩起他后背的衣服，只见他背上青一块紫一块。

我叫了一辆三轮车，请游贤把万同送回家；然后，在几位热心群众的协助下，将那三个少年歹徒押到了派出所……

万同睡在家里，不能来上学。他被打的消息震动了全班，我决意通过全班同学声援和慰问万同的活动在班上营造一种正气、一种温暖，让万同的心灵感受到来自整个班集体的真诚关怀。

我对学生们说：“也许在不少同学的眼里，万同是个坏学生。是的，他的确有不少不良的社会习气。但是，作为他的同学，我们每一个人都应想一想：我为万同的进步能做些什么，又做了些什么？”

我向学生们介绍了万同的家庭和他令人同情的经历，然后又说："万同本是真心要与过去一刀两断，可那些社会上的二流子却要来纠缠他；他不依从，便被打成这样！现在，万同面临着严峻的选择：要么回到那个坏人圈子里，从此真正堕落下去；要么回到我们的集体，努力做一个好人。作为他的同学，我们应该给他以向上的勇气，鼓励他不向邪恶屈服，并帮助他勇敢地告别过去，走向正直！我们班应该是一个充满正气和温暖的集体，生活在这集体里面的每一个人都应感受到向上的动力，相反，我们不应该让这个集体的任何一位同学受到冷落，而成为精神上感情上的孤立无援者！"

学生们的心，显然被我的一番话打动了。于是，我郑重发出号召："请每一位同学都给养伤的万同写几句慰问、鼓励话。今天放学后，我和班干部将代表全班同学去看望万同。"

学生们的纸条很快便交上来了——

"万同，别怕！正义永远和你在一起！"（靳岩松）

"斩断恶习，总是要付出痛苦的代价。有我们，你千万不要后退！"（晏林）

"不要在乎这次挫折，难过的时候，哼哼这首歌：'风雨中，这点痛算什么；擦干泪，不要问为什么！'"（顾晓彤）

"我已经习惯每天给你写家校联系本了，你没来上学，我还真不习惯呢！祝你早日养好伤！"（袁夏）

"说实话，我讨厌过你；但你没来，我却老想着你为班上做过的好事！你早点回来吧！"（阚巍）

"我们才是你真正的哥儿们！"（帅伟华）

"本来我们要去郊游，但因为你，我们决定推迟日期。温暖的班集体等着你康复归来！"（司徒敏剑）

……

当我把这一张张纸条交给躺在床上的万同时，他半天才说出一句话："我好想回学校上课啊！"

第二天，游贤送来万同写给全班同学的信——

亲爱的同学（们）你们好：

我爱（挨）打以后，你们很关心我。我飞（非）常感动。我没来上学，做课间抄（操），我班少了一个人就要口（扣）一分。我这里只能说声对不起。我以后决不根（跟）坏人完（玩），一定要好好学习，更加进步。报大（答）李老师，报大（答）同学们！

万同

一周之后，万同回到班上时，迎接他的，是全班同学雷鸣般的掌声……

我替万同回绝了一封"情书"

万同重新上学后，各方面的表现明显比过去好。为了防止那伙人报复他，我组织了班里几个大个子每天护送他回家。

我心里一直还装着那封司婷婷的信。现在，我觉得时机成熟了，便把万同叫到了办公室。

我从班里同学对他的关心谈起，问他："你觉得班上同学们怎么样？"

"很好！"他说，"比我小学的班不知好多少倍。"

"为什么？"

"原来小学的时候，我成绩不好，老师经常骂我，有时还打我，同学们也看不起我。"

"那，你小学的班上就一个好朋友也没有吗？"

"不，也有一个，"他迟疑地看了看我，"就是，就是，司婷婷。"

我心里暗自高兴：这么自然就把谈话引入了主题！

但我表面上却不露声色，顺着他的话继续问道："你怎么会和她好呢？"

"她的成绩也很不好，老师和同学也看不起她。"

"哦！"我理解地点点头，又问："最近，司婷婷来找过你没有？"

他又犹豫了一下，说："前几天，她又给我写了一封信来，问我为什么一直不答复她。我还没有回她的信。因为……因为，你对我说过，叫我不要理她。"

我很感动，忍不住解释说："我真的是为你好。"

"但是，"万同鼓了鼓勇气说，"我还是想回她的信，她也是真心对我好。再说，如果我不回信，她就要不停地给我写信。"

我耐心而温和地对他说："你的学习不好，她的学习也不好。你们保持这样联系，会使你们的成绩更差的。另外，你们真的还太小，什么都还不懂啊！”

于是，我又给他讲起了我中学时代的一段经历：“我读高中时，班上有一位女同学老爱找我聊天，那时，我们普遍还分男女界限，所以，她每次找我都是有借口的，比如借我的课堂笔记呀、问我数学题呀等，我印象特别深的是，每次发了新的作业本，她总是拿来请我为她写封面上的科目、班级、教室、姓名，说是我的字‘好看’，其实，我的字写得并不好。现在想起来，应该承认，当时我对她也是颇有好感的，因为她虽然说不上特别漂亮，但娴静而纯朴，所以不但我每次都装出一副不情愿的样子为她认真写，而且我恨不得天天都发新本子！当然，我们绝没有真正谈情说爱，但至少我心中的确有过不平静的波澜。我们的班主任是一位极细心的老年女老师，姓邵。也许她觉察到了什么，也许她什么也不知道，反正她找我去推心置腹地谈了一次，至今我记得当时她意味深长地对我说了一句话，大意是，人生的路很长很长，但要紧的只有那么几步。她说这是一个叫柳青的作家说的。她希望我走好自己的每一步。不久，邵老师退休了，我却把她的话牢牢地印在了我的脑子里。那时，正值‘文革’后期，老师也不好怎么管学生了，所以，班上谈恋爱成风。我却居然不为风气所动，专心致志于学习。毕业后下乡，我仍然喜欢读书。后来恢复高考，我考上了大学。回母校看我的邵老师，她既欣慰又惋惜地对我说，我高中的那个班，考上大学的只有我一个人！”

我娓娓述说着，万同静静聆听着。最后，我把话题拉回来：“我一般不对学生讲我个人的这些事。但是，今天我把你当作朋友，便坦率地说了这么多。不知对你有没有启发。我真诚希望你能对自己负责，也是真正对司婷婷负责，结束你们这种危险的关系。好吗？”

他低下头，没说话。

“或者这样吧，你如果觉得和她一刀两断感情上受不了，就暂时做到不要继续发展这种关系，减少交往与书信联系，让它冷却凝固一段时间，过几年等你们长大了，更成熟了，再考虑两人的关系。怎么样？”

万同抬起头，出乎意料地对我说：“李老师，您帮我给司婷婷写封回信吧！就按您刚才的意思写。”

我忍不住感动地双手抱住他的两肩：“谢谢你对李老师的信任！”

第二天，我把写给司婷婷的信给他看。信的全文如下——

司婷婷同学：

你好！

你这两次写给万同的信，万同都给我看了。他很苦恼，因为他想在现阶段集中精力把学习搞好，不愿受其他任何干扰。我是万同的班主任，也是他非常信任的朋友，他请我为他排忧解难，并请我给你写这封信。

我长期生活在中学生中间，对你的这种感情和这种举动完全能够理解。听万同说，你是一位善良的女孩。但是你不应该陷于这种感情之中。你这样既影响万同的学习，也影响你自己的学习。愿你把握好自己，莫负青春年华，刻苦学习，奋发向上。好吗？

万同仍然珍惜你和他的友谊，但他希望你不要再打扰他，因为他有更高远的追求——学习。

好，不多写了。真诚祝你早日成熟！

未曾谋面的大朋友　李镇西

我问万同："这样写可以吗？"

他说："可以。不过，请您再加一句：'万同说，他仍然是你的好朋友。'"

"好的。"我当即就把万同这句话加上去了。

再次作弊以后

又一个新学期开始了。

星期四上午，我班地理测验照例实行"无监督考试"。可考试刚一结束，就有同学向我反映万同在考试中作弊。当时我一听就火了：万同上学期就因为考试作弊挨了处分，这处分刚撤销他又旧病复发。看来，还得给他更严厉的处分！

可是，我冷静一想：处分又有什么作用呢？万同故伎重演，不就充分说明处分并未真正触动他的思想吗？再给他"更严厉的处分"也未必能使他从此不再作弊。由此，我又反思我在他第一次作弊后对他的处分是否妥当。很显然，万同在受到处分后，并未意识到不但自己的品德蒙上了污点，而且还给班级抹了黑，也许他只认为是李老师个人与他过不去；同时，班上其他同学也未必因万同作弊而感到一种集体的耻辱，也许他们只认为不过是万同一个人犯了错误而已。因此，我给万同的第一次处分并未达到既教育万同本人又教育全班学生的目的。那么，这次万同作弊我便不能再简单地以处分了之，而应把这件事作为引导学生自我教育的契机，让全班学生能从个人言行与班级荣辱的关系上来思考万同的作弊，使包括万同在内的每一位学生都受到一次真正深入心灵的集体主义教育。

事有凑巧，就在同一天，万同课间出教室的时候因太拥挤便迫不及待地从桌椅上跨过去，结果摔了一跤，把脚摔成骨折。这对他本人来说是不幸的，但对我的教育来说，却是难得的“良机”——这使我和我的学生在帮助万同的时候，可以将“动之以情”的关心与“晓之以理”的教育融为一体。

更凑巧的是，当天下午学校要组织看话剧《托起明天的太阳》，这为我班同学给万同“送温暖，献爱心”提供了机会。所以，当万同母亲打电话来说打算请个三轮车送万同去看话剧时，我对她说：“你可千万要把这个机会留给万同的同学，也让万同感动感动。”

于是中午放学前，我对全班学生说：“大家已经知道，万同同学的左脚不慎摔成了骨折，这将给他的学习和生活带来许多不便。谁愿意在万同养伤期间提供帮助呀？”

我话音刚落，几乎全班同学都把手举了起来。我于是点了几位同学：“游贤、吴桦、金力、李义明、齐远……你们几位组成‘帮助万同小组’，下午去看话剧，就由你们想办法把万同送到剧场；另外，万同平时所遇到的困难，比如上楼进教室呀、课间上厕所呀、放学回家呀，也全包给你们了。当然，其他同学也可以寻找机会随时向万同提供全方位的优质服务；万同呢，也趁此好好体会并享受一下班集体的温暖。”

学生们都笑了起来，我却接着说道：“大家还应该知道，万同今天是‘双重受伤’。他不仅左脚摔成了骨折，而且心灵染上了污点，考试作弊使他的一颗童心黯然失色，更严重的是，我们初一（5）班这个一向以考风纯正而令全校称道的班集体也因此蒙受了耻辱！他已不是第一次作弊了，所以必须给予更严厉的处分。只是鉴于他现在的特殊情况，处分下一步再说。但是，同学们在生活上关心他的同时，还应该在思想上帮助他，所以，今天回去以后，每一位同学都给万同写一封信，谈谈对他这次作弊的看法。”

下午第二节课后，游贤等同学硬是用自行车连扶带驮地把万同送进了剧场……

第二天，同学们交上了他们写给万同的信。

我把所有的信交给万同："希望认真看一看这些信，把每封信中最能感动你的话勾出来，然后，给全班同学写一封回信。"

几天后，万同交上了他写的回信。

进（敬）爱的李老师、同学们：你们好！

我的脚受伤后大家很关心我。我很感谢大家。在那天上午地理考试的时候，我好（毫）无复习，做不起体（题），很召（着）急，就做（作）了比（弊）。后来，李老师批评了我，同学们都给我写信，我把所有信都看万（完）了。我向同学们保证，要改正却（缺）点，要让初一（5）班（因为）有我而美好！

反正我在（再）也不作比（弊）了！

万同

我在班上念了万同的信，同学们对万同的真诚报以热烈的掌声。

时间不停地流逝。同学们仍然关心着行动不便的万同——他上楼下楼，总有同学搀扶着他；课间他饿了，会有同学主动给他买面包；班里做清洁，同学们把他的一份也做了……不仅仅是生活上的照顾，还有思想上的帮助。有一次生物单元测验前，坐在万同旁边的袁夏便提醒他："你可要管住自己，千万别再作弊了啊！"万同呢，也果真以自己的进步回报着同学们的关心与帮助——课堂上调皮的时候少多了，体育课他留在教室为同学做一些力所能及的好事，有一次他甚至不顾自己的脚伤去拉开正在打架的两位同学……

一个月以后，我又在一次班会上提到了万同作弊的事："在同学的关心和照顾下，万同的脚伤已基本好了。现在，我们该来讨论一下对万同作弊的处分了。我还是原来的意见，万同不是初犯，因此必须严惩。当然，这个班集体不是李老师我一个人的，而是全班同学的，像这样的大事也应该由全班同学做主。所以，请同学们发表一下自己的看法吧！"

第一位发言的是帅伟华同学："我认为应该再原谅万同一次，因为他这段时间的确进步很大。在课堂上，老师批评他的时候比过去少多了；在他受伤期间，同学们给他许多帮助，让他感受到了班级的温暖。我想，他一定会为了班级的荣誉而继续进步的。"

甘尧同学说："或许是受了李老师的教育，或许是得到同学们信件的鼓舞，或许是他自己要改过自新，总之这段时间万同同学表现得不错。最近几次单元测验都不曾发现他犯老毛病。我想，他确实变好了，是在以自己的行动来向同学、向老师表明自己的决心。一个人要改正缺点，不光要看他口头上的承诺，更重要的是言行一致。万同同学这点做得很好。所以，我也认为可以再原谅万同同学一次，另外，希望李老师不要经常地把他的过错挂在口头，以免他自卑；相反，同学们应该继续给他以关心和帮助，使他不断进步。”

余唯同学说：“万同同学比过去有正义感了，前次洪斌和庄哲欣打架，他拖着自己尚未痊愈的伤腿去劝架就可以看出这一点。”

马翔同学说：“万同同学以前还爱乱翻别人的东西，特别爱看别人的日记，现在也改正了这个坏习惯。这很好，希望他能保持。”

……

同学发言非常积极。他们在发言中充分肯定了万同同学的进步，也诚恳地指出了他还存在的一些不足。绝大多数同学都希望我再原谅万同一次，不再给他处分——这正是我期待并相信一定会出现的集体舆论；在整个讨论过程中，万同一直红着脸低着头，不是因为惭愧和难堪，而是发自内心的感动和激动——这也是我从一开始便追求的教育效果。那一时刻，我也由衷地感动和激动，为我的学生，也为我的教育！

最后，我总结道：“本来，我的确是要给万同同学以处分的。刚才听了大家的发言，我觉得同学们说得很有道理。我决定听从同学们的建议，不再对万同进行处分。同学们在万同再次作弊后真诚地帮助他，他的脚受伤后又给他以无微不至的关心，现在当他有了进步时又向老师求情别给他处分……这一切，说明我们这个集体的确是充满正气和温暖的！相信万同同学会继续进步，以报答集体的关怀。我也相信，每一位同学都会以生活在我们这个集体而感到自豪，并以自己的一言一行维护集体的纯洁！”

没有掌声，整个教室一片肃静。但我透过学生们一双双庄严凝视着我的眼睛，看到了他们心中正翻腾着集体主义情感的波澜！

语文考试得了 76 分

万同的这次作弊，使我进一步反思我和其他任课教师的教学。

万同作弊当然是可耻的，但细想一下这“可耻”之中也有可以理解甚至可贵的一面，这就是希望得到好成绩的良好愿望。他的错在于达到目的的方式错了，而他的良好愿望，却应该受到尊重。这种愿望的背后，实际上是美好的上进心。任何学生都希望能在学习上获得成功，但由于种种原因，万同从来就没有体验过这种成功感。不及格的分数、老师的斥责、同学的讥笑、家长的臭骂……伴随他度过了这么多年的学习生活，而他还在这样生活着。失败和屈辱，是我们的教育给他的唯一“馈赠”！

想到这里，我不禁又一次产生了对万同深深的同情。

从上学期我叫他抄长篇小说《烈火金刚》起，到现在他已抄完了五个作文本。这对抑制他课堂上的好动行为，的确起到了很有效的作用。但如果不让他在课内知识的学习上学有所得，以致他在考试分数上继续是个位数，那么，他就不可能真正在集体中树立起自己的尊严。作为充满民主、科学、个性的社会主义教育，没有任何理由不帮助任何一位学生树立起人的尊严！

苏霍姆林斯基曾大声呼吁：“让每一位孩子抬起头来！”

……

经过好几天的思考，我向各位任课教师谈了我的想法，大家都赞同我的观点。这样，我们统一了认识，决定尝试“降低要求，增强信心，逐步提高，帮助成功”的教学方法，对万同进行学习“扶贫”。

我又把万同找来，对他提出了学习上的新要求：“我和其他老师都想专门帮助你提高学习成绩。但你的学习基础和班里大多数同学已有相当大的差距，所以，我们打算根据你的实际情况对你做特殊要求：1. 每次上课，各科老师都会给你提出基本目标，达到这个目标，你就算学懂了。2. 每天的作业，老师们也会单独给你出，你必须认真完成，不懂的第二天一定要问老师。3. 单元测验和期末考试，我们也将为你单独命题，只要你平时按老师们的要求尽全力去学，就一定会取得很好的成绩。”

“那《烈火金刚》我还抄不抄呢？”他认真地问我。

“暂时就别抄了。从现在起，你的学习将有一个新的开端。——你可千万别让老师们失望啊！”

他没有说话，但望着我的眼睛分明闪烁着希望的火花。

这天的语文课，是学《桃花源记》。课前，我对万同的要求是：1. 能够读完全文；2. 会读会写三个以前不认识的字。

课堂上，我在教学过程中，一直注意万同的表现，他果然比以前用心。抽读课文时，他第一次举手要求朗读。我很为难，怕他读不好丢丑，便装着没有看见他举手。可他竟然自己站了起来，急切地大声说："李老师，我的手都举酸了！"

同学们哄堂大笑。我只好说："好，我们请万同同学读第一自然段。"

"普太元中……"刚读一句，他的声音就又被同学的笑声淹没了。——他把"晋太元中"读成了"普太元中"！

然而，万同竟然不理会大家的哄笑，径直一字一顿大声地往下读："……武、陵、人、捕、鱼、为、业，缘、溪、行……"

也许是被他的勇气所感动或震慑，同学们渐渐不笑了，静静地听他"吼读"。教室里，只有万同那莽直的声音撞击着大家的耳膜，直到"渔、人、甚、异、之"！——说也奇怪，万同居然再没有读错一个字！

他涨红着脸坐下了，大家却情不自禁地鼓起了掌……

下课后，他向我汇报，他认识并会写"晋""缘""溪"三个字！

我给他布置作业：抄写课文第二自然段（"复前行"至"并怡然自乐"）。

第一次单元测验时，我不但单独为他出了一套题，虽然题已经相当简单——基本上都是平时我给他布置的作业，而且我还在测验前，为他单独辅导，有意偷偷漏些题。

这次单元测验，他得了 49 分。为此，他高兴得跳了起来，要知道他以前的分数可从来都只在 20 分以下啊！

作文课时，我就叫他抄有关课文，要求是"字迹清楚，没有错字"，达到这个标准就得"优"，结果，他大多数时候的作文都是"优"！他自然又兴奋不已。

过了一段时间，我又给他提出稍微高一些的学习要求。比如作文，就要求他给我写信，说心里话，只要书写清楚，内容真实就行。

这是他的一次作文——

李老师：您好！

我现在喜欢上语文可（课）了。每天的作业，我都很认真。那天考了 49 分，我好高兴呀！我要正（争）去（取）下次得 55 分。但是，英语可（课）和数学可（课）我十（实）在十（是）听不动（懂）。李老师你说怎么办？

学生：万同

英语和数学老师也反映，已经对万同降低了要求，可他还是学不懂，因为他的基础实在太差了。“他简直好像根本没有读过小学一样！”

我便和他们商定，再降低要求——英语课和数学课时，让万同抄该节课所学的教材内容。

“期末考试怎么办？”两位老师异口同声地问我。

“仍然可以根据他的抄写来判分。”我说。

于是，每当上英语课和数学课时，万同都有事可做了。

……

初一学年结束时，万同的语文考试得了 76 分！

“纠察员”成了偷盗者

看到万同对学习有了一定信心，我真是高兴极了，准备与各科老师配合起来，让刚刚进入初二的他进一步提高学习兴趣。鉴于万同家庭的经济困难，我主动代他提出申请，请求学校免去了他的学杂费。

可开学不久，他却又犯了一个把校长气得发抖的错误——

一场大雨之后，学校刚刚改造过的田径场积满了雨水。课间十分钟，万同等人便在田径场追逐打闹，原先平整的跑道自然被几个顽童的脚丫子烙上了深深浅浅而又乱七八糟的脚印！

这一切，被楼上办公室里的校长透过玻璃窗看得清清楚楚。校长推开窗子大声呵斥，但玩得正痛快的万同们哪里听得见几十米外楼上校长的咆哮？依然在田径场里“大闹天宫”。

直到发现校长正怒气冲冲地向他们走来时，一群人才如梦初醒，宛若惊弓之鸟，四下逃散。但“不幸”的是，万同在奔逃中脚下一滑摔了一跤，成了校长唯一的“俘虏”！

经过校长的亲自教育之后，一身泥泞、满脸泪痕的万同被带到我的办公室。

我又是一番苦口婆心的开导。然后，我给他出了个改正错误的主意：“由你们几个爱课间打闹的同学，组成一个维护学校文明秩序的‘纠察小分队’——如果发现一些同学在校园内有不文明行为，你们就批评、制止他们，严重的你们就把他送到校长办公室。你就担任这个‘纠察小分队’的队长，好不好？”

万同说：“好是好，可是其他同学能听我们的吗？”

“怎么不会听你们的呢？”我说，“首先你们要严格要求自己，注意养成良好的行为习惯。另外，你们去请校长给做一个供‘纠察员’专门佩戴的标志，这就有了威慑力。”

果然，校长非常支持他们，不但发给他们“纠察员”标志，而且还专门在每一个标志上面盖上校长办公室的大印，并对他们说：“你们这个‘纠察小分队’直接归我管，只要抓到违反校规的就送到我这儿来！”

于是，每天课间，校园里便多了一群神气十足而又认真负责的“纠察员”！

万同他们课间十分钟有事可做，自然不会狂打了；相反，他们频频立功——学校不准午休时间踢球，他们中午便把守在操场边；学校规定不许乱扔纸屑，他们便在各层教学楼道巡视；学校规定校园内不能骑车，一放学他们就守在停车棚，看有无违规者……

这样一来，校长办公室“报案”不断，校长有些应接不暇了，便把这支队伍“下放”给学校政教处。

政教处又给万同等人加了一些任务：检查校园卫生保持情况，检查各班的桌椅、门窗的损坏情况，并及时督促维修。

这一来，万同们更加神气了！常常是，刚一响下课铃，万同便站了起来，向他的“部下”一挥手：“走！”于是，几个以前的调皮大王便威风凛凛地鱼贯而出——“执行任务”去了！

毕竟是还很不成熟的娃娃，盖有校长办公室大印的“纠察员”标志，使万同在维护学校秩序的同时，也渐渐产生了一种盛气凌人的“官味”；他把社会上的霸气用于批评违纪同学，有时甚至还借机恃强凌弱，欺负小同学。

这天下午放学后，万同巡视到初一（2）班的教室外面，他也不顾人家还没放学，就径直走了进去，喝道：“该搞卫生了！”正在讲台上讲事情的班主任老师吃了一惊，教室里坐得整整齐齐的学生也不禁一愣，齐刷刷的眼光一齐射在万同的身上。大概万同有些不好意思，便退了出来，他看见教室门裂了一道口子，竟用手“嘭嘭”地拍打着门，大声训斥道：“门破成这样，怎么也不修一修！”

该班老师也是个血气方刚的小伙子，一下勃然大怒：“你算什么东西！到这儿来耀武扬威！滚！”

万同只好悻悻而去，路过另一个班的时候，他看见两个搞卫生的初一小同学正拿着扫把在打闹，万同冲过去就踢了他们几脚，还煞有介事地吼道：“扫把是用来打闹的嗦？”

万同们直接听命于政教处，所以我对这些恶劣行径，很长时间不知道，一直到后来发生了更恶劣的事，我才意识到作为“纠察员”的万同已经变味——

万同在初一（2）班碰壁后，一直耿耿于怀。

第二天恰好是星期六，学校没有上课，他一人溜进学校，直奔初一年级办公室。他四下看了看没人，便一脚把门踢开；进去以后，在初一（2）班班主任老师的办公桌抽屉里乱翻，把几本书撕碎了，把墨水瓶砸碎了……最后，偷了一支圆珠笔、两瓶没吃完的咖啡和三袋土豆片，扬长而去！

自以为天衣无缝，但他吃完土豆片后扔在我班教室纸篓里的包装袋，却使他星期一来到学校，便被政教处作为“重大嫌疑人”而请到了校长办公室。一番不太艰难的审问，万同便“供认不讳”了！

几天后，一张“为严肃校纪，现决定对万同予以严重警告处分”的通告便贴了出来！

一时间，万同“名扬”全校。

我和全班同学的心也蒙上了一层阴影。

在集体目光的关注下

作为学生，没有比校纪处分更为严厉的心灵惩罚了。

在处分万同前，我去找过校长，请求最好不要给万同处分：“比起过去，他已有了相当大的进步，当然也有反复，但我愿意尽最大的耐心帮助他。我担心，这一张处分通告会让他在全校无地自容，甚至摧毁他的上进心。”

校长的话也不是没有道理：“他已不是第一次违反学校纪律了；再说，处分他一个人，可以教育全校所有学生。”

我只好服从，万同也只好当一回被杀的“鸡”给全校的“猴”们看。

那几天，我没有找万同谈心，因为我心里也很难受，脑子里还没有形成一个清晰的教育思路。但是，看到失魂落魄的万同，我就一遍遍地问自己：难道一年多来所有的努力，就这么付诸东流了吗？

我似乎有些黔驴技穷了……

然而，我仍苦苦思索着——

由万同的这第二次纪律处分，我自然想到了他的第一次处分。那次是因为测验作弊，后来他又作过一次弊，我并没有再给他处分，他却至今没有再作弊。为什么？是因为有全班学生的关心与帮助。而这次他任“纠察员”期间所犯的一些错误，恰恰是脱离了集体舆论的监督！

想到这里，我心里豁然一亮！——那么，要让万同重新树立向上的勇气与信心，可能还是只有依靠班集体的力量。

当天下午，我把垂头丧气的万同请到办公室，照例让他坐下。

“我知道你很难受，但现在后悔也来不及了。不过，”我话题一转，“如果你想改变这一切，还是只有靠你自己！”

他慢慢抬起了头，有些疑惑地望着我。

我继续说：“是的，只有靠你自己！靠你的什么呢？那就是你的上进心。当然，我不知道你现在还有没有这种上进心。”

他小声吐一个字：“有。”

“这就好。当然，我们班集体也会帮助你的。”我对他解释说，“现在，除了袁夏继续做你的‘帮助人’，每天给你写家校联系本以外，我打算请全班同学都关心你的进步。你愿不愿意啊？”

他仍然小声说：“愿意。”

又是一节语文课开始了。我对全班同学宣布道：“虽然还有两个月才半期考试，但我今天就公布语文半期考试的作文题。”

同学们感到非常惊讶，不由得小声议论起来。

我接着说：“一道是《我为万同的进步而高兴》，一道是《我为万同的退步而痛心》。同学们从现在就开始观察万同的表现，两个月以后半期考试时，同学们便根据自己的观察情况，选其中一道题来写。”

下课以后，万同找到我：“李老师，半期考试时我写什么作文呢？”

我还真把他给忘了！我稍稍想了一下，说：“到时候，你就写《我感谢同学们对我的帮助》。”

通过提前公布半期考试作文题，我试图一箭双雕：既把万同置于全班的监督之中，又让每一位同学有意识地关注万同的表现。就这样，小小的作文题，将万同个人的上进心激励与全班学生的集体主义自我教育巧妙而有效地结合起来了！

我又想，最好避免万同只是被动地接受同学们的监督，而应让他真正主动地在参与班级建设的过程中获得自身的进步。于是，我还特意为万同安排了一个特殊的职务：专门维护自习课纪律的“特别班委”。

果然，我所期待的教育效果神奇地出现了——

半期考试的作文中，全班绝大多数同学选写的作文题是《我为万同的进步而高兴》。他们以所看到的真实事例，饱含真情地描述着万同的进步；再加上由于是考试作文，因此学生们写得格外认真。

讲评试卷时，我选了几篇有代表性的作文，让作者在班上朗读。其中，万同的“帮助人”袁夏同学朗读完作文后，同学们情不自禁地鼓起掌来。我又请万同朗读了他的考试作文。

“我感谢同学们对我的帮助”

李老师和同学们：

我不正（争）气，多次反（犯）错误，被校长处分，是应该的，是我自己造成的。李老师和同学们没有气（歧）死（视）我，而是热情地帮助我。我很感动，我很感谢。袁夏同学天天提醒我不要（上课）说话，帅伟华同学今（经）常给我讲不动（懂）的作业，还有好多好多同学都帮助过我，我也说不完。我要好好学习，更加进步。

谢谢李老师和同学们！

万同的作文在文字表达上显然远远不及袁夏的作文，但他却赢得了同学们更热烈的掌声！

我统计了一下，全班除万同外的 62 位学生中，写《我为万同的进步而高兴》的有 48 人，写《我为万同的退步而痛心》的有 14 人。

下午放学的时候，我把万同叫到办公室，对他说：“你把这些作文全都拿回去，念给你妈妈听，让你妈妈也分享一下你进步的快乐！另外，这十几个写你‘退步’的作文，你也要好好看看，同学们如果说得对，你应提醒自己进一步改正。”

几天后，万同把作文抱来还我的时候，给我一封他妈妈的信——

李老师：

我这里非常谢谢你和全班同学对万同的关心和爱护。万同今天能德（得）到这样的对待，这全靠李老师来（耐）心的教育，这是李老师的攻（功）劳，也是同学们的攻（功）劳。李老师，你心（辛）苦了。你为了同娃儿你操岁（碎）了心。李老师自从同娃儿刚一塌（踏）进中学，一分到你班上，你对他的教育是很大的。我在（再）说一声李老师你心（辛）苦了，谢谢你李老师。

万同的妈　田翠芬

万同还对我说："李老师，反正我每天早晨来得最早，您就把教室早扫除的任务交给我吧！我保证每天都把教室卫生搞得干干净净！"

国旗下的讲演者

半期考试过后，我考虑到万同容易反复的特点，又想出了一个新的舆论监督措施，即采用"报喜单"的办法来不断激励万同巩固自己的进步，并取得新的进步。具体做法是：每周周末班会课时，我都请全班同学对万同进行评议，如果大多数同学都认为万同这一周表现不错，我就给他写一张"报喜单"，让他带回去给妈妈看。

这样，每天有"帮助人"，每周有"报喜单"，就使万同随时都处于班集体的关注之中。在下半期，他几乎每个星期都能得到一张"报喜单"！

一天早晨，我来到学校，校长就专门找到我："你班的万同……"话刚开个头，他就忍不住剧烈咳嗽起来——看样子，校长感冒了。

一听校长说"万同"我的头脑就"嗡"地炸了，我连忙急切地问："万同又犯什么错误了？"

"你别急嘛，我话都还没说完呢！"校长舒了一口气，笑了起来，"你班的万同应该好好表扬表扬！"

"表扬？"

"对。"校长继续说道，"刚才早读课前，我在校门口值周，看到不远处的花园旁边垃圾筒附近的地上有一个破饮料瓶子。当时过往的学生很多，我就想，我倒要暗中观察一下，看有没有学生能够自觉地把这个饮料瓶子捡起来扔到垃圾筒里去。

结果，不少学生——包括一些经常得表扬的优秀学生——路过时均视而不见，有的甚至还有意无意地踢一下。过了一会儿，我看到万同端着装满垃圾的撮箕走过来了，他看了看那个饮料瓶子，并没有停下，仍往前走；但是，当他把满满一撮箕垃圾倒进垃圾筒后，又专门过去把那个饮料瓶子捡起来，丢进了垃圾筒。整个过程只有几秒钟，他做得非常自然。虽然他并没有看见我，但是我当时非常感动，一个挨了处分的‘差生’在这些细小的地方竟然有这样良好的习惯！不简单啊，不简单！你一定要在班上好好表扬他！”

校长的话，真的让我也非常感动——不仅仅是因为万同拾了一个饮料瓶子，更因为他是在没人监督的情况下做了一件许多人未必能做到的小事！

语文课时，我挤出几分钟的时间转述了校长的话，说的时候，我有意用“我班的一位同学”代替了万同的名字，然后，请同学们猜一猜：这位为班集体赢得荣誉的同学是谁？

“当然是万同啦！”学生们竟这么容易就猜出来了！

我也反应过来了：因为早晨我班只有万同搞教室卫生。

这次，我并没有要求学生们写什么表扬万同的作文，但是，又一次出乎我的意料：在第二周交来的周记里面，学生们都不约而同地对万同这件事发表评论。

袁夏同学写道：“万同在捡那个瓶子的时候，一定没想过得表扬，可能他只是觉得干净的校园不应该有这么一个乱扔的瓶子。看起来事情很小，却不是每一个人都做得到。比如我，可能就做不到。从这一点上，可以看出我和万同之间的差距，至少在品德上我是不及万同的……”

程实同学写道：“对比万同，我很羞愧。那天早晨我进校后，也路过了那个地方并看到了那个瓶子，但我并没有捡它，因为我根本没有想到应该去捡。如果在平时，要问我和万同谁是好学生？我想班上大多数同学可能都会说：‘当然是程实啦！’通过这件事，可以看出我不如万同。我和万同仿佛是在进行道德赛跑，原来我跑在前面，可是摔倒了；而万同不但追了上来，而且正在向前冲刺。我要爬起来，奋力追赶万同。”

周记讲评课上，我通过读一篇篇感情真挚的文章，让万同也来对班集体进行一次教育——这些周记在表扬万同的同时，也撞击着全班学生的灵魂……

再过一周，就该我班派代表在学校升旗仪式上进行“国旗下的讲演”了。在众多主动争取讲演的同学中，大家一致推选了万同。

这当然是一种荣誉，但对万同来说，也是一个相当大的考验：讲演稿要自己写，对他来说实在太困难了；而且，平时在班里的讲台上说话，万同都不是太流畅，现在，当着全校一千七百多师生讲话，他能行吗？

但我和同学们决意要让万同成功——这也将是我们班集体的教育成功，于是，我和同学们就写讲演稿专门对万同进行出谋划策和辅导修改——万同认真地连写了三稿，但毕竟他语文基础太差，于是我抓住他原稿中“班级的爱就是祖国的爱”这一句闪光的话和文中的素材，重新给他写了一篇讲演稿。然后，我们又特意利用一节自习课，对万同进行讲演训练。那几天下午放学后，万同都在我办公室一遍又一遍地练习着……

这是一个霞光满天的清晨。学校操场上，全校师生凝望着和朝阳一起冉冉升起的五星红旗，唱起了庄严的《义勇军进行曲》。之后，身着新装，戴着红领巾的万同神情庄重地站在撒满阳光的国旗下，开始了他的讲演——

老师们、同学们：

我叫万同，今天，我站在五星红旗下，代表初二（5）班做国旗下的讲演。我讲演的题目是《班级的爱就是祖国的爱》。

老师常常对我们说，爱国不是一句空话，爱国应该从爱周围的人做起，包括爱自己的同学、老师和班级。对此，我很有体会。我刚进初中时，很不热爱班集体，犯了很多错误，多次违反学校纪律，学习成绩也很不好，给我的初二（5）班抹了黑。那时候，老师和同学们一提起我万同的名字就头疼，都为我的表现感到痛心和气愤。但是，他们没有看不起我，反而耐心地帮助我，热情地关心我。有一次，我被社会上的小流氓打了，在家养伤。班上每一位同学都给我写了一封短信，安慰我，鼓励我。当来看我的李老师把同学们的信交给我时，我很激动，心里想：我以后一定要好好学习，争取进步，不再给班上丢脸。后来，我回到了班上，许多同学还为我补习功课。现在，老师和同学们都说我有了很大很大的进步，老师经常表扬我，同学们还选我为“进步最大的同学”。但我要说，这是因为我生活在初二（5）班这个温暖的大家庭。老师给了我爱，同学给了我爱，班级给了我爱——对我来说，这一切，就是祖国给我的爱！

我还有许多缺点，但我会继续努力改正；我要争取让初二（5）班因为有了我万同而更加温暖，更加美好。我决心在老师同学的帮助下，成为玉林中学最优秀的学生，成为祖国母亲最优秀的儿子！

万同响亮的声音从他心灵深处迸发出来，通过扩音器回荡在校园上空，在晨风中传得很远很远，直至融入那辽阔纯净的蓝天！

烛光里的泪花

上午最后一节政治课刚开始不久，我便在办公室听见了赵老师那近乎咆哮的呵斥："这课没法上了！你们究竟要干什么？！……"我不禁诧异：赵老师一向对学生温柔，今天怎么会这样？

我正要去教室看看，学生万同垂头丧气地来到办公室："李老师，赵老师把我撵出来了……"

我压抑着怒气问："怎么回事儿？"

"同学们听说您不当我们的班主任了，心情特别烦躁，都没心思上课……"

"简直是胡来！"我一拍桌子站了起来，"你们真是在给我丢——"我没能把"脸"字说出来，因为我看见了万同的双眼已噙满了泪水！

……

下午上课前，赵老师找到我，歉意地说："看来我上午不应该对学生发那么大的火。当时，我走进教室只觉得班上气氛不对，课堂上总不安静。我批评了几句，有的学生——比如万同——居然与我顶撞起来，还扬言'要罢课抗议'！气得我发抖。但是，刚才万同主动给我交来一份检查，看了以后我觉得，当时如果理解了学生的心情，我完全可以换一种方式开导他们。"

万同的"检查"是这样写的——

赵老师，同学们上午没好好上课，我们错了。我定（顶）嘴，更是对您的不礼貌。我向您说一声"对不起"！但是，这几天同学们的心里真的很难爱（受）啊！大家都很希望李老师当我们的班主任，都不满义（意）学校（的安排）。想用这种方法来刘（留）住我们的李老师。我们也知道这种方法是于（愚）春（蠢）的，可我们没法空（控）制自己啊！赵老师，您体（替）我们求求学校领导吧，不要换走李老师！

在很长一段时间里，我一直担任两个班的语文教学和班主任工作。最近，学校为减轻我过重的工作负担而免去我一个班的班主任工作，我是能够理解并深深地感谢领导的关怀的。但读了这段与其说是“检查”不如说是“请求”的文字，我被学生纯真的情感打动了！

放学前，我来到班上，迎接我的是一片辉煌的烛光和烛光中点点晶莹的泪花！我伫立讲台许久许久，一句话都说不出来，眼前却闪现出一幅又一幅过去的画面：秋天，我和学生们一起欢度他们进中学后的第一个中秋节；冬天，我和学生们顶着凛冽的寒风驰骋在足球场上；春天，我和学生们冒着细雨在野外菜花地的泥泞小路上追逐；夏天，我和学生们在公园草坪上摔跤、斗鸡……

63位学生默默地注视着我，也和我一起沉默着，沉默着，任感情的潮水在胸中激荡澎湃，又化作冲决眼眶的泪水无声地流着，流着……窗外，北风呼呼，寒流滚滚；室内，寸寸洁白的蜡烛也在无声地流泪，它那金黄色的烛光却温暖着每一个人纯真的心灵！

“……同学们的心情，我理解……”我终于吃力地说话了，“但大家的做法，实在是不应该啊！”

学生们终于忍不住了，无声的流泪变成了伏案啜泣，呜咽之声在教室里回荡，也撞击着我的感情堤坝：童心可鉴，泪眼作证——有了一批又一批心心相印的学生，我便成了情感富翁和精神巨人；作为一名普通的教育者，还有比自己人格的丰碑铸在学生心目中更崇高的荣誉吗？

“我，我，我永远记住，同学们对我的感情！”说完这句话，我迅速转身走出了教室……

因为，我已泪如泉涌！

附：万同后来怎么样

许多读者读了《爱心与教育》中我“与顽童打交道”的故事，都特别关心万同后来的情况。许多读者都曾问我：“万同后来怎样了？”

万同后来并没有考上高中。有好几年我和他失去了联系。

2000年5月，我在陕西师大参加骨干教师国家级培训。有一天中午下课后，我推开教室门准备去吃饭，突然看到眼前站着一个身着军装的小伙子，他微笑着叫我:“李老师，我是万同！”

我定睛一看，啊？这不是万同吗？当时我真是大吃一惊——怎么在这个时间这个地方居然见到多年不见的万同了？时间、地点、人物完全不合逻辑地拧在了一起！

的确是万同，尽管穿上军装，但那调皮劲儿依然掩饰不住：他的军帽不是戴在头上的，而是塞在肩章上的！

于是，我请他在食堂吃饭，然后我们在陕西师大校园散步，还在一个亭子里坐了好一阵子，我们闲聊了一中午。从他口中，我得知他现在在北京当兵，大概是通信兵。他说他还准备考军校呢！这次他从北京出差回成都，专门去我家看我，却没能见到我；听我爱人说我在西安陕西师大学习，所以他在回北京的路上，特意在中途的西安站下车，然后一路问到陕西师大，找到我上课的教室，然后静静地在教室门外等我……

那一刻，我实在是感动！我从来没有奢望过万同能够成为国家的栋梁之材，但他至今还记着我，而且居然不远千里克服重重困难来看我，我就非常知足了。更何况，我的万同，现在已经是我们国家“最可爱的人”了！

不过，一晃又过去六年了，我和万同又失去了联系。但是，我依然在心里惦记着他，而且盼望着什么时候什么地方，他又会从天而降，给我一个惊喜。

（2006年12月补记）

手记三：锻造卓越人格

——“优秀学生”的培养

激励“优生”超越自我的要点有二：一是尽可能多地让他们在各个方面实践，以发现并发展自己以前没有意识到的潜质；二是鼓励他们在日常一点一滴的小事中战胜自我。甚至教育者可以有意识设置一些难题去“折磨”他们，让他们在一次次自己与自己“过不去”的过程中体验到“人生的乐趣与辉煌正是从战胜自我到超越自我”。

对“优生”培养的思考

“优生”特点的两兼性

“优生”当然应该是指品学兼优的学生，但在现在不少教师、家长的眼中，所谓“优生”更多的是指学习成绩拔尖的学生（也被称为“尖子生”）。因此，这里有必要对我所说的“优生”做个大致的定义——我这里所说的“优生”，是指品德、学习和各方面能力都优于同龄人的学生。

培养“优生”的意义显然是不言而喻的。“素质教育”并非是“一刀切”的教育，而是既面向全体学生，又针对每一个学生的个性特点的教育。尽可能挖掘并发展每一个学生的潜力，让尽可能多的学生在各方面都获得理想的发展，成为教育者所期望的“优生”，最终成为对民族对国家有用的高素质人才，应该说这也是“素质教育”的题中应有之义。

对“优生”的感情几乎是不需要培养的，因为教师对“优生”的爱几乎是天生的——比如，在学校进行组建新班时，几乎每个教师都希望自己班上的“优生”多一些。但我们对“优生”的认识却未必正确而且全面。

当我们第一次从新生报名册上认识“优生”时，我们应该清醒地认识到，他们并不是自己教育的成果，而是学生家长和小学老师共同教育的成果。说明这一点很重要，因为这意味着我们对他们同样需要从零开始的教育。而且，这种“从零开始的教育”的主要依据是这些“优生”的两重性：一方面，他们的行为习惯、学习习惯、学习成绩以及各种能力比一般学生相对（注意：只是相对）要好一些；另一方面，他们除了仍然存在着一般学生在这个年龄容易出现的毛病外，也存在着他们作为老师的“好学生”、家长的“好孩子”所特有的一些毛病。

具体说来，“优生”一般具有以下特点：

（1）思想比较纯正，行为举止较文明。自我控制的能力比较强，一般没有重大的违纪现象。

（2）求知欲较旺盛，知识接受能力也较强，学习态度较端正，学习方法较科学因而成绩较好。

（3）长期担任学生干部，因此演说能力、组织能力以及其他工作能力都较强，在班上同学中容易形成威信。

（4）课外涉猎比较广泛，爱好全面，因而知识面较广。

（5）由于智力状况比较好，课内学习较为轻松，因而容易自满，不求上进。

（6）长期处于学生尖子的位置，比较自傲自负，容易产生虚荣心。

（7）在畸形的“升学率”压力下，有的“优生”之间容易产生互相嫉妒、钩心斗角的狭隘情绪和学习上的不正当竞争。

（8）从小就处在受表扬、获荣誉、被羡慕的顺境之中，因而对挫折的心理承受能力远不及一般普通学生。

以上几点，只是就一般“优生”的共性而言，当然不一定每一个“优生”都是如此，但根据我的教育实践，至少多数“优生”基本如此，只是也许有的学生侧重于其中的某些部分，而有些学生又偏重于另外的特点而已。

“优生”教育不能只注重分数

还需特别指出的是，在“应试教育”的大背景下，一些教育者不但只注重“优生”的学习分数，而且“一好遮百丑”，把他们其他方面的优点也有意无意地夸大了；相反，他们所独有的思想偏差、人格缺陷，在很大程度上却被教育者忽视了。

几年前，某直辖市有关部门对该市16名市级三好学生、优秀学生干部进行了一次特殊考试——“特殊”之处在于这次考试有些设计是隐性的。在考场门口放有一把倒地的扫帚，结果，进教室的16名学生无一人弯腰把扫帚扶起来；考试前，需要削铅笔，结果，削完铅笔后主动把铅笔屑打扫干净的仅有三人！考试完毕后，主持人对所有学生说：“今天的考试结束了，但我很遗憾地告诉大家，你们都未通过今天的考试，因为你们在考试过程中的言行已经给自己的文明习惯打了个不及格的分数！”

是的，上面这个例子涉及的都是微不足道的小事，但正因为是小事，才说明其普遍性；更何况，这些应试的当事人都是中小学生中的佼佼者啊！

至于近几年来，不少因承受不了各种“打击”而自杀的中学生，其中绝大多数是我们教育者眼中的“优生”，应该说，这也早就不是“新闻”了。

——问题的严重性正在于此！

因此，如果我们第一次走进教室，面对“优生”时，在深感“幸运”的同时，切不可认为“优生”教育只是“维持”教育，而应该意识到：“优生”教育的艰巨性、复杂性，绝不亚于对其他学生的教育。

培养“优生”六大方法

根据我的体会，在培养“优生”的问题上，应注意以下几点：

一、引导“优生”树立志向

“优生”一般来说，智商较高，即使不那么刻苦，他们的学习也会在班上名列前茅，高中毕业也能考上大学。这就往往使一些“优生”不求上进。当然，从“应试教育”的角度看，这类学生固然是“上线生”；但如果他们仅以考上大学为目标，那么我们国家不过是又多了一名大学生而已，而绝不会又多了一名钱学森、华罗庚。因此，要让这些学生真正发挥出自己的潜力，成为祖国的栋梁之材，班主任就应该引导他们树立理想，明确志向，真正做到“志存高远”。我常常通过谈心，让“优生”意识到，成绩比别人好，就意味着将来比别人多一份责任，而现在起就应该比别人多一分努力。引导学生立志，最有效的方法之一，是给他们推荐有关伟人名人的传记读物，使“优生”把自己放在一个更广阔的历史空间和时代背景中认识自己的使命。

二、帮助“优生”认识自己

一般来说，“优生”有较强的自信心，这是一件很好的事，我们应该予以保护和发展。但同时，有些“优生”对自己的不足往往认识不够，也有的“优生”对自己的人格修养、知识框架、能力结构等综合素质缺乏科学的分析与评价，还有些“优生”对自己某些方面的发展潜力认识不足，如此等等，都妨碍着他们进一步充实自己的综合素质，妨碍着他们发展自己应有的才华，最终也阻碍着他们成长为教育者所期待的高素质人才。所以，我们应该帮助“优生”超越某些具体的考试分数和名次，通过与其他杰出的少年英才比较，通过对自己求学过程中成功的经验与失败的教训的冷静分析，通过各种具体的课内外实践活动……正确全面地认识自己，进而有针对性地发展自己。

三、教育“优生”保持童心

少年儿童，就其天性来讲，是具有纯朴善良的本质的；何况我们面对的“优生”是经过其家庭教养和小学老师的精心教育的，他们的思想品德一般还是比较好的。因此，我们对“优生”的所谓“思想品德教育”，固然包括随着他们年龄增长而注入一些新的思想品德养料，但我个人认为，更重要的还是教育他们应保持自己的一颗纯洁童心。这种情况应该说不是个别现象：一些“优生”随着荣誉的增多和头脑的“成熟”，虚荣自私、骄傲自大、心胸狭隘等心灵的毒瘤也开始滋长，而且由于他们在班上往往有较高的威信，因而他们的这些毛病在班上产生的消极影响也较大。教育“优生”保持童心，单靠说教是不行的，更多的时候是要让他们通过与班上的同学平等相处感受其他同学身上值得自己学习的优良品德，让他们在为同学服务的过程中体验一种奉献的幸福，让“优生”之间面对分数和荣誉学会淡然处之和互相谦让，以培养自己豁达而淡泊的心境。适当淡化这类学生的“优生”意识，帮助“优生”去掉他们头上自我陶醉的“光环”以恢复他们普通同学的感觉，是使他们保持一颗纯朴童心的有效方式之一。

四、激励“优生”超越自我

我常常对“优生”说：“本来可以得 100 分，却只得了 99 分；本来可以考上名牌大学，却只考上了普通院校；本来可以成就一番辉煌的事业，却只是找到了一个谋生的饭碗……造成这种种遗憾的原因当然很多，但其中重要的原因则是本人不具有战胜自我、超越自我的勇气、毅力和能力。在未来人生的道路上，千万不要自己埋没了自己！”如果我们对所有学生都这样说，显然不妥，因为我们的社会既需要像陈章良那样的杰出科学家，也需要像李素丽那样的普通劳动者；但是，对少数具有出类拔萃潜质的“优生”，我们则应理直气壮地向他们提出“追求卓越”的希望。

激励“优生”超越自我的要点有二：一是尽可能多地让他们在各个方面实践，以发现并发展自己以前没有意识到的潜质；二是鼓励他们在日常一点一滴的小事中战胜自我；甚至教育者可以有意识设置一些难题去“折磨”他们，让他们在一次次自己与自己“过不去”的过程中体验到“人生的乐趣与辉煌正是从战胜自我到超越自我”。

五、训练“优生”受挫心理

长期处在金字塔尖的“优生”们，很少品尝失败和被冷落的滋味，这就使他们对受挫的心理承受力相对较弱，一旦遇到各种“打击”往往情绪低落，悲观失望，个别学生甚至对前途失去信心。因此，优化“优生”的心理素质特别是受挫的心理承受力，是“优生”培养的一个极为重要的内容。训练并强化“优生”的受挫心理，首先不可将“优生”的身份和地位在班上特殊化，而应与其他学生一视同仁，这样，“优生”平时本来就是和一般同学一样，也就避免了因某些因素可能出现的失落感；其次，“优生”担任学生干部不宜搞“终身制”，而应合理轮换，使“优生”适应“能上能下”的学生干部机制；另外，对“优生”犯错误切不可迁就，而应该严肃批评，让他们习惯于挨批评包括严厉的批评甚至必要的处分；最后，也是很重要的一点，要多给“优生”创设一些品尝失败的机会——这当然不是说要有意让“优生”不断失败，而是引导“优生”尽可能多地在不同领域不同方面摸索、尝试，在此过程中必然会有失利，而当“优生”对此习以为常的时候，他们就学会了坦然面对人生路上的失败、挫折和各种意想不到的打击。

六、培养“优生”创造能力

培养学生创造能力的重要性是不言而喻的。一般来说，“优生”的学习成绩是很拔尖的，但在“应试教育”的束缚下，“高分低能”的现象却不是个别的。而未来社会对人才的能力特别是创造能力的要求越来越高，因此，我们决不能满足于“优生”名列前茅的考试分数，而应有意识地培养其创造能力。创造能力的培养首先是创造性思维的培养。要教育“优生”敢于“让思想冲破牢笼”，即在坚持正确的政治方向和辩证唯物主义思想方法的大前提下，培养学生追求科学、崇尚真理的理性精神，让学生大胆地冲破迷信权威的思想牢笼，冲破盲从书本的思想牢笼，冲破膜拜师长的思想牢笼，冲破固执己见的思想牢笼！总之，让他们养成善于质疑、勇于否定、独立思考、积极创新的治学方法和人生态度。从解题时的独特方法到作文时的新颖构思，从独当一面地开展班干部工作到积极参与各类课余科技小制作、小发明活动……只要学生具备了创造性思维的习惯，其创造能力锻炼的机会是无处不在无时不有的。

程桦：让思想飞翔

多才多艺的少年

1985年春天，我班上转学来了一个男生，名叫程桦。

也许是刚到一个新的环境还不太适应，程桦给我和同学们的印象是不太爱说话，性格似乎有些内向。但他的学习却十分优秀。他交来的第一次作业翻译《愚公移山》就让我刮目相看：且不说那准确生动的文笔让人不相信这是出自一位初一学生之手，单是看那印刷体一般美观的书写就使人赏心悦目！

“这位新同学写的字就像钢笔字帖一样！”班上的同学议论纷纷。虽然程桦现在还谈不上有什么好朋友，但在同学们看来，他无疑是一位优秀学生。

随着时间的推移，程桦各方面的才能逐渐显露了出来：绘画、书法、作文、朗诵、表演……其中最让人羡慕的，是他拉得一手漂亮的小提琴。

现在的中小学生擅长一两样乐器，当然不算什么稀罕。但在20世纪80年代中期，像程桦这样有“艺术特长”的学生的确少见。于是不但本班同学十分敬佩他，甚至在外班，程桦都颇有些“知名度”。

其实，程桦的家庭是很普通的。父母都是长期在边远山区工作的中学教师，程桦也随父母长期生活在相对闭塞的少数民族地区。现在，他父母深感当地的教育不能满足程桦的成长，于是依靠程桦姑姑在乐山一中工作的关系，才把他转到了这所省重点中学。

于是，12岁的程桦便开始了自己半独立的生活。平时他寄住于姑姑在学校分的一间简陋的小木板房，日常生活当然有姑姑照顾；但有时姑姑要回自己的家——乐山师专，这样程桦就得自己照顾自己。

无论在什么样的情况下，每天傍晚，在学校那间小木房里，总是准时飘出悠扬的小提琴声——那是程桦在练琴。

我毫不掩饰自己对这位学生的喜爱，但这种喜爱并非宠爱，而是一种精心雕琢的欲望。这种欲望使我细心观察并认真分析了程桦现在的优势和不足：他天赋较高，反应很敏捷，对知识的接受能力很强；比起同龄人，他有着较强的自我控制能力；而且他身上保持着十分纯朴的本色，没有一般优秀学生的矜持和傲气。但是，他的不足也是明显的——可能是由于长期生活在边远落后的地区，他的思维不够开阔，知识面相对较窄，比起他扎实的知识基础，他的能力特别是创造能力明显较弱。显然，仅就学习成绩特别是分数而言，程桦当然是一个“尖子生”，然而，作为未来社会需要的高素质人才，他还有着不小的差距。

但是，程桦无疑是具备成长为高素质人才的潜质的。作为他的老师，我应该让他今后的发展出类拔萃。我也有这个信心。

我从谈心入手。于是，在学校操场的环形跑道上，我常常和他一圈又一圈地散步。我们聊天的内容十分广泛：学习、生活、我的学生时代甚至童年趣事、他的志趣和理想，也包括当时国内外的热门话题，比如中曾根访华、“挑战者”号失事、夏时制的利弊、步鑫生的沉浮……在这一次次平等愉悦的谈心过程中，我不知不觉走进了他的心灵，他也由衷地把我当作最尊敬也最信赖的师长。

我并没有直接向他大谈“志向”“能力”“责任感”之类的字眼，我只是努力通过我们之间的心灵交流把他的视野引向一个个广阔的空间。

除了谈心，还有推荐书籍。程桦特别爱看书，于是，几年间，他陆续从我的书架上借走了《马克思的青年时代》《周恩来传略》《徐悲鸿一生》《历史在这里沉思》《傅雷家书》《超越自我》《长征：前所未闻的故事》《将军决战岂止在战场》《第三次浪潮》……

渐渐地，他对集体活动和班级事务热心起来，并有意识地锻炼自己各方面的能力。他第一次崭露头角是在我班为纪念鲁迅先生逝世50周年而举办的“思想节”上，程桦扮演马克思发表热情洋溢的演讲。

“各位先生、各位女士，你们好！”虽然是模拟讲演，但由于程桦事前准备充分，再加上他的表演才能，因此程桦一出场，他颇有风度的演说便吸引了同学们。“马克思”谈到了对中国的敬仰：“我终于来到了中国，这是我一百多年前就向往、关注的东方文明古国。”他谈到少年时代的立志：“17岁时，我曾在一篇作文中写道：如果我们选择了最能为人类福利而劳动的职业，我们就不会被它的重负所压倒，因为这是为全人类所做的牺牲；那时，我们感到的将不是一点点自私而可怜的欢乐，我们的幸福将属于千百万人！我们的事业并不显赫一时，但将永远存在；面对我们的骨灰，高尚的人们将洒下热泪！”他谈到了马克思主义的发展：“我十分高兴地看到，以毛泽东为代表的中国共产党人在实践中丰富发展了我的学说，在中国这块多灾多难而又充满光荣的土地上建立了真正属于劳动人民的共产主义政权。特别是在最近几年，以邓小平为代表的新一代中国共产党人，在改革的伟大实践中为社会主义事业注入了更蓬勃的生机！”最后，“马克思”以一段气势磅礴的话结束了演说：“当然，在共产主义运动的前进路上，也许还会有曲折和困难，但不管怎样，我仍然坚信：共产主义革命必将胜利。在这场革命中，无产者失去的只是锁链，他们获得的，将是整个世界！全世界无产者，联合起来！”

也许从讲演技巧的角度看，这段演说还略显幼稚和生硬，但如果我们知道程桦此刻还只是个 13 岁的初二学生，我们就不得不佩服他的勇气了。作为他的班主任，我更赞赏他在准备时的认真态度：仅仅为了这段不太长的演说，他硬是半懂不懂地读了好几遍《共产党宣言》和《青年在选择职业时的考虑》。无疑，通过参加这样的活动，程桦所得到的能力锻炼和思想提高是相当大的。

又一届班委改选了。我鼓励程桦竞争班长。结果在四位竞选者中，程桦当选班长。

班长的就职演说

为了进一步锻炼两位班长的能力，同时为了调动全班同学参与班级建设的积极性，我决定在班上搞一次“做班级主人”的主题班会，让程桦发表“就职演说”，并主持“模拟记者招待会”。

班会之前，我对他进行了一些组织能力和应变能力的指导，特别告诫他不要紧张，面对各种问题，怎么想就怎么答。实在回答不出也不要紧，说声“很抱歉，请允许我以后回答你”就行了。反正都是自己的同学。

于是，这次班会就以程桦别开生面的“就职演说”拉开了序幕……

“我既然自荐当班长，就一定能尽力当好。请同学们相信我，并拥护我！”在程桦自信地做完“就职演说”之后，他紧接着宣布道，“现在，由我主持‘记者招待会’，在座的同学都是‘记者’。欢迎大家就班级事务广泛提问，我将尽力答复。”

第一个“记者”问道：“我是《未来日报》的记者。首先祝贺你就任班长。请问，你上任后做的第一件事是什么？”

程桦答道：“我做的第一件事情，既不是督促大家学习，也不是批评不守纪律的同学，而是设法发挥全班每位同学关心集体的积极性。比如，我准备在班上搞一次评选‘全班之最’的活动，选‘最真诚的同学’‘最热心的同学’‘劳动最踏实的同学’‘做值日最负责的同学’等，通过评选，让每位同学发现自己的长处，激发同学们关心班集体的热情。”

一位女同学问：“你对同学们有什么希望吗？”

程桦答：“希望同学们多给我提意见和建议！”

同学们的掌声刚落，一位男同学站了起来：“对你自荐当班长的精神，我极为钦佩。请问，将来你有没有胆量自荐当国家主席？”

程桦显然对这个问题没有思想准备，但他略加思考，便朗声回答：“我有这个胆量！不过，仅有胆量是不行的。照我现在的样子，若当上国家主席，一定会把国家搞糟。”同学们发出一阵笑声。“但是，只要以后我的思想、知识、能力达到了国家主席的水平，而又有这么一个机会，我想我一定敢自荐当国家主席！”

又一个同学发问了：“请问，你的家长支持你自荐当班长吗？”

“我的父母不在乐山市，”程桦回答，“但我相信他们知道此事后一定会支持我的。因为我爸爸妈妈一向教育我不仅要勤奋学习，而且要关心集体，培养能力。”

教室里又响起了一阵掌声。

“记者招待会”的气氛越来越热烈，同学们的提问越来越多，程桦也越来越从容自如。教室里不断响起朗朗的笑声和热烈的掌声。在半小时之内，三十多位同学提出了四十多个问题。下课铃响了，我想给程桦出个难题，试试他的应变能力。

“作为你的班主任，请允许我也问一个问题，你自荐当班长，有没有名利思想？请说实话。”

十几秒钟的沉默之后，程桦从容回答：“可以说没有，也可以说有。对于我个人来说，是不存在任何名利思想的，因为我只想为大家服务。但是，既然是为集体服务，我就应通过自己的工作争集体之名，图集体之利。这就是我的‘名利思想’。”

哗！程桦的妙语激起了空前热烈的掌声。

日本市川市市长高桥国雄一行将到乐山一中参观访问的消息，使学校一下子开始了紧张的迎宾准备工作。我却产生了一个大胆的想法。

我找到程桦和几个同学：“你们能不能在高桥国雄来访时，主动采访采访他？一来是为了锻炼一下自己，二来让日本人看看我们中国中学生的形象。”

程桦等同学当即便答应了，而且还兴奋得跳了起来。

到了采访那天，小“记者”们友好而勇敢地向高桥市长频频发问：“请问高桥先生，对我们学校印象如何？”“请问，贵国中学生教育开了哪些课程？”“贵国中学生最感兴趣的是什么？”“请问，贵国是怎样对中学生进行思想教育的？”……高桥先生看来对孩子们的采访很感兴趣，从容而风趣地回答着各种提问。

规定时间到了。程桦鼓起勇气提了一个事先对“上级审查”隐瞒的问题：“请问高桥先生，贵国是怎样对你们中学生讲日本侵华战争的？”

高桥国雄稍稍顿了一下，随即便十分和蔼而坦率地答道：“我们一般还没对中学生讲这些。不过，我们总是教育我们的青少年学生要热爱世界和平、维护日中友谊。”市长还笑盈盈地拍了拍程桦的肩膀，显然不认为这是一个“不友好”甚至“影响中日人民世世代代友好”的提问。

但程桦却“固执”而天真地向高桥国雄提出：“请市长先生回国后代中国中学生向贵国政府建议，教育日本青少年全面正确地认识历史，珍视中日友好关系。”

应该说，程桦的采访是相当成功而得体的。

作文大赛第一名

临近初三毕业之际，程桦代表学校参加了乐山市中学生现场作文比赛。

这次作文比赛的题目是临场抽签决定。初中的题目有三个：《笑后的思索》《生活中美丽的一瞬》和《从夏时制说起》。程桦的运气似乎不太好，他抽中了《从夏时制说起》，题目要求写议论文，而且重在“说起”，即展开联想，通过发散性思维发表议论。这对初中学生来说是比较困难的。但程桦在有限的时间内，充分调动自己的思想积累和表达能力，写了一篇令后来的评卷老师拍案叫好的佳作。

文章以驳论的方式一开始就展示出对“夏时制”持不同意见者发出的种种言论，（“现在简直什么都跟外国学！”“就是，连时间也……唉！”“中国有中国的时间，外国有外国的时间，为什么连时间都要跟着别人学？”）接着对这些概念不清、观点糊涂的言论进行分析论辩。

诚然，这“夏时制”确实为“外国引进”，但这时间却怎么分“中国的”“外国的”？正如天上的月亮，中国境内人说是中国的，外国境内看着的人又说是他们的。然而不管怎样，那天上却只有这么一轮月亮。时间也如此，不管怎么争，时间，却也是地球上的时间，大家都在过的时间，从何谈起“中国的”“外国的”？

接下来，程桦紧扣“引进”二字大做文章。

中国和外国，都同生活在这个世界上，这天底下。为了生活得更好，各自想了些好主意。有时中国有的，外国没有；有时外国有的，中国又没有。如指南针、火药，外国不是稳稳当当地学去了吗？那么，外国好的，我们为什么又不能学呢？

程桦进而剖析这种盲目排外的历史根源，指出这是一种自鸦片战争以后中国人吃够外国人的亏而引起的变态心理的反映。

从什么时候开始由这种怕“外国的”，而产生盲目排外思想的？大概是从那“鸦片战争”开始的吧！外国人说的是让我们享受“西方文明”，却让我们享受了鸦片、炮火、军队的滋味。大概从那时起，我们民族有个普遍心理现象：啊呀呀，不得了，那、那是外国的！“外国的”是瘟疫！

最后程桦站在清醒的中国人的立场论述道：

我们是中国人，因而也要有自己的脑袋，要用它来辨别什么是好，什么是坏。中国的东西有好有坏，外国的东西也有好有坏，我们都要分出好坏，然后留下好的，去掉坏的。这留下的，也就势必有中国的，也有外国的，我们都应该充分占有和利用。特别是当前，世界科技发展神速，倘若坚持“外国的不用”，恐怕哪年又要被别人，被我们蔑视的“外国人”欺侮了！

这篇文章一举夺得那次作文大赛一等奖的第一名。

我这里不厌其烦地评述程桦的获奖作文，并不是因为我也是那次作文比赛的优秀指导奖的获得者，而是这篇作文反映出程桦在我的影响下，思维已比较敏锐活跃，思考比过去严密周到，思想也开始犀利深刻起来。这正是我所期待的。

两年之后，已是高二学生的程桦受学校委托主办了一期纪念国庆38周年的专栏，又在全校引起了反响。

一位高三学生说：“这期板报内容别具一格，不落俗套，很有新意！”

一位语文老师说：“这是我在学校任教二十多年来看到的最好的一期学生板报！”

然而，也有个别人提出了非难：“国庆板报怎么能这样办呢？”“这些学生的思想太片面、太偏激！”

所谓“国庆板报怎么能这样办呢”，是因为这期板报没有像以前的“庆祝专栏”一样，摘抄几句“从井冈山上的星星之火到天安门城楼上的盏盏红灯”之类的“诗歌”，也没有堆砌一些“建国以来”或“三中全会以来”的“伟大成就”，而是以“热爱祖国风华正茂，关心改革激扬文字”为通栏标题，登出了一组论国是、话改革的议论文——《让我们连接历史与未来》《血泪国耻不能忘》《评电影〈T省的八四、八五年〉》……程桦还特意在《写在前面》中告诉读者：“对共和国母亲生日的庆贺，莫过于对祖国命运的思考和对改革事业的关心。”

所谓“这些学生思想太片面、太偏激”主要是针对板报中程桦《血泪国耻不能忘》一文而言。程桦在文章中对当前的中日关系发表了自己的看法，对“我国领导人邀请三千日本青年访华，而日本方面仅邀请五百中国青年访日”“东芝事件”“日本企图做政治大国”等问题提出了批评，认为“中日友好不能忘记历史”“越是在共和国生日的时候，越要居安思危，想一想我们母亲所遭受过的耻辱”。应该说，作者善于独立思考，勇于说真话，热爱祖国的精神是难能可贵的。

但是，板报仅存在了10天，就被强行擦掉了。

又是一个黄昏，我和程桦漫步校园。我对他说：“不要灰心，你肯定没错。你应该豁达些，表现出男子汉应有的气度。”并告诉他应该怎样对待复杂的社会，同时勉励他在成长的道路上一定要有坚韧不拔的精神。

我期待着程桦走向成熟。

我大喝一声：“程桦！站起来！”

然而，他毕竟是个孩子，考上高中时也不过14岁。他当然也有着这个年龄男孩子顽皮、活泼甚至倔强、任性的特点。

高一时，我继续担任他的班主任和语文老师。开学不久，就发生了一件让我和他的父母头疼的事。

他的父母已在一年前调到乐山一中。在一个星期六的夜里，大概已经十一二点了吧，他的母亲焦急万分地叩开了我的寝室门："李老师，程桦他……他……他出走了！"

我一惊，连忙随她赶到程桦的家。原来，这天傍晚在饭桌上，他母亲不停地告诫他"要专心学习""不要分散精力""特别要注意和女同学的交往"等，说得程桦心烦，总觉得母亲不信任自己，就和母亲顶了起来，父亲见状，便骂了他几句。程桦一气之下，丢下还没吃完的饭，便冲出了家门。

现在已是深夜，程桦还没回来，他父母当然心急如焚。

我寻思，程桦是个有头脑的人，又是男孩子，估计不会出什么大事。便安慰他父母，并同他们聊了起来。我问程桦最近在家的表现，他父母告诉我，最近一段时间，程桦脾气特别犟，逆反心理很重，不像原来那么温顺听话了。

我问："你们嘱咐他要特别注意和女同学的交往，是不是发现他在这方面有什么不好的迹象了？"

"不是。"他母亲说，"我们纯粹是一种担心。现在社会复杂，我们是怕他在外面学坏了啊！"

我说："这样说他，他肯定感到委屈。程桦现在这个年龄正是处于一个心理发展很关键的阶段。既不可能脱离父母，又处处想独立自主；既渴望找到知心朋友，又对大人们处处防范；自我意识特别强，自尊心也特别重；受不得半点冤枉和委屈……因此我们以后对程桦的教育应更加细致耐心才是。"

程桦一直没回来，于是我和他父母一起出去找——虽然明知不一定能找到。我们先在校园里的每一个角落里呼喊，后来又进入教学大楼，一间教室一间教室地搜寻。结果，在一间教室的门背后把程桦找到了……

第二天，我与程桦整整谈了一个下午，虽然他口头上承认自己错了，并答应向父母道歉，而且保证今后不再出走，但我感觉得到，他是出于对我的尊重或者说怕伤了我和他的感情才这样表态的，而内心深处并没有真正想通。

从程桦在班上的表现来看，他的成长也的确进入了一个"多事之秋"：上课特别爱说话，常常被老师批评；下课更是无比活跃，有一次在教学区内踢足球，竟把教室玻璃窗砸碎了（当然，他事后主动来找我认错）；学习也不如以前抓得那么紧了，作业也开始有敷衍的时候；最让我着急的，是不管他是否意识到，反正至少客观上他开始给人一种骄傲的印象。

我也感到程桦不如过去那么“纯”甚至有点“油”了。

本来，就程桦的智力、能力来说，他似乎有骄傲的资本：从小到大几乎都是在老师的赞扬和同学的羡慕中成长，可谓“一路顺风”；而且他即使保持目前的状况，以他的学习基础而言，应该说两年后他也可以考上一所重点大学。但是，那很可能不过是一个平庸的大学生而已，绝不是程桦发展的最佳境界。

正在我和他的父母担心的时候，程桦的半期考试一下跌落到了班上第24名——要知道，从我教他以来，他的学习成绩从来都是班上乃至年级前3名啊！

半期考试后的一次全校集会，我班的纪律不错，可程桦居然坐在自己的位置上又说又笑；我给他递了好几次眼色，可不知是他没看见还是看见了不理睬我的提醒，反正他依然谈笑风生！我一怒之下，大喝一声：

“程桦！站起来！”

他一愣，随即狡辩道：“我又没有违反纪律！”

我更加怒火中烧：“我叫你站起来！”

他不吱声了，可一动不动，丝毫没有要站起来的意思。

我一气之下，走到他的旁边，一把把他拖了出去，让他站在过道边！

于是，在全校一千多师生的众目睽睽之下，程桦以这种方式被“亮相”了。

曾被人誉为“神童”的程桦，什么时候受过如此“奇耻大辱”，果然，全校集会一结束，我刚准备和他谈一谈的时候，他便和我大吵大闹起来，什么“我并没有违反纪律”呀，什么“你冤枉了我”呀，什么“你成心让我出丑”呀，等等。

见他情绪激动，我知道是谈不出什么结果的，便对他说过几天再谈。他却倔强地说：“没什么好谈的！”

那几天，我也在冷静反思我对他的教育。说实话，就一般教育原则来讲，我强硬地把他拉起来在大庭广众之下“示众”，的确有些过火（当时我也在气愤之中，未能控制住自己）；但是，对程桦这样的“尖子生”，我以为这是一种“歪打正着”的“受挫教育”。试想一下，如果程桦在成长过程中，连一点委屈都不曾受过，连一次“打击”都不曾有过，他将会形成怎样脆弱的心理素质和畸形的人格形象？那才是真正令人担忧的呢！

我决定利用这次冲突，和他进行一次认认真真的心灵交流。几天后，我把他请到我的家里……

当时谈心的具体细节我已记不清了，但基本的谈话要点，我至今没忘。

我和他谈起了我的中学时代。我读高中时，成绩很好，尤其是写作拔尖，因此深得老师们的喜爱，我的班主任张老师对我甚至可以说是“偏爱”：不但在学习上对我很关心，连生活上对我也特别关照（那时我住校，她甚至还帮我缝被子）。也许是听表扬听多了，也许我真以为自己多么了不起，总之我渐渐得意忘形起来。有一次我借口开玩笑，居然嘲笑班上一个年龄较大、成绩不好的农村同学，当面对他说：“你反正都学不好，还是回家去安度晚年吧！”结果在班会课上，我被张老师骂得“狗血喷头”：“李镇西！你简直被我惯坏了！你连自己姓什么都忘了！你有什么资格嘲笑自己的同学？你不就是有个城镇户口吗？你不就是考试成绩多那么几分吗……”当时我感到无地自容，觉得张老师太绝情。但现在想起来，张老师那是对我的真正关心与帮助，因为从那以后，我随时都提醒自己不要自我感觉太好。

我还给他算了一笔账：在全国，并不是所有适龄儿童都能读上书，换句话说，小学毕业的人也只是同龄人中的一部分（虽然是大部分）；而在这一部分人中，并非人人都能够读上初中，也就是说，读上初中的也只是一部分人；再看，现在全国远远还未普及高中，那么，能够读上高中的人，在同龄人中所占的比例就更小了；而能够读上像乐山一中这样的省级重点高中的人更是少数；在已经读上重点高中的同学中，像程桦这样的拔尖学生也是极少数——这样一算，程桦这样的学生，无疑是处在同龄人的金字塔尖！那么，这类学生在比同龄人享受更多荣誉的同时，实际上也就肩负有更沉重的使命！如果我们国家的这少数学生，都没有理想或对自己要求不高，那我们的民族真的就没有什么前途可言了！（我记得当时说到这里，我很激动，程桦的表情也十分真诚严肃）由此看来，包括老师和家长在内的教育者，对这些同学的要求高一些严一些，不是很自然很应该的吗？为什么得不到理解呢？

超越自我，超越名人

我和他谈得最多的，是“超越自我”这个话题。我列举了许多杰出人物的事迹后说，古今中外一切有作为的人，无一不是在青少年时代便比同龄人更加成熟。这个“成熟”，一方面是指目光远大，富于理想；另一方面则是表现在能够自己同自己的弱点做痛苦而顽强的斗争，所谓“战胜自我”就是这个意思。孟子说：“天将降大任于是人也，必先苦其心志，劳其筋骨，饿其体肤，空乏其身……”意思是身处逆境，能够锻造一个人的巨人品格，能够造就一个时代英雄。但是处于丰衣足食的和平时期，青少年哪里去找“苦其心志，劳其筋骨，饿其体肤”的机会呢？我认为，这就只有靠“自己与自己过不去”，在“战胜自我”中超越自我！如果“顺其天性”，我们好像不是不可以放纵一下，不是不可以懈怠一下，甚至好像“潇洒走一回”“游戏人生”都是可以理解的。“但是——程桦，你应随时提醒自己，别人可以这样，我不可以，因为我今后是要干一番大事业的人！这是李老师对你的希望，也是你父母对你的希望，更是我们的国家对像你这样的学生的希望啊！”

这以后，程桦的发展当然也有过反复和曲折，但总的趋势是良好的。特别让我欣慰的是，程桦的思想之翼在重新起飞后，变得更加矫健；他富于个性的思想在继续飞翔：《血的证言和泪的反思》《读〈神圣忧思录〉有感》《对教育投资的担忧》《做平凡岗位上的伟人》……一篇篇文章闪烁着思想的火花，令我和同学们赞赏。

他又参加了一次作文大赛，但这次他敏锐的思想却没能使他获奖。（作者记忆有误，见文后附《程桦来信》）这次的题目是“写在郭沫若的故乡”。面对题目，程桦再一次让自己的思想展翅飞翔——

“郭沫若无疑是我们故乡的骄傲，但是，作为他的家乡人和后辈，一味拜倒在郭沫若的脚下而仰视巨人，是没有出息的。只有勇于超越前人的民族才是有活力也是有希望的民族。因此，今天我们对郭沫若最好的纪念，莫过于以郭沫若不迷信权威的创造精神，超越郭沫若！”

听说评奖时，这篇文章引起争议：多数评委对程桦的思想观点极为赞赏，但个别人却认为：“这娃儿太狂了！”总之，在我的印象中，最后我好像没有得到程桦获奖的消息。

然而，令我欣喜的是，程桦仍然执着地以“超越郭沫若”的精神奋然前行。

从高一下期起，他的学习成绩再次名列年级前茅；到了高二，他担任了班上的学习委员；到了高二下期，他当选为学校团委副书记，并被评为市级三好学生；最后，到了高三毕业的 1990 年，他因品学兼优而被北京大学免试录取。大学本科毕业时，他又因发展全面、成绩优异而保送读本校研究生，专攻美国经济。

1997 年春节，程桦携女友来看我，送我一本书：《微软的秘密》。我翻开扉页，上面赫然印着：翻译程化等人。

——当年的“程桦”现已更名“程化”了。

附：程桦来信

说明：本文写好后我寄给程桦，请他看看，以核实一下事实。很快，我便接到他的回信。

亲爱的李老师：

您好！

我是在三天前收到您的来信的。由于这几天忙于找工作，所以回信晚了一些。

关于我当前的一些情况后面再说吧。首先我想感谢李老师多年来对我的教育，您对我的那些教育和培养将使我受益终身。我看了您寄来的稿子，仿佛又回到了中学时代，一切都仿佛发生在昨天，使人感叹光阴的飞逝。

稿子中有几个地方不太准确：

一、我转学到乐山一中的时间是1985年秋（1985.9）。

二、《写在郭沫若的故乡》一文最终还是获得了“乐山市沫若杯中学生作文大赛”一等奖第一名，当时《乐山日报》登出过获奖名单，而不是“没有获奖”。

三、高二下期，我当选为学校学生会副主席兼团委宣传部部长，而非“团委副书记”。

不太确切的地方大概就是这么几处。

另外，我觉得您对我影响很大的几件小事，您并没有写出来。

一、刚转学来时，第一次的作业本上您写了“欢迎您，程桦同学！以后有什么困难尽管找我”。这让我感到了很大的温暖和鼓舞。可以说，以后对您的尊敬都是从作业本上这个句子开始的。

二、有一次班上写作文，好像是可以缩写课文《奇特的激光》，也可以写幻想激光在未来的用途。我写了缩写课文这个题目，得分不低。但是，您后来找到我，告诉我说，全班除了我，所有的同学都选写的是幻想的题目，并告诉我应该加强对自己想象力和创造力的培养。这件事对我震动很大，从此我开始有意识地培养自己的创造力。

三、我当了文学社社长之后，大概是初三前的那个夏天，我一篇作品也没有写。其实我是想写的，就是拖拖拉拉的坏习惯使我迟迟动不了笔。您知道后批评了我，并且告诫我应该养成雷厉风行的作风。直到现在，当我想偷懒时，我都会想到这件事情。从那以后，我一直在努力做到办事不拖拉。我很高兴的是，现在我办事已经完全不拖拉了。不过有一点不好的是，事情似乎有点过头了——我现在是班上较有名的急性子之一。

我想说的是，也许李老师没有特别意识到这几件小事对我的影响，也许您已经忘了它们，但是，它们对我的影响确实是深刻的。

至于我现在的情况，我想有那么几点可以证明李老师当年对我的培养和教育并没有白费功夫。

一、我研究生期间成绩是班上第一名。

二、研究生期间，我担任了北京大学经济学院研究生会副主席，并主持开办了“知识女性”“中国企业家精神”等讲座，效果不错。

三、我已入党，本月中旬即将转正。

现在，我正在找工作。我找工作的目标当然首先是想留在北京。在北京这几年，我深深感到了首都作为我国政治、经济、文化中心在我未来生活中的重要地位和影响。由于我今后的目标是要在信息行业中图发展，所以，占据这个地利是非常必要的。目前找工作刚刚开始不久，因此没有什么特别明确的消息。以后如果有了，我一定会告诉您。另外，您对我的择业有什么建议和想法，我也非常愿意听。

就写到这儿吧！

代问万老师和晴雁好！晴雁一定长得更漂亮了！

顺祝

李老师全家新年快乐！

学生：程化

1997 年 12 月 11 日

再附：

程桦现在是自己开公司，他在联想公司工作时，经常到台湾等地考察软件业务，和那里的软件业巨头谈什么他都不发怵，他说“这都是上学时李老师无数次把我推到台上给练出来的”。

（2006 年 12 月补记）

王铜：男子汉的追求！

第一天就被“请”到了校办公室

高一新生开学第一天，我正在办公室清理新生刚刚交上来的报名单，黄金涛同学就急匆匆地闯进来：“李老师，不好了！王铜被政教处抓去了！”我一惊，赶忙向政教处奔去。

远远地就听到政教处办公室传来主任气愤至极的尖厉叱责：“处分！一定要给处分！学校哪能容忍这样的学生！简直连起码的规矩都不懂了！你难道真的不晓得后果吗？真的要把人杀死了，你才晓得好歹吗？……”

我推开门，政教主任的脸涨得通红，而站立一旁的王铜居然满脸不屑，歪着头斜视主任一眼，那挑衅的眼神仿佛在说：你有什么了不起！你能把我怎样！

这是一个个子高大而且浑身都洋溢着过剩精力和倔强傲气的顽童形象。

原来，刚才政教主任巡视各班情况时，刚走到高一（1）班门口，就感到眼前寒光一闪，随即当的一声，一把匕首从身边飞过，颤巍巍地扎到教室门上方的横梁上！

于是，政教主任就把王铜“请”到了办公室……

虽然是新生开学第一天，但我对王铜却已相当熟悉。他初中便在本校就读，早已小有名气：一是因为他智商较高，成绩拔尖；二是因为他相当顽皮，常常违反纪律，有时还桀骜不驯，令人十分头疼。

显然，这是一个十分有个性的学生。而初次见面，他就以这种方式给了我一个十分有个性的“见面礼”。

教学区里甩飞刀，这行为当然十分恶劣，也十分危险，因此我完全理解政教主任要给处分的决定；但是，从长远的教育看，处分不但太简单化，而且会给王铜今后的成长道路设下障碍，也会给我的教育蒙上阴影。当然不是因为王铜成绩拔尖，我们就迁就他；但是，对于有个性的学生，我们只能采用符合他个性的方式来教育、引导。

基于这个思考，我建议政教处暂缓处分，“冷处理”一段时间再说。

一番十分勉强的谈心，他十分勉强地承认了自己的不对，然后又十分勉强地到政教处认了错，此事就暂且了结了。

我当然知道这一连串的“十分勉强”并没有使教育深入其内心，但他毕竟低下了倔强的头认错了，这对他来说是相当不容易的。更何况，我对他的教育才刚刚开始呢！

公然向集体挑衅

开学不久，我就明显感到，他并不因我为他解脱了处分而对我有丝毫的好感，相反，他几乎处处与我作对，仿佛我早就和他结下了不解之仇。

在第一次班会课上，我和学生们一起制订班规。我建议，为了保证大家的身体健康，以后每天放学后，我班集体长跑 800 米。学生们都表示赞成。可这时，王铜居然叫了起来：“不跑！就不跑！反正我不跑！”

同学们都惊愕地把目光投向他，我则尽量捺着性子问道：“王铜同学有什么不同意见吗？”

“我不想跑！”仍然是硬邦邦的吼叫。

我有点火了，但仍然没有发怒：“那，总要说个理由嘛！”

“没有理由，就是不想跑！”

我终于勃然大怒：“是这个集体的人，就得服从集体的决定！”

他瞪了我一眼，还想说什么，但终于没有说，只是在鼻子里重重地哼了一声……

第二天下午，班里正式开始集体长跑，一清人数，只差王铜！

这是公然向集体挑衅！我当然把王铜找来狠狠批评了一顿，但他强词夺理：“长跑不就是为了健康吗？我身体本来就健康，没必要长跑！”

我只好说：“那好，明天请你家长来一趟，如果你家长说王铜可以不遵守集体的意志，我以后一切都随你的便！”

他一听“请家长”，立刻软下来了：“那就算了嘛！跑就跑嘛！”他大概觉得顶撞我确实让我生气了，便又笑嘻嘻地对我说：“我，对您说话不够礼貌，望您多包涵。大人不记小人过嘛！嘻嘻！”

我当然知道，“请家长”是教育者最无奈也最无能的表现。但对王铜我竟确实有些束手无策了！

不久，在一次语文课上，他又一次和我发生了冲突。

讲完《雨中登泰山》，我便布置学生利用星期天的时间，和爸爸妈妈一起到公园游玩，然后完成一篇写景作文。为了让家长配合，我便口授了一封给家长们的信，我一边说，学生们一边记录。然而，就在学生们紧张记录的时候，王铜居然跷着二郎腿（这是他上课的一贯造型）在座位上摆弄他的什么小玩具！

我不得不停下来，批评他：“王铜，请拿起笔，认真记录！”

“我记下来了！”他坦然回答道。

我一惊：他明明根本没动笔嘛！便问：“你记在什么地方的，给我看看好吗？”

他用手指指脑袋：“我记性好，记在这里边了！”

学生们一阵哄堂大笑……

我对他自然又是一阵声色俱厉的“臭骂”。

同学称他为“持不同政见者”

恰好那堂课结束后，就是为校庆照全班集体相。我将大家编好队，然后反复告诫学生：“注意，按快门的时候，大家一定要同时笑——也不能笑得太过分了，总之要自然。”

这时，站在最后一排的王铜突然向我走来。刚才上课他太让我生气了，我现在看见他就烦，便没好气地问他：“你又要干什么了？”

他竟然很认真地对我说：“李老师，你对大家说，叫大家在按快门的时候，一起说‘茄——子’，这样照出来的效果一定会很好。”他说这话的时候，一脸的真诚，不，甚至是无邪的天真！

我一下子竟有些感动：他毕竟还是个不失纯朴的孩子啊！

后来在我们那张齐声“茄——子”的合影上，所有人果然笑得很整齐，也很“自然”。

其实，现在回忆起来，即使是在王铜最“浑蛋”的时候，他让我感动的时候也不止一回。

有一次，我谈到社会风气不好时，教育学生们应该具有一种正气，并说现在患“软骨病”的男人太多，因而真正的男子汉太少了。当时学生们都听得很认真，连王铜也很专注地凝视着我。

第二天早晨，王铜一跨进教室，便递给我一张报纸：“李老师，您给同学们读读这篇文章吧！”我一看标题：《正义呼唤男子汉！》我心里一热：看来昨天我的一番话真正打动了王铜的心灵！

于是，我在班上读了这篇充满正气的文章，并特意说明这是王铜推荐的。

从这件事上，我窥见了王铜心灵深处正直的萌芽：他愿意成长为一名真正的男子汉。不过，从他的表现来看，他对男子汉的理解可能太肤浅也太片面了：以为粗鲁、不受约束、敢于顶撞就是“男子汉”。

当然，遗憾的是，王铜这样的思想火花，太少了。

更多的时候，是王铜和我也和班集体的碰撞：几乎天天迟到；除数理化课程之外，其他课差不多都睡觉（尤其是政治课，有一次鼾声大作以至压倒了老师讲课的声音）；也有上课不睡觉的时候，那多半是在和其他学生谈笑甚至打闹；仅就语文作业不交，就被我多次批评……

他特别爱发出一些“奇谈怪论”，而且常常和我顶撞，因此，班上同学都称他为“持不同政见者”。

说实话，有时他与我强词夺理时，我真恨不得扇他一耳光！

“非常感谢李老师朋友般的理解”

但是，静下心来一想，他又和一般的“捣蛋大王”不同。首先，他对数理化，特别是对物理学习有着浓厚的兴趣，也就是说，他有着较强的求知欲（虽然他相当偏科）；其次，虽然常常与集体作对，但也有一定的集体荣誉感，比如在运动会上他主动报名参赛，而且取得了较好成绩；第三，他心胸很宽阔，不管我怎样批评他，他从不往心上记；第四，他讲义气，而且这种义气有时甚至表现为正气，比如有一次他看见一个初一同学被初三学生欺负，他走过去就给那个初三学生一耳光。

显然，他是具备成为品学兼优学生的良好潜质的。问题在于，他不愿受任何纪律约束（所以常常无视班规校纪），一切都凭自己的兴趣（所以只愿意在自己感兴趣的学科上下功夫）。

他的独特性正在这里：既不是痞子似的“差生”（因为他学习成绩不错，而且毕竟还有一定的正义感），也不是一般意义上的“优生”（因为他行为习惯实在太令人头疼）。如果引导得好，他将出类拔萃；如果顺其自然，他将很难成才，甚至对社会起副作用。既要适应其个性，又要让他懂得遵循必要的规章制度；既要鼓励他在某些学科上拔尖，又要引导他全面发展——这对我来说，真不是一件容易的事，但个性教育的意义以及乐趣也正在于此！

高一结束时，我给他的评语是这样写的：

毋庸讳言，在高一年级你犯的错误不少，常挨批评，但你身上的优点仍然是引人注目的：关心热爱集体，并以自己的体育特长为班争光，有一定的正义感（前次为我推荐一篇呼唤男子汉的文章就是证明）；虽有时与我顶撞，但过后能认识错误，并不记恨老师，还反过来安慰余怒未消的我“大人不记小人过”……你最大的弱点是至今很不成熟：把纪律当成是对自己的约束而未把它当成是自己的规范，学习凭兴趣而不是凭志向。不能说你不是聪明的，但我担心，你老不成熟，很可能“聪明一时，糊涂一世”。我多么希望你能以自己的行动来证明李老师的担心纯属杞人忧天啊！

其实，反思我的教育，也不是没有教训和失误的。其中，最大的教训就是，整整一年，我和王铜还没有建立起像我和黄金涛那种彼此信任的感情；其次，我对他批评责备过多，这也使他和我存有抵触情绪；另外，对他的学科成绩我仍然是一刀切地要求全优，这显然不太符合他的实际。

进入高二后，我决定改进方法，真正在王铜身上体现出教育的个性。

开学后，我从分析他的学习成绩入手，找他谈了一次心。按他的智力和学习基础，本来应该在班上获得第一名的，但获得上期第一名的却是班上一个叫陈峥的女同学。“你的主要问题一是学习不够刻苦，二是偏科。”我对他说。

一贯自负的他，居然败在他多少有些瞧不起的女同学手下，他也感到不好意思。在这次谈心过程中，他表达了一种强烈的愿望：一定要在学习成绩上来个飞跃！

“那么，你首先要端正自己的学习态度，首先是遵守课堂纪律。你看人家陈峥是怎样学习的？”我又有意拿陈峥来刺激他。

“还有，不能偏科。”我又说。

听了这话，他表示为难："我对语文等学科不感兴趣，因此以前没学好。现在要让我一时突上去，恐怕有困难。再说，我对物理实在太感兴趣了，忍不住就要把精力往物理上倾斜。"

"这样吧！"我说，"数理化和外语，你必须达到门门优秀，考试成绩必须达到85分以上，物理应该达到90分以上。语文我只要求你不低于75分；政治、地理等其他学科，你不应该低于70分。这样，既有重点，又比较全面。怎么样？"

"太好了！"他高兴地说。

"但是，还有一条，凡有数理化竞赛你都必须给我拿奖！"

"没问题！"他信心十足。

我又说："我知道你爱好田径，爱打篮球，这很好。我支持你，如果愿意的话，我给体育老师说说，让你参加训练。但是，不能因此而影响学习！"

他喜出望外："谢谢李老师！"

在一次作文中，他写到了这次谈话，说是他的一个"新起点"，并"非常感谢李老师朋友般的理解"。

星期六到了，我约上王铜、黄金涛等同学到我家做客——说是"家"，其实就我一个人，因为我爱人孩子还没有到成都。

在我空旷的单身宿舍里，我和一群学生一起包饺子吃，大家海阔天空地神聊一通。此时，王铜一点没有了桀骜不驯的气息，而完全像一个天真可爱又有点调皮的小男孩——他玩扑克牌时输了，便老老实实地按规矩钻了两回桌子！在大家善意的笑声中，他也露出了憨厚的笑容。

我明显地感觉到，王铜正在感情上和我靠拢。

学校分了一套新房子给我。王铜听说后，主动要求帮我搬家。我当然同意了。于是在一个星期天，他一大早就来到我的宿舍。

在卸木床的时候，需要一把锤子，可我却没有。王铜说："我到学校木工房去借！"便飞快地跑了。

等了好久不见他回来。我便前往学校木工房看个究竟，结果远远就看见王铜正低着头站在木工房前，总务主任正在严厉批评他。

原来，王铜来到木工房一看，门是锁着的。于是，他竟用砖头砸开窗子翻了进去。待他提着锤子又从砸坏的窗子往外跳时，恰好被路过此地的总务主任"现场抓获"！

主任听说是我的学生，便说：“好，让李老师好好教育教育！”便走了。走了几步，又回头补了一句：“砸坏的窗子，得赔偿！”

这是一个典型的“王铜式的错误”或者说“王铜式的好事”——为了做好事，竟去干坏事；通过干坏事，来达到做好事。面对王铜闯下的这个祸，我真是哭笑不得！

我当然还是批评了他，他这次终于没有和我顶撞，反而说：“我来负责赔偿吧！”

“这怎么可能呢？你是为我而犯错误的啊！”最终还是我付了有关的赔偿费用。

这件事使我真的很感动，因为我意识到，我已在感情上“征服”了王铜。

出现了“敏感”问题

但很快我就觉察到，王铜的感情却绝不仅仅属于我，他居然“早恋”了！

我是从一次周末晚会时，同学们对王铜的起哄声中发现这一动向的。

那次周末联欢会，我即兴出了个游戏节目：要求同学们都把外套脱下来堆在教室中央，然后把灯关了，让大家去乱抢外套来穿上。等灯重新打开时，学生们互相看着彼此“乱穿衣”的狼狈相，都忍不住把眼泪笑出来了！

在一片欢笑声中，大家对王铜的评价弦外有音：

“耶——王铜如愿以偿！”

“哈哈！王铜肯定是有意选这件漂亮外套穿上的！”

“嘿嘿！王铜，舒服！舒服！”

……

王铜穿的是一件大红的紧身高腰外套，领子上还绣着朵朵色彩绚丽的碎花，这漂亮的外套套在高大魁梧的王铜身上，当然十分滑稽！但是，同学们的起哄似乎更在于这件外套的真正主人。

这是时燕玲的外套。

当时，王铜的尴尬和时燕玲脸上的红晕，便暴露了他俩的所有秘密。

难怪有老师跟我说，常常发现王铜放学后和时燕玲一起在学校外面散步；难怪时燕玲的家长曾给我反映，常常有一个男同学给时燕玲打电话；难怪有一次自习课，王铜竟私自换座位去挨着时燕玲坐；难怪有一次组织看电影，王铜和时燕玲都“请假”……

不能说时燕玲是个坏学生，但她至少也是个糊涂的学生：她的智力显然比不上王铜，因此王铜即使是边玩边学，成绩也不会差到哪里去；可她则不同了，学习老上不去，不能说与王铜的过分交往没有必然联系。

但是，我把王铜找来谈心时，他却根本不承认与时燕玲有那种“特殊关系”；我找时燕玲谈心，她自然也是矢口否认。

一次，我从教学楼前的大厅穿过，一转弯，就看到王铜和时燕玲在不远处的一角神秘地说着什么。王铜突然发现了我，条件反射似的从时燕玲身边跳开，装作也刚好从这里走过的样子。等他走近我了，我只说了一句话：“男子汉敢作敢当。做了的事又不敢承认，算什么男子汉？”

没想到这句话居然击中了他的要害，他不但没顶撞我，而且还羞愧地低下了头。

我决定向全班学生开设题为“健康地跨进青春的门槛”的讲座，一方面正面引导学生们正确对待自己生理心理的微妙变化，另一方面先侧面给王铜和时燕玲敲敲警钟。

讲座是成功的。我把有关心理学的知识自然地融入学生的实际，并结合我中学时代的一些经历，亲切而又严肃地向学生们讲述着关于“早恋”和“爱情”的青春话题。在讲座后写的周记中，不少学生都向我诉说他们的烦恼，并感谢我给了他们及时的帮助。

时燕玲的周记回避了这个敏感的话题。

王铜的周记却第一次向我袒露了他的心迹。他说他很矛盾，一方面觉得“早恋”并不影响自己的学习，而且还可从中获得感情的慰藉；另一方面，还是觉得李老师说的有道理，年纪轻轻的就把精力花在这方面实在不值得。最后，他说“我希望和李老师做一次朋友般的谈心”。

有了讲座和周记的铺垫，我和王铜的谈话就开诚布公得多了。

我问他是不是现在就决心一辈子和时燕玲生活在一起，他奇怪地看了我一眼说，这怎么可能定得下来呢？将来的一切都还是未知数啊！我说，既然如此，你这样下去要达到什么目的呢？你的学习基础好倒问题不大，可时燕玲却被这“感情”害苦了——学习成绩一落千丈！他不说话了。

于是，我把话题引向他最感兴趣的“男子汉”：“我知道你是希望自己成为一个真正的男子汉的，但小小年纪就这么卿卿我我的，算什么男子汉？常言道‘男子汉志在千里’，可你连中学时代这一步都还没跨出去，就陷入了感情的泥潭，还谈什么‘志在千里’啊！王勃诗云：‘无为在歧路，儿女共沾巾。’我想，这‘歧路’也是指人生之路。把宝贵的时间精力花费在很难有什么结果的感情交往上，你这样做，对自己的前途对别人的前途也太不负责了吧！”

那天的谈话很长很长，涉及面也很宽很宽，我谈得很动情，王铜听得也很感动。他后来也承认：“我不过是和她闹着玩的。其实，我还真没有那种感情。”

“那你不就太荒唐了吗？”我批评他。

谈话结束的时候，他提出一个问题：“要我一下子就冷淡她，我恐怕做不到。”

我说：“没叫你冷淡她。都还是同学嘛，为什么要互相冷淡呢？但是，你不应该再和她搞什么偷偷摸摸的所谓‘约会’了。”

“可是，如果她要来找我怎么办呢？”他问。

“笑话！你顶撞老师的勇气都有，居然连回绝她的约会都不敢吗？你可是堂堂男子汉啊，我的王铜！”我又用“男子汉”来激他。

我当然不指望通过这么几次谈话，就把王铜心中的感情杂念彻底清除。我还辅之以其他的教育方式——比如，在找王铜谈心时，我还多次找时燕玲谈心，只不过我对时燕玲的谈心要委婉得多，谈的次数也要多得多；又如，在我的暗中“煽动”下，王铜被选为班委学习委员，大量的工作占据了他大量的课余时间；再比如，我给他推荐了不少名人传记的书，扩大他的胸襟与视野……

总之，大概一个月以后，他完全和时燕玲断绝了“非正常往来”。直到最近，他来看我，谈到高中时的这段经历时还说：“那是我的思想十分混乱的时期，头脑特别不清醒，‘敌我不分’，极为幼稚可笑！多亏李老师及时帮助啊！”

现在想来，我之所以能够同他进行坦率甚至有些尖锐的谈心，前提是他已经和我有了比较深厚的感情基础，不然，高一时我和他要进行这样的谈话，是不堪设想的！这再一次证明：师生间的感情，是教育成功的第一块基石。

“重塑形象”

由于我在全班学生中拥有较高的威望，所以高一时王铜的违纪以及经常与我顶撞，便使他在同学们的心目中形象受损。因此，在我看来，要使王铜“重塑形象”，除了提醒他努力战胜自身弱点外，我还应该细心发现他的可贵之处并在班上及时公开表扬他。

有一次，我批改作文，发现王铜特意把这次的作文打了个记号，大概是提醒我重点看一看吧。我仔细一看，竟很感动。在这篇作文中，王铜写了不久前发生在历史课上的一件事：当老师在上面讲中国近代史最耻辱的一页——鸦片战争时，同学们都义愤填膺，可有一位女同学却在下面悄悄地玩电子游戏机！王铜详细地描写了他亲眼所见的这件事后，愤然写道："作为一个中国人，面对我们祖国过去的耻辱历史，居然在一旁优哉游哉地玩电子游戏机，这真是一种悲哀！如果我们今天的中国人都像这个女同学一样麻木，那么，在祖国的土地上重演鸦片战争的悲剧，是完全可能的！我希望每一位当代中学生，不要把爱国仅仅停留在口头上，而要落实在行动上，落实在我们每一天的学习上！"在作文的后面，王铜还专门注明："请李老师一定在班上念念这篇文章！"

我在班上郑重读了王铜的这篇作文，学生们在对个别同学的行为感到气愤的同时，更为王铜真诚的爱国心而感动。

在这篇作文的后面，我批道："我高兴地看到，一个真正的男子汉正走向成熟！"

春游银厂沟的路上，王铜的男子汉血性，再一次赢得了同学们的尊敬。

那天晚上，我班夜宿都江堰市某宾馆。正当我在五楼和几个学生玩扑克的时候，突听四楼上有人争吵，好像是王铜的声音："老子和你们拼了！"

我连忙跳下床往四楼跑去，迎面正看见王铜往三楼冲，我一下子跑过去抱住他："冷静些！王铜，什么事？"

旁边的张辛同学被打了一耳光，脸上指印赫然，他对我说："刚才有几个喝醉了的地痞进来寻衅，借口说我们往外面扔杂物，打着他们了，进来就给我一耳光！当时王铜在隔壁房间，听到动静后就过来和他们讲理，那伙人就打王铜，王铜便和他们搏斗起来……"

我问："那伙人呢？"

"刚刚走，可王铜还想追上去教训他们……"

我看王铜，果然脸上有被打过的伤痕。

王铜眼睛瞪得大大的，一边怒吼"放开我，放开我"，一边挣扎。"老子今天和他们拼了！"

我死死抱住他的腰，喝道："王铜！你就听我一句话！你想拼命，拼得过这些流氓吗？"

确实，比起王铜，我当时要"软弱"得多，因为我唯一的念头是：制止事态的继续扩大，保护我的学生不再受伤害。

我对他说："我非常赞赏你的勇敢。但是，这不是拼命的地方啊，而且，即使拼了命也不解决问题啊！"

见王铜的情绪渐渐平息下来了，我才连忙去宾馆保安部反映情况……

春游回来后，不少同学在作文中赞扬王铜的"见义勇为"，我把这些作文一一给他看，他居然还在叹惜："唉！要不是李老师您把我抱住，我非追上去捶那几个狗日的不可！"

王铜的学习成绩也比过去大有进步，在一次半期考试中，他终于超过了陈峥。而且，他分别参加几次省市级的物理、数学和化学竞赛，均取得很好的名次。

令我感到高兴的是，他开始对语文学习感兴趣了。一次，他特意找到我，说他的作文不行，问我怎么办。我想了想说："我有个主意，但不敢对你说，怕你不愿照着做。"

"说，快说！"他急了，"我一定照办。"

我叫他每天写一则300字左右的人物肖像，就写班上的同学。写好后，不注明写的是谁，然后交上来，让我批改；我批改的时候，便根据他的描写猜他写的是谁，再把我猜的答案写在他的作文本上。

"好！我一定认真写。"

于是，他每天都交上一篇人物肖像描写。我呢，果真按事先说好的办法，认真地给他批改，并且认真地判断所写的人物是谁。他根据我判断的正误，也就知道了自己的观察是否准确、描写是否传神……

每个同学的肖像都写完了以后，他的人物描写能力大大提高。

在高二下学期，他在纪律、学习和行为习惯方面的进步更加稳定了。也可以说，作为男子汉，他更加成熟了！

高二学年结束前，班委换届选举。这次，王铜勇敢地走向讲台："我愿意在高三这个学习最紧张的学年担任班长，为同学们服务。恳请每一位同学都投我一票！"

结果，王铜如愿当上班长。

后来，我在他的一篇题为《家庭"维和"行动》的作文中，才知道他为了当这个班长，还巧妙地平息了一场"家庭风波"呢！王铜在作文中写道：

这一天，我放学回家比平时晚了一些。推门一看，爸爸、妈妈正在为什么事生气，脸色很难看，家里出现了少有的沉闷气氛。

他们究竟为什么气呢？我不好问，便独自一人进了我的房间。

这时，传来了爸爸妈妈的争吵。“孩子到高三了还当班干部，肯定要影响学习。”这是妈妈的声音，“不会的，”爸爸说道，“这正是他一次难得的锻炼的机会。”……

我一下子明白了，原来，他们在为我当班长这件事争论。我心里踏实了许多，我想：现在，爸爸是赞同我的，只要把妈妈说服，矛盾就迎刃而解了。

于是，我有了一个“解决矛盾，恢复和平”的方案。我先借楼上赵叔叔的名义，对爸爸说：“爸，赵叔叔找你有事儿！”边说边向他挤了挤眼，真是知子莫若父，爸爸心领神会地向楼上走去。随后，我又跟着妈妈来到厨房，给她打下手。当妈妈炒好第一道菜时，我猛吸一口气，赞叹道：“真香啊！”妈妈笑了笑，我抓住这一有利时机，问道：“妈妈，你上中学时是学习委员吧？”“不对，是宣传委员。”妈妈纠正道，“而且从高一到高三都是。”看来，我已成功地唤起了妈妈对中学时代的回忆。接着，妈妈又非常自豪地说：“而且，我那时每次考试都是班上的前三名！”我又问妈妈：“你看我现在的成绩比你那时如何？”“嗯，差不多快赶上我那时的水平了。”妈妈毫不谦虚。“那为什么你高三当班干部不影响学习，而我就影响呢？”我单刀直入，挑明了关键，妈妈一时愣住了，无言以对，她没想到我巧妙地让她来了个自相矛盾。最后，她说：“好吧，不过你一定不要松懈。”我高兴地点了点头。

……

进入高三，王铜对我提的第一个要求是：“把我安排跟陈峥坐在一起吧！我想好好跟她学习学习。”我虽没有同意他的要求，但我表扬了他的上进心。要知道，过去一贯谁都瞧不起的他，现在竟然主动愿意拜一个女同学为师，这真是一个了不起的进步呢！

“铁腕”班长

一开学，王铜就进入了班长角色。他的倔强和桀骜，过去常常成为他违纪的性格原因；而现在却成了他作为一个班长的独有风格或者说特殊气质——谁要是违反了纪律，王铜那魁梧的身躯和咄咄逼人的气势便让违纪者心虚了三分！

请看一位学生对晚自习的描写：

……

和往常一样，刚到 6：30，教室里便坐满了同学。已形成习惯了，当老师辅导结束离开教室后，同学们便自觉地自己学习起来。虽然没有老师在场，但整个教室都安安静静的，毕竟高三了嘛！

可是，过了不久，后边角落出现了极小声的议论声，大概是在讨论什么难题吧！声音渐渐大起来，而且又有同学加入了讨论。其他受到干扰的同学都忍不住转过头去用不满的眼光看着他们。

这时，王铜洪亮的声音响起了："请自觉点！"他的声音不大，但带着一种特有的威慑力量。就这么简单的几个字，就让刚才越来越热烈的讨论和议论声小了许多。然而，仍然还有两个同学在悄悄讨论，而且居然还发出了笑声！突然，"砰"的一声巨响，王铜一拍桌子站了起来，愤怒的眼睛直视那两个同学："你们想干什么！"

面对王铜的"铁腕"，那两个同学再也不敢发出一点声音。

教室里又恢复了宁静。

……

也正是靠着这种"铁腕"，在我一次外出开高三复习研讨会的一周里，王铜在班上全权担负起班主任的工作，而且把班上各方面管理得井然有序。我开完会到学校的第一天，王铜便特意到办公室来找我，调皮地硬拉着我的手往教室走去——在教室黑板旁的墙壁上，赫然挂着三面流动红旗：纪律流动红旗、卫生流动红旗、课间操流动红旗！

三年高中的辉煌叹号

王铜当然不仅仅有"铁腕"，更多的时候是靠一颗热爱集体关心同学的善良之心。他经常在班上组织开展学习经验交流活动，把自己的学习方法和一些有用的学习资料介绍给同学们；他还常常耐心地辅导帮助一些学习成绩暂时不理想的同学；一位同学病了，他主动帮他抄课堂笔记；在一次春游中，一位同学身体不适，王铜一弯腰便背起了那位以肥胖著称的同学……

枯水季节，电力供应不足，常常在上课的过程中，突然停电，教室一片黑暗，这时，往往是王铜和李海华（这也是一个非常关心集体的好同学）最先跑出教室，到办公室点燃汽灯，把光明重新带到教室。而那汽灯又不争气，特别容易坏，有时点燃竟需要一节课的时间。于是，王铜经常是早早来到学校，同学们点着蜡烛上第一节课时，他还在办公室修理汽灯。久而久之，他竟成了一名熟练的汽灯修理工！

当然也有挨我批评的时候。有一次晚自习，我到班上去点名，结果就差王铜一人。足足 15 分钟以后，他才走进教室。我一下火了，当着全班就狠狠地呵斥他：

“怎么迟到了？你这个班长就是这样起带头作用啊！太不像话！”

我看他低着头，没有半句辩解，态度还算老实，便让他回到座位。

可是，刚过了半个小时，教室里的灯便熄灭了——又停电了！

这时，照例又是王铜走了出去。他显然是去点汽灯了，但我知道汽灯早就坏了，修好、点燃至少得半个小时，于是我便对学生们说：“可以出去休息一下，但不要走远了。大概半个小时就回教室！”但黑暗中的学生们都不大愿意出去，他们抱怨着：“还有那么多的作业！”“烦死了，这个鬼电！”……

然而，仅仅是 1 分钟的时间，王铜便提着明晃晃的汽灯走进了教室，同学们忍不住欢呼起来，向王铜投去感激的目光。我却很纳闷，问王铜：“汽灯什么时候修好的？”王铜回答：“就是刚才上课前。我估计今天晚上可能要停电，就……”

我一下明白了：刚才王铜迟到，就因为修汽灯啊！一种内疚和感动同时涌上心头，我的眼前叠现出刚才王铜挨批评时低着头的形象，和两年多前他在政教处时那蛮横的神态……

高三毕业前夕，学校给了我班一个市级三好学生名额和一个区级三好学生名额。按招生规定，市级三好学生将享受高考加分的待遇，而区级三好学生则没有这个“优惠”。

投票选举结果，王铜得票最多，李海华名列第二。

然而，放学后，王铜便找到我，提出把市级三好学生的名额让给李海华。他真诚地说：“李海华一贯表现比我好，同学们写作文都叫他‘人民的勤务员’，而我不过是高三当班长才做了一些我本来就应该做的事。另外，我的学习成绩比他好，不需要任何加分，我想我凭实力是有把握考上重点大学的；让李海华去享受加分待遇吧，这样他上重点大学更保险一些！”

此刻，很难用什么语言表达我对王铜的敬意！

也许在其他人眼里，后来王铜收到的中国科技大学录取通知书，是他高中生活的完美句号；而在我心中，王铜主动把市级三好学生的荣誉让给其他同学，这才是他高中生活也是我对他三年教育的辉煌叹号！

杨嵩：在顺境中不断战胜自我

杨嵩与程桦是高中同班同学，但是，当程桦在市初中作文大赛上“激扬文字”时，杨嵩还只是本校同年级另一个班的不太懂事的“小调皮蛋”。

“小调皮蛋”的确是他给我的第一印象。本来初中我并没教他，但是初三快毕业时，他们班的语文老师病了，于是学校便派我去给杨嵩他们班代了两个星期的课。在上课时，班上的同学都很专注，毕竟毕业考试已迫在眉睫了。但我发现最前排有一个年龄、个头看起来都和其他学生差一截的小男孩，表现很特别——他很少说话或干扰别人学习，但总是不停地搞小动作：不是在草稿本上画画，就是折纸飞机之类的玩意儿，或者把钢笔、圆珠笔拆了修修了拆……总之，一到上课，他就忙个不停，似乎总有做不完的事。

我和他的班主任谈起这个小男孩。班主任说：“你说的肯定是杨嵩！这个学生脑子特别聪明，9 岁就读初中。他是从上一年级因病休学降到我班上来的，现在才 12 岁半！他性格比较内向，不是很爱说话，就是‘阴到费’（方言，‘暗中调皮’之意）。有时，甚至上课都悄悄溜出教室玩！唉，娃儿是很精灵，但我怀疑他有‘多动症’……”

我当时想，幸好我只是代他几天课，要是我班上也摊上这么一个“阴到费”，那才够我伤神啊！

然而，几个月后，我接任高一一个新生班班主任，在我的新生名单上，“触目惊心”地印着两个字：杨嵩。

据我校一位与他同住一个院子的老师讲，杨嵩是“哭死哭活”要到我班上来的：初三毕业前夕给他们班上了几堂课，我对他印象不太好；他却对我产生了崇拜之情，说我的课讲得好，特别适合他的口味……于是，暑假里，当他得知我将担任高一班主任，而他又没有分在我班上时，便在家一次次哭闹着纠缠其父母，要他们到学校“做工作”，希望能把他调入我班。经过其父母的一番口舌努力，他总算如愿以偿。

而我却有些哭笑不得："唉！杨嵩啊，杨嵩……"

但有一点我是懂的，那就是杨嵩及其父母对我真诚的信任。我当时真的很感动，并在心中发誓：我一定而且应该对得起这份沉甸甸的信任！

然而，刚进高一的杨嵩确实太调皮了：贪玩，好动，酷爱打乒乓球——每当下课铃响起，他就迫不及待地紧握球拍跃出教室向操场边的乒乓球桌冲刺。上课（至少是上我的课）也不太认真，很少参与课堂活动，从不发言，只是坐在自己位子上忙自己的"活路"。

不过，每次考试，他的分数总不会太低，毕竟他的确很聪明。

像这样的学生，我还真拿他没办法！

但是，有一次，在我的语文课上，杨嵩终于让我看到了希望。

那堂语文课，我给学生读《文汇月刊》上的一篇报告文学《16岁，在金字塔尖》。这篇报告文学写的是复旦大学少年班的事迹：年仅十二三岁的少年班孩子们，在同龄人还只知道在妈妈怀里撒娇时，他们已经把目光对准了下一个世纪的中国和世界，因而以常人难以置信的毅力克制着自己的贪玩欲望，顽强地在求知的山路上攀登着。

当时，我一边读，一边联系我班学生的实际评论着。整个教室十分安静，但我能感受到此刻全班学生的心灵都正在受到震动。其中，杨嵩的神情我至今不忘：他身子前倾着，情不自禁伸直了脖子，一动不动，两只眼睛一直凝视着我，眼里闪烁出激动的光泽……

当天放学时，平时很少主动和我说话的杨嵩找到了我："李老师……"

"什么事？"我和蔼地问。

"能不能……能不能……把，把您今天……"他欲言又止。

"哎呀！爽快些嘛！"我拍拍他的肩膀，"都是小伙子了，有什么尽管说，说错了也不要紧的。"

他的话终于连贯了起来："李老师，能不能把您今天读的那篇报告文学，借给我拿回去再看一看？"

我当然很乐意地把那本《文汇月刊》借给了他。

过了几天，他还书时，还给了我一份他写的读后感《战胜自我》："李老师，这是我写的一篇读后感，请您帮我看看。"

一向不喜欢作文的他，居然主动写了一篇读后感，而且写得很真诚。

听李老师为我们读《16 岁，在金字塔尖》时，我的心灵的确受到了震撼。李老师把书借给我后，我又把这篇作品复印了一份。反复阅读，我感到的是惭愧。我 4 岁即读小学，以后不断听人说我很聪明，我也很得意，觉得自己不怎么刻苦学习，可每次考试成绩还可以。现在比比少年班的学生，我简直脸红！要说聪明，他们才是真正的神童，可是，他们没有一个有半点骄傲自满。我呢，总以为自己学得很轻松，不愿深入刻苦地钻研，贪玩，特别迷恋乒乓球。我有时也下决心控制住自己，可就是缺乏毅力。现在，我总算找到学习的榜样了！……

在这篇文章的最后，杨嵩还主动为自己出了一个“难题”：“以前，我每天中午都是在乒乓球桌前度过的，浪费了许多宝贵的时间。现在，我决定，以后每天中午打乒乓球不得超过 1 点钟，到了 1 点钟必须进教室学习。当然，我一开始不一定能做到，但我请李老师提醒我、监督我，发现我中午 1 点钟过后还在玩乒乓球，就叫我回教室。”

我丝毫不怀疑杨嵩这个决心的真诚，但我确实担心他这是一时冲动。然而他很快就以自己的行动回答了我的担心。

一天午饭后，我在校园散步，走过操场时远远看到杨嵩正在那边乒乓球台前厮杀。我一看表：1 点整。于是，我高声呼喊：“杨——嵩——”

他回头看着我，好像在问：“什么事？”

我对着他扬了扬左手腕，并用右手指了指表，意思是“已经 1 点钟了”。

他明白了我的意思，有些犹豫地收起了乒乓球拍，正要离开球桌时，又高声问了我一句：“李老师——是已经过了 1 点呢，还是刚到 1 点，或者是还差几分钟到 1 点？”

我也高声对他说：“刚、好、1、点、整——”

于是，他立即大步向教学楼走去……

为了促使他不断战胜自己并体验这种感觉，我给他出了不少作文题：《两个自我》《一次战胜自我的经过》《灵魂的搏斗》《做自己意志的主人》等。在我那次提醒他“刚好 1 点整”不久，他在一篇《灵魂的搏斗》的文章中，真实细腻地描写了当时他从乒乓球台走向教室的心理过程。

当时，我是多么希望李老师回答“还差几分钟到 1 点”啊！那样的话，我还可以多玩一会儿，因为当时我正赢着。但时间毕竟是无情的，我只好向教室走去。也许在李老师和同学们看来，当时我走得很爽快很坚决。可是，对我来讲，从操场到教室不过百米的路程，却是那么遥远，走起来又是那么艰难：我的脚很沉重，简直可以说是一步一步地挪动！当时，我是多么想回头看一看乒乓球桌啊！然而我在心里对自己说："千万不能回头啊！如果一回头，你可能就控制不住自己而弹回乒乓球台旁去了！不能回头，一定不能回头！"我终于走进了教室。这是一段十分痛苦的路程，却又实实在在是令我无比自豪的！因为我又一次战胜了自己！

当我在班上朗读这篇文章时，全班同学都被杨嵩在看似微不足道的小事上所表现出来的毅力感动了！杨嵩高中毕业已经7年了，可是他10年前写的这篇作文，我至今还保存着，并经常给我后来一届又一届学生念。

如果说，克制打乒乓球是杨嵩在我的引导下自己为自己出的一道"难题"的话，那么，我决定借助他这个良好的开头，继续给他出"难题"——让他在越过一个又一个难关的过程中看到自己的潜力，进而"超越自我"。

杨嵩的本性其实是比较活泼开朗的，但由于他年龄很小，因而在班上显得很幼稚而且胆小。比如，他很少在课堂上发言，更不要说在班上当众讲演了。所以比起程桦来，他各方面的能力是比较弱的。我准备就从能力培养入手，"折磨"一下他。

一天放学后，我把他请到我的家里，高度赞扬了他最近在战胜自我方面的进步后，又同他聊起了"志向"的话题。

我说："看来，你很佩服复旦大学少年班的同学。我认为，他们值得你学的，首先是他们都有明确的志向，即一生的奋斗目标。你想没想过自己这一生的志向呢？"

杨嵩回答："我想过。我的理想是做一名建筑大师。"

把"志向"理解为具体的职业，虽然很认真，但确实表现出杨嵩特有的幼稚和纯真。不过我仍然满腔热情地表示赞赏："很好！"

我进一步引导他："当然，最后你是否真能成为一名建筑大师，除了取决于你本身的努力，还受许多客观因素的制约。但是，有一点是可以肯定的，这就是不管今后你是不是真的成了一名建筑大师，或者阴差阳错干了别的什么行当，你这一辈子不打算过得很平庸，而希望干一番事业，是吧？"

"是的！"他很真诚地使劲点了点头，脸上呈现出与他这个年龄不相称的庄严。

"那么，你现在就应该仔细检查一下自己：为着将来大干一番事业，自己目前还缺些什么？”

我和他一起分析起来。论学习成绩，他显然是没多大问题的；论品格意志，他已经开始磨炼自己了；最后，说到能力，他感到惭愧了：“我就是不好意思做抛头露面的事，怕做不好，被同学们笑话。”

我说：“我不是给你讲过吗？不喜欢做的事，而强迫自己努力去做并且要做好，这正是战胜自己啊！”

“可是，我从哪儿入手培养自己的能力呢？”

我给他出主意：“最近班上的班委正好要改选。你去主动争取竞选，怎么样？”

“可以是可以，但是……”他有些踌躇，“我从没当过班干部，如果同学们不选我，怎么办？”

我毫不犹豫地说：“即使你没被选上，对你来说也是胜利！因为你又一次在‘面子’上战胜了自己，而且经受了一次难得的受挫锻炼。”

我又说：“当然，你应该尽量争取获胜！这样吧，在同学们投票前，你发表一下演说，谈谈你为什么要竞选班干部，你打算怎么为同学们服务，并请同学们给你一次机会。我想，同学们会被你的真诚感动的！”

他说：“哎呀！我是最不敢上台讲话的，一说话我的腿就发抖。”

“不要紧的。”我笑着对他说，“我给你出个主意，今天晚上回去你写一篇讲演稿，明天拿给我，我帮你改一改，然后，你再回家把稿子背下来——你的记性不是特别好吗？同学们又不知道你是背稿子，听到你有条有理的讲演，一定会佩服你的口才。”

“好吧！”他同意了。可临离去的时候，他又想起一个问题：“李老师，你说我竞选什么班干部好呢？”

我说：“这就是你自己考虑的问题了。不过，我提醒你，哪一项班委职务最能锻炼你的能力，你就考虑竞选哪一项职务。”

第二天，他果真交给我一篇写得很认真的竞选演说，他打算竞选体育委员。我问他原因时，他说：“体育委员经常要组织同学们集队集会，每天都要组织课间操。我觉得事情多，更能锻炼自己；而且，这些事情都是抛头露面的，正好让我的脸皮‘厚’起来，变得大方些！”

果然，在几天后的班会上，杨嵩以自己诚恳的态度和大方的演说，赢得了同学们的信任，他如愿以偿被选为体育委员。

当上班干部，有“身份”了，杨嵩可就忙了起来。每天上午第二节课刚下课，他就大声催促着同学们：“快点，快点！出去做操了！”每当体育课时，他总是站在我班队伍前，煞有介事地指挥道：“立正！稍息！”虽然口令喊得还不是那么熟练，但观其神情，俨然是一位将军。

但是天天如此，杨嵩好像感到了一种乏味，倒不是他不愿为同学们服务，而是他觉得自己的工作是一种简单重复，缺乏新鲜感。

我没有简单地批评他“看不起平凡的岗位”，而是从他这个“不满足”中看到了杨嵩一种可贵的思维品质：希望创新。

是的，对杨嵩来讲，争当班干部，并不是仅仅锻炼胆量；当天天喊“立正”“稍息”因而日渐大方起来后，他就渴望一种工作的创造性。而且，作为教育者，所谓对学生能力的培养，与其说是手把手地训练，不如说是想方设法为学生提供机会：让学生“在游泳中学会游泳”。

我又给他出主意了：“1988 年元旦即将来临，你能不能想想办法搞一次活动，既有迎新内容，又与体育竞赛有关，而且要让同学们耳目一新？”

我和他一起探讨了多种方案，最后杨嵩决定举行一次“迎新室内田径运动会”。

室内田径运动会？这名称岂止是新颖，简直是令人费解！

然而，杨嵩毕竟是杨嵩。在 1987 年最后一天，我班的“迎新室内田径运动会”不但在教室里如期举行，而且大获成功。关于这次别开生面的活动，任何文字描绘都不足以表现出当时的热烈气氛。不过，我还是借我保存的一篇当年杨嵩写的作文《小小空间任驰骋》的有关记录，向可能感到好奇的读者介绍一下，在这“小小空间”，杨嵩是怎样组织同学们“驰骋”的。

本届运动会设有标枪、铅球、短跑、跳高、跳远等项目。不知情的人也许会疑惑：教室里怎么能投掷跑跳？嘿，这正是鄙人的发明！其实，所谓“标枪”，就是50 厘米长的竹签，“掷标枪”就是立定掷竹签；所谓“铅球”，就是氢气球，“掷铅球”也就是掷氢气球；所谓“短跑”是跑 100 厘米，当然，得把双腿捆住……尽管如此，比赛场面仍然十分激烈精彩。你看掷“标枪”的同学，虽然只是掷一根细细的竹签，但比赛规则是肩膀不能动，只能小臂运动，所以有的男子汉虽有鲁智深一般的力量，却仍然哀叹英雄无用武之地。相反，以细心灵巧著称的女同胞可就大显身手了。别看她们平时斯斯文文，可此刻她们细细的手指捏着细细的“标枪”，轻轻一扔，就超过许多男同学。在铅球比赛中，身材矮小毫无运动员应有的强壮体魄的尹德君，却以自己的灵巧为男同学赢得了一项冠军。……比赛项目都很“袖珍”，但气氛却不亚于奥运会：喝彩声、加油声、欢呼声、差一点就夺冠的叹息声以及心有余而力不足的捶胸顿足声汇成一片，也成了我班迈向1988年的迎新曲！

刚进入1988年，也就是杨嵩主持“室内田径运动会”后不久，他又迎来了一次机会，当然从事情后来的发展看，毋宁说这是一次考验。

华中某大学少年班的招生简章传到我校，我首先就想到杨嵩，不仅因为班上只有他的年龄符合条件，也不仅因为他的成绩拔尖，更主要的是我希望给他一次在更大范围内冲刺的机会，让他经受一次锻炼。

当杨嵩父母得知少年班招生的消息，也很想让杨嵩报考；杨嵩本人更是跃跃欲试。

但是杨嵩真的要报名了，我却有些犹豫了：他面临的功课负担实在太重了——他不过才学完高一上学期的课程，可是半年之后却要通过六门功课的高考。如果他在这几个月的时间里不能很扎实地掌握有关课程的知识，那么不但考不上少年班，而且还会影响他以后的学习。

但是，杨嵩的态度很坚决：“李老师，让我试试吧！即使考不上，我也可以检验一下自己的自学能力啊！你不是经常要我‘战胜自我’吗？”

就这样，在高一下学期的四个月里，杨嵩一个人在家开始了艰难而顽强的跋涉。其间他所遇到的困难和他所表现出的毅力，非三言两语能够说清；不过，对此读者一定也不难想象。

当年参加高考，杨嵩以西南地区第一名的成绩获准赴华中某大学参加复试。

一路过关斩将，复试也非常顺利。但是，就在杨嵩几乎要跨过大学少年班门槛的时刻，因招生过程中的某些原因，他被人为地拒于少年班的门外！

应该说，在出征之前，杨嵩就想到过失败的可能性，但那种可能性是因为文化考试的失利；现在以这种原因而使理想成为梦想，不但是杨嵩，而且是他的父母和我都不曾想到的。因而，对小小的杨嵩来说，这个打击就不但是沉重的，更是残酷的。

而且，早在他报名之初，个别学校领导就劝阻过他：“应该清醒地认识自己的分量。不要过高地估计自己的水平，更不要头脑发热……”

因此，我非常担心杨嵩“无颜见江东父老”。

不过，从某种角度看，我又觉得对他这样一直很顺的学生来讲，这件事又并非没有一点积极意义。关键是我怎么充分挖掘这次“挫折”所潜在的教育因素。

自然又是一次震撼心灵的谈话：从“天降大任”到“好事多磨”，从韩信的“胯下之辱”到爱因斯坦的“第三个小板凳”，从信心、勇气、毅力到人格、胸襟与心理素质，从“这次应考至少让你看到了以前连你也不相信的智力、能力和潜力”到“当若干年后，你在事业上取得成功之时，再回头看今天的挫折，你就会发现这不过是人生长河中一个小小的漩涡而已”……

最后的结论是：“你应该感谢命运给了你这次打击，你应该把它当作一个新的起点！”

新学期开始了。高二年级按文理科分班上课。我班已被拆散：读理科的学生转入其他班，读文科的学生留下。分班学生名单是上学期期末确定的，因为当时杨嵩正参加高考，学校便根据他的学科优势，将他分在了理科班。我也认为根据他的兴趣爱好、学习状况和智力特点，读理科是理所应当。

但开学第一天，杨嵩却找到我，要求留在我班读文科。我无比惊讶，他的解释却让我既感激又感动：“我不想离开你，而希望一直跟你到高中毕业。还有一个更重要的原因是，我想在文科方面加强一下自己的知识与能力。经过这近半年的自学，我已经把高中的数理化功课学完了，但我深感自己的文科素质还比较弱。你不是常常对我们说，未来需要的人才应该是知识广博、能力全面的吗？”

于是，在同学和老师惊讶的目光中，杨嵩留在了文科班。

接着，杨嵩的又一个行动让大家看到了他确实没有半点受挫后的颓唐之气：他要求在新学年班委改选之际竞选班长！

这里，我还是引用当年杨嵩的同班同学郑洁的作文《新班长诞生记》，再现一下当时杨嵩的风采——

下面是答辩了。面对种种提问，两位同学胸有成竹，从容对答。

“假如你们在上面讲话，下面的同学不听，怎么办？”一位同学问道。

潘芳奕说：“反正有纪律，该怎么办，就怎么办！”

杨嵩却说：“若大家不听，就说明我们的讲话没有切合同学们的心愿，那我们就应该改变说话方式和内容，让大家感兴趣！”

又是一阵掌声！

李老师发问了："假如我出差不在班上，你们怎么办？"

这次杨嵩迅速接过话题，笑眯眯地答道："你要走，就放心地走。有了我这个班长，你这个班主任可以说是可有可无的了！"

全班哄堂大笑！笑声中，同学们的敬佩信赖之情油然而生。

最后，经过同学们投票，杨嵩当选为班长，潘芳奕任"第二把手"。然而，对他们来说，新的考验才刚刚开始……

以后的事实证明，杨嵩在竞选时的自信是不无道理的。有他这个班长，我这个班主任虽不能说是"可有可无的"，但确实轻松多了。仅仅是一年的时间，我和同学们明显地感到杨嵩各方面的进步是极为显著的。

而且，他的进步还在继续——到了高二下学期，他又当上了校学生会主席；到了高三，他被选为乐山市学联副主席……

他可没有把"学生官"当成"荣誉称号"，而是实实在在地体现出一种责任感和奉献精神。就任学生会主席不久，他就干了一件算得上是轰轰烈烈的"大事"。

乐山一中外面一条叫致江路的街道，又脏又烂。晴天尘土飞扬，雨天泥泞难行，而且坑坑洼洼，连公共汽车也开不过来。这样一条严重影响周围居民生活、更影响全校学生上下学的街道，却由于种种原因长期得不到整治。

于是，杨嵩经过深入调查，决定代表全校师生投书报社。他先写了一份《关于申请整治致江路的呼吁书》，请我修改后寄到了乐山报社。然而过了很久也没有回音。可他并不泄气，准备写第二封呼吁书。我提醒他："何不直接给市长写信呢？"

他问："这妥当吗？"

我说："市长是市民的公仆，市民有困难找公仆怎么会不妥当？"

于是，他真的写了一封致市长的公开信，说明致江路早已变成了"制浆路"，并严重影响了周围市民生活特别是学生的学习，恳请市长督促一下有关部门，尽快整治该路段。

信写好以后，杨嵩突发奇想，来了个全校签名征集。于是，这封公开信后面便有了长长的而又沉甸甸的签名。

可是，信怎么才能让市长亲自收到呢？杨嵩又犯愁了："总不能又投寄报社吧！"

"简单得很！"我又给他出了一个主意，"你亲自给市长送去！"

“这……”毕竟没有经历过类似的事，本来在我看来已经够勇敢的杨嵩却仍然有点犹豫。

我说：“怕什么怕？主人见仆人，居然还要怕？”

杨嵩终于还是鼓起了勇气。

一天晚上，杨嵩费了不小的周折找到了市长的家。

开门的是市长夫人：“你找谁？”

“我找市长。”虽然心怦怦直跳，可杨嵩还是故作镇定。

看着眼前这个似乎乳臭未干的孩子，夫人有些惊讶：“找市长？找市长干啥？”

“我代表乐山一中的师生向市长反映情况，请求整治致江路。”杨嵩的心已经平静多了。

“哎呀！为这点小事就找市长啊！你应该去找有关市政部门嘛！”夫人把门关上了，末了补充了一句，“我们那位嘛，不在。”

被拒之门外的杨嵩没泄气，他准备再跑一趟，直接把信送到市长办公室。

正好那几天我班要代表学校到市里参加“五四”歌咏比赛，市长将出席这次歌咏会。于是，比赛前，我见市长端坐在主席台中央，便对杨嵩使了个眼色：“上！”

据杨嵩后来对我说，市长接过他的信，知道内容后，和蔼地拍着杨嵩的肩膀说：“很好！我一定尽快过问此事。谢谢同学们！”

一个月以后，致江路焕然一新。

当杨嵩后来捧回“乐山市优秀学生干部”的荣誉证书时，我想起当初那个喜欢“阴到费”的小男孩，不禁感慨：对社会而言，教育当然不是万能的；但对学生而言，没有教育的确是万万不能的啊！

高中毕业，杨嵩被保送就读复旦大学经济学系。

那年，他只有 16 岁。

附：杨嵩的礼物

我可以无愧地说，教书多年我基本上做到了不收来自家长的礼物。之所以说“基本上”，是我怕记忆有误，把话说绝对了，何况正如我在《爱心与教育》中所写，有时候家长给我一筐水果之类，不方便退，我便拿到班上去让学生们分享，所以真还不敢把话说绝对了。

但毕业后尤其是参加工作后的学生来看我时送我的各种礼物，我是会收的。他们用自己的劳动所得向我表达真情，我无法拒绝。比如杨嵩。

杨嵩毕业后送我的第一个礼物，是一块电子表，这在九十年代还是挺“时髦”的。这块表我戴了好多年。

2012年11月24日，我去广州讲学。下午，杨嵩一家三代都来听我的报告——他和他爱人郑洁（也是我的学生）、他的女儿以及郑洁的爸爸妈妈——也是我的老朋友，当年我家访就认识了。

那天的主题是“教育如童话般美丽”。在讲述中，我特意讲了杨嵩和郑洁的故事，并展示了当年我给杨嵩和郑洁拍的照片。老师们都被杨嵩的故事感动了。我说：“今天，杨嵩和郑洁也来到了现场！”

杨嵩和郑洁站起来给大家鞠躬，全场掌声如雷。

报告完毕，杨嵩夫妇请我到他们家里去坐坐。在他们家里，我和他们一家人，包括郑洁的爸爸妈妈聊天叙旧，特别开心。

最后，杨嵩特意请我吃粤菜。这是我吃过的最好的粤菜。但比粤菜更让我觉得有滋有味的，是郑洁给我讲了一个非常感人的爱情故事，这个故事的主人公正是杨嵩和郑洁。杨嵩和郑洁说：“其实，我俩是您牵的姻缘呢！”我说：“太让我感动了！你们相爱的故事真的可以拍一部电影了。”（后来，我将他俩的爱情故事写成一篇感动了许多读者的长篇散文《“嫁给我吧！”》，感兴趣的读者可以去网上搜索。）

第二天下午我从广州乘飞机回成都。晚上，电话响起了，是一位年轻女子的声音：“是李老师吗？”

我有些迷惑，是谁呢？但我还是礼貌地说：“你好，我是李镇西。”

“哦，我是东风日产驻成都一个机构的工作人员，杨总有份礼物要我转交给您！”她说。

“杨总？哪个杨总？”我没反应过来。

“噢，就是杨嵩。”

我乐了，杨嵩现在是“杨总”了！

“喂，我一个小时后，把东西送到您手上，好吗？请问您家住哪里？”电话里的女子说。

我赶紧谢谢她，并告诉了她地址。

放下电话，我在想，我前脚刚到家，杨嵩后脚就托人送我礼物了。这既不是中秋也不是端午，元旦也还早，这杨嵩给我送什么礼物呢？

想了想就不想了，反正我估计是剃须刀呀或腰带之类的礼物吧！但我心里还是很感动，毕竟这是学生的一片心意。

一个小时后，那姑娘已经站在我所住小区的门口了。她递给我一个很大的纸袋，我谢谢她跑一趟，她说不用谢，杨总嘱咐的事一定要办好。

她走后我打开纸袋，一看吓我一跳：竟然是一部价值上万元的佳能相机！

我一下蒙了：这杨嵩怎么想到送我相机呢？这么贵重的东西，我又怎么能够收下呢？

我拨通了杨嵩的电话："杨嵩，你搞什么名堂？我今晚睡不着觉了，心理压力大呀！这么贵重的礼物，我怎么好意思收下。"

他说："李老师，昨天听了你的报告，看到那么多的老照片。后来你又把课件拷给我了，我又看了 PPT 上那么多的照片，可我见你拿的还是一个小的傻瓜相机，所以就想给你买个好一点的相机……"

我说："哎呀，杨嵩，李老师虽然不如你有钱，但买个相机是没问题的！"

他说："这是我的心意！李老师就不要客气了。这就是工具，我知道李老师一直喜欢给学生照相，当年你就给我们拍了很多珍贵的照片。我希望李老师用这相机拍出更多的教育的照片，为你现在的学生留下更美好的回忆和更多的资料！这相机对你来说，最有用。宝剑赠英雄，李老师你就收下吧！"

我的确感动极了，心想，以后我一定要拍出更多的校园照片，为学生留下更多有意义的镜头！

于是，从那以后，这部相机一直伴随着我，在校园为学生和老师们拍了许多美丽的照片。

2018 年 4 月 26 日早晨，我照例走路上班。途中，和杨嵩语音聊微信。我说正苟延残喘走路上班，他说他正开车上班，我调侃道："我买不起车啊！只能走路。"结果他非常真诚地说："李老师，你是开玩笑的，但我是认真的——我送你一辆车，而且不用公款，我自己掏钱。一直非常感谢你，现在对我来说，买个车送你一点问题都没有。你就成全我吧！"

十分钟后，成都某 4S 店的工作人员给我打电话，说送我车的事。我当然没有同意。我对杨嵩说："你是真诚的，但我不能收。这份心意我收了，会永远因此感动。"我又说："我们的友情经历了时间和时代的考验，我不因为你是业界的成功人士才喜欢你，你也不因我是所谓名师才尊敬我。我们就是纯粹的师生情，一如三十多年前。我知道你送我车是很真诚的。这样吧，你送我一个汽车模型吧！我就把它作为永远的最珍贵的纪念！”

我又想起三十年前的冬天，我带着包括杨嵩在内的一群学生冒着风雪去登峨眉山。我感叹道：“以后我老了，就爬不动了。”杨嵩说：“李老师，等你老了爬不动了，我们就抬滑竿把你抬上峨眉山！”几年前的一次聚会时，杨嵩还说：“以后我有了钱，为你建一所你理想的学校！”

其实，抬滑竿也好，建学校也好，不在于是否真的实现了，而在于学生那份真诚的心！

我教的2000届的学生胡夏融曾经写道：“李老师和我们的关系就是纯粹的师生关系。”其实，三十年来，我也收了不少已经毕业且长大成人的学生的礼物：手表、手机、相机、手工月饼、自制辣酱……他们用自己的劳动所得感谢我，我也满怀感动地收下了。这些礼物和我保存至今的一张张贺年卡、尊师卡，绝对等值！它们都是无价之宝！

拥有这份无价之宝的老师，是幸福的。

杨嵩现在的身份是宝沃汽车集团总裁。

查百度百科，杨嵩的主要经历如下：

杨嵩，16岁获得全国奥数一等奖，并被保送至复旦大学经济学系学习。在大学期间，主修经济学，辅修计算机软件设计。1995年于复旦毕业时获取了经济学学士学位及国家程序员证书。大学毕业后加入宝洁中国（P&G）从事销售工作，后在国内知名化妆品公司担任营销副总。在快速消费品行业工作了10年之后，杨嵩于2005年5月加入东风日产，转战汽车行业。

在东风日产工作期间，历任市场部部长助理、市场部副部长、市场部部长、销售部部长，并于2010年7月正式升任东风日产营销总部副总部长。2014年4月，受到雷诺－日产联盟全球高层赏识的杨嵩，赴任日产北美营销负责人，成为中国汽车业本土职业经理人反向派遣至欧美市场营销第一人。在美国工作期间，杨嵩亦创下佳绩，日产品牌在美国达到37年来的最高市场份额。

2018年2月1日，杨嵩加盟宝沃担任COO（首席运营官）。短短90天后，杨嵩因其极佳的领导力、极强的执行力和极高的专业力被董事会迅速升任宝沃汽车集团全球总裁，并出任宝沃汽车集团北美研发中心董事长。

（2018年6月补记）

黄金涛：日记中的心路历程

黄金涛是我在成都玉林中学高九〇级一班所教的一个男生。后来高中毕业时，他以优异成绩考上电子科技大学。但在高一时，他却绝对不是班上出类拔萃的学习尖子。他自控能力较差，这主要表现在两个方面：一是课堂上常常忍不住说小话，过后又后悔不迭；二是课余学习（特别是在家学习）往往容易受外界影响——比如电视的诱惑等——而分心。所以在高一高二时学习成绩一直处于中等状态。但我一开始，就是把黄金涛作为一名优秀学生看待的。他思想纯正，为人朴实，而且有着强烈的上进心。特别令我欣慰的是，他十分尊敬我，甚至可以说非常崇拜我，这使我对他的教育始终是建立在一种彼此高度信任的情感基础之上的。在和他三年的交往中，我和他从来没有发生过任何一次冲突。直到最近我因要写这本书，约他来聊一聊的时候，他还真诚地对我说："在我的眼里，您极富个人魅力，我一直很喜欢您，很信任您。"他的父母不止一次地感叹："我们二娃有幸遇上了李老师，李老师对他的影响真是太大了！"细细回忆起来，我对黄金涛的教育，其实从某种意义上说，仍然是"战胜自我"的教育。当然，如果要说与对程桦、杨嵩等优生的教育有什么不同的话，那就是在教育手段上，我有意发挥了日记的作用。也可以这样讲，"日记"是我的教育载体，也是黄金涛"人格长跑"的记分牌。这次，黄金涛在谈到我对他的影响时，特意带来了他保存完好的高中生活日记，他说："在我高中三年的思想发展中，发挥主导作用的是您，而发挥主要作用的，是这一本本日记。"

下面，我就选择一些有代表性的日记，加以适当的评注，以此展示我对黄金涛心灵的影响。

1992年9月1日

开学第一天，我有幸分在高一一班。说是"有幸"，主要是因为这个班的班主任和语文老师是李镇西老师。在我读初三时，他曾代了我们一学期的课，他给我和同学们留下了非常深刻的印象，他对同学真诚的爱和富有个性的教学方法，都让我们敬佩不已。现在，我又幸运地成了他的学生，将和李老师一起度过三年的高中时光。我想，我一定会在他的教育下，成为一名优秀学生的！

今天，李老师对我们提出了一个要求：每天坚持写日记。他说日记是道德长跑、意志长跑、人格长跑的记分牌，要我们通过写日记，养成每天“自省”的好习惯。我现在不敢保证自己能一直坚持把日记写下去，但是我将尽最大的努力，尽可能地在“人格长跑”的跑道上跑远一些。

（评注：从某种意义上说，教育的魅力就是教育者对学生的吸引力。当学生对教育者有了一种发自内心的崇敬甚至崇拜之情时，我们的教育已经露出希望的曙光。我当时要求学生写日记，固然有磨炼人格的意图，但更多的是从语文练笔的角度提出来的，而后来的事实证明，学生通过日记所获得的教育——主要是自我教育——远远超出了我的预料。黄金涛是其中突出的代表。而且，直到现在，已是大学三年级学生的黄金涛仍然保持着写日记的习惯。）

1992 年 10 月 7 日

今天上课时自己显得过分活跃，虽不太严重，但不可放松警惕。其活跃表现为上课总忍不住说话，虽然自认为很小声，但也是违纪之行为，其动机无非是想表现一下自己所谓的“幽默感”——荒唐！望明日节制。

今天也有值得自我表扬的事：一是历史课上，我主动发言，勇气令我自豪；二是我终于把教室里的一盏灯修好了，虽然花了不少时间，但毕竟还是修好了，心中无限欣喜，并颇感自慰。

（评注：黄金涛上课爱说小话的毛病几乎一直伴随他到高二结束，为此，我没少找他谈心。其实，他并不是有意想违反课堂纪律，而且每次违纪后他都自责不已。我与他的谈心说得最多的话，就是“战胜自己”。他一方面爱说小话，但真正课堂举手发言又紧张得很，每每被抽起来，便紧张得要命。于是，我要求他把说小话的能量转移到举手发言上，鼓励的要点仍然是“战胜自己”！黄金涛最大的优点，是乐于公务，常常主动关心集体。修灯小事，可见一斑。）

1992年11月13日

今天李老师总结开学以来的情况，要求凡是最近课堂纪律不佳的同学自己承认错误。于是，我给李老师写了一张纸条，承认了自己课堂说小话的毛病。我为我以前的行为感到可耻，也为我的诚实和改错之决心而倍感欣慰。这恐怕也是战胜自我吧!

（评注：记得当时我在班上表扬了黄金涛这种勇于承认错误的精神。虽然以后的事实证明，他并未彻底改正自己的缺点。然而我认为，学生老毛病重犯，不一定就是“说话不算数”。改正多年养成的坏习惯需要一个过程，教育者对学生应该有信心，更应该有耐心。）

1992年12月5日

开学以来，李老师找我谈心说得最多的，就是“战胜自己”四个字。是啊，人之为人，就在于有毅力，有意志。谁不想成为有作为的人呢？谁天生就是坏蛋呢？但能否战胜自己，便成了一个人高尚与卑下的界限。

今天下午扫地时，心里一直想去打球，但仍然克制住了，扫地时一丝不苟，真正做到了“认真”二字。这当然是一件小事，但我很高兴自己能就这一点小事做到“认真”。我想，这也应该算是“战胜自己”吧!

（评注：尽管黄金涛现在仍然还谈不上在各方面战胜了自己，但他已经有意识地对自己提出了这方面的要求，并开始在一些小事上磨炼自己，我想，这就是他走向成熟的起点，也是我教育成功的起点。）

1993年2月27日

今天下午，李老师就我的弱点再次与我谈心。他充分肯定了我的优点，他说他很赞赏我的正直与朴实；同时又诚恳指出了我的致命缺点：自控能力较差，有上进心却毅力不够。在谈心的过程中，李老师没有一句严厉的话，而是亲切地和我聊天，他兄长般的真诚，使我很感动，觉得李老师够“哥儿们”。将心比心，我也反省了自己过去的表现，尤其是老师多次批评过的课堂纪律。

我是理解李老师的!

（评注：黄金涛所说的这次谈心，现在我已完全记不起来了。但读这篇日记，我却很感动——为自己被学生理解而感动。教育离不开谈心，而让学生觉得“够哥儿们”的谈心最能打动学生的心灵。从这个意义上讲，教育的艺术有时就是谈心的艺术。）

1993年4月4日

又是一个“后悔不已”：说是要向杨嵩学习，可今天又犯错误了！

数学课时，突然停电了。老师给我们送来了蜡烛。可是燃烧的蜡烛，却似乎具有魔力，深深地吸引着我。我很想玩蜡烛，但一想到“战胜自己”的话，我又极力克制自己的贪玩心理。遗憾的是，我并未坚持下来，后来我有时忍不住去吹别人的蜡烛，有时又看别人玩蜡烛。这样，既影响了自己的学习，又影响了别人的学习。过后我又在心里骂自己：唉，我又成了“语言的巨人，行动的矮子”！

（评注：黄金涛“后悔不已”，我却对他充满希望：能够对自己的过失“后悔不已”而不是“无所谓”，这本身就是了不起的进步。）

1993年10月17日

今天是星期天，但我并没有因此为爱偷懒的我找睡懒觉的借口。我很早就起床了，然后坐在书桌前复习功课。天还没亮，整个家属区还一片宁静，外面一片漆黑，似乎只有我一个人在挑灯攻读。想到这，我竟感到一种骄傲和自豪！因为在这寒冷的早晨，谁不想多在温暖的被窝里舒服舒服呢？谁愿意忍着寒冷从温暖的被窝里爬出来学习呢？而我做到了这一点！这难道不是意志的胜利吗？

（评注：记得后来黄金涛在一次作文中再次写到这个令他自豪的“星期天早晨”，我在班上读了他的那篇作文，并号召全班同学都向黄金涛同学学习。）

1993年11月2日

今天，李老师给我推荐了一篇报告文学《指挥博士陈佐湟》，他让我好好读一读。我当然理解李老师良苦的用心，他是想在我心中再树立一个真正值得我们崇拜的英雄！

一口气读完陈佐湟的事迹，我重新思考“用脑科学”这个问题。是的，正如李老师所说，历史上凡是卓有成就的科学家、艺术家等，没有一个是“科学用脑”的！他的意思当然不是反对科学用脑，而是针对现在一些人学习极不刻苦却动辄讲“科学用脑”而说的。陈佐湟在美国留学时，一天只睡几个小时，过着“咖啡加闹钟”的苦行僧般的生活，却一举拿下了该大学空缺了20年的音乐指挥博士的学位！再看爱因斯坦、居里夫人、华罗庚、邓稼先等杰出人物，哪一个不是在“折磨自己”中走向事业的辉煌？所以，就我们中学生目前的情况而言，我们现在首先还是应该提出拼命精神，加倍努力，而不管是否“用脑科学”。

当然，这并不意味着我们一味蛮干。在发扬拼搏精神的前提下，我们还是应该总结科学的学习方法。对我来说，当务之急是提高效率。我最大的问题是学习时，效率观念不强，磨磨蹭蹭，时间一会儿就过去了，坐在书桌前几个小时，却不见有多大收获。今天，我决心抓紧时间。晚上，我把一只小闹钟放在桌前，指针的走动发出的声音如滴水一般，似乎在催促着我；我握笔的手不由自主地在本子上急速地“跑”过，去追逐时间。这才是抓紧时间、提高效率的感觉！

（评注：在教育的过程中，有时一位震撼学生心灵的英雄形象，远远胜过教师一大堆“苦口婆心”的唠叨。我至今珍藏着1989年第11期《文汇月刊》，上面刊载的《指挥博士陈佐湟》，它是我后来每一届学生的必读教材。）

1994年1月5日

对于“爱情”，像我这样大的孩子，实在难于启齿。偶尔看到电影里、电视里有关爱情的内容，也感到脸红。但我们这个年龄，有时又忍不住朦朦胧胧地想想这个我们根本无法想清楚的问题。今天，李老师却把这个敏感的话题搬上了讲台。他的“青春期教育系列讲座”正式开始了。李老师真诚坦然而又幽默风趣的讲述，让我们听得十分投入。听了之后，我又陷入深深的思考，思考什么是真正的成熟，什么是真正的人生意义。我感谢李老师为我们提前打“预防针”，使我们在成长的路上走得更稳当。

（评注：当时，我之所以要给学生开设这个讲座，是因为我已觉察班上有个别学生在这个问题上把握不住自己。于是我想，与其被动地去扑“早恋”之火，不如主动地向学生正面进行青春期心理辅导。黄金涛的这篇日记和后来班上的风气证明，我的这个做法是明智的，也是有效的。）

1994年3月12日

语文课上，李老师继续为我们读小说《凤凰琴》。最近一个星期，他每天都利用语文课为我们读这篇感人的小说。

今天念的是小说的尾声。当张英才背上行李即将离开界岭小学时，余校长用嘶哑的嗓子对他说："今后你不管到了哪里，都别忘记在界岭山上有这样一座界岭小学。"念到这儿，李老师声音哽塞了，他半晌发不出声，转过身去背着我们擦拭眼泪。教室里鸦雀无声，每个人心里都沉甸甸的。我的鼻子也一酸，险些掉下泪来！泪水在眼眶里打转，热血在胸膛里沸腾。我控制泪水，深深吸了一口气，又分明听到气流在颤动，那是心灵在为之震动！

为了山区的孩子，我真是应该为他们做些什么。我想可以捐书，自己有许多现在不用的学习参考资料，都可捐出。当然，我更应该珍惜现在拥有的良好学习条件。看看他们，想想自己，净化灵魂，树立志向：发愤学习，考上大学，建功立业！为自己，也为他们，更为未来我的国家和民族！

（评注：我从来不认为一篇文章或一本书就可以取代对学生所有的思想教育，那未免把教育看得太简单了；但是，在有些时候，一篇文章或一本书的确可以起到某种"催化"作用，使学生思想的量变飞跃到质变。比如，对黄金涛来说，这篇《凤凰琴》就一下点燃了他沉睡的理想火焰。最近，他来看我时，还谈到当年这篇小说对他思想的震撼。）

1994年4月6日

不知是因为我的纪律比以前大大地好了，还是因为同学们有意想"以毒攻毒"，今天，我荣幸地被班上选为班委纪律委员，专门负责课堂纪律的监督，每天下午把当天课堂违纪同学的名字写在黑板上。

不管同学们是怎么想的，反正我现在是"有身份"的人了，我就要对得起这几十张选票！正好下午上自习课，我就勇敢地行使了一回"权力"。

刚开始上课时，纪律还不错。可到后来，就有人小声说话了，声音渐渐多了起来。我也渐渐不安起来。嘈杂的教室里只有我的脑子一片寂静，我没有管脑外的声音，只有“管，还是不管”的问号接二连三地打得我头晕。站起来吧，又怕众人看我、笑我，我天生薄脸皮，从小就怕抛头露面，只恨不得用布遮了脸，什么都不管，什么人都不得罪。大喊一声“不要说话了”则更怕人笑话，无人理会，讨个“假正经”的名声，那更可怕！但是，周围的说笑声却不停地传来，我感到十分刺耳。如果我就此沉默，当然没有人会笑我“假正经”，但会有更多的人在心里蔑视我：我们白选你当纪律委员了！我终于站了起来，大喝一声：“不要说话了！”令我吃惊的是，我这一声还真管用，周围的声音都平息了，直到下课，教室都是安安静静的。

这也应该叫“战胜自己”吧？

（评注：那一周的周记，许多学生都不约而同写到黄金涛的“大喝一声”，并为他的凛然正气所感动。记得当时我特意把同学们的周记拿给他看，鼓励他继续发扬正气。一学期后，黄金涛继续当选班委，不过他的职务换成了体育委员。于是，每天在我班课间操的队伍中，总有黄金涛巡视时那威风凛凛的身影。只要有谁不认真做操，他便在班上黑板一角记下姓名让其曝光，他还为这个“曝光角”取了一个幽默的名称叫“今日病夫”。）

1994年5月1日

今天是全世界劳动人民的节日，我却“节日”不起来。期中考试，我考得很不理想。虽然我一再告诫自己：“过了的事就不要老去想了！”但心里始终忘不掉。就像病人去了盲肠，却总要在腹部留下一块不大不小的伤疤。我这人好面子，裤裆破了，便赶忙夹紧了双腿，别着脚走路，脸上带着让人迷惑的笑，眼睛总盯着别人的脸孔，心里却嘀咕着别人是否见丑了，或是听见线绷断的声音了……总之心中的阴影久久挥之不去。

唉，不知我何时能走出失败的怪圈？

（评注：说实话，黄金涛的自控能力已大大提高，但科学的学习方法还没有转化为自己良好的学习习惯。他很苦恼，在这次考试后，他主动找到我，请求我帮助。我给他提出了“每日十问”的要求，即每天晚上睡前问自己十个问题：一问今天在家早读外语没有？二问今天上课开小差没有？三问今天学习上提出什么问题没有？四问今天的功课复习没有？五问今天预习明天的功课没有？六问今天做过闲事没有？七问今天“过电影”没有？八问今天计划完成没有？九问今天有未弄懂的难题没有？十问今天有无浪费的时间？我要求黄金涛把这十个问题制成表格，每天按实际情况填写。最后我对他说：“一两天做到这每日十问并不难，但关键是要坚持下去，唯有这样，你才能真正步入学习的良性循环。”）

1994 年 5 月 17 日

出差几天的李老师，今天又回到了我们中间来了。他问我们这几天表现怎样，大家自然是异口同声大叫“好得很”。他似乎有点不相信，便走访诸位科任老师，结果大喜。我们当然更是十二万分的自豪！因为我们在没有班主任的情况下保持了良好的纪律。我们都逐渐在思想上向李老师所说的真实、真诚靠拢。李老师又在班上搞“最近班上最守纪律的同学”的调查，结果，我荣幸地榜上有名！我以此为最大的荣誉，因为我以前总是爱说小话，屡屡课堂违纪被老师批评。现在，我可以毫无愧色地对自己说：我是一个守纪律的学生，我保持了自己的进步，我战胜了自己！

说实话，今天我受到的表扬，比我考试取得了好分数还令我高兴。因为道德的殊荣远比成绩的殊荣更可贵；同样地，道德的沦丧比成绩的下降更可怕！

（评注：经过我的引导，更通过黄金涛本人的自我教育，他终于彻底改变了上课说小话的缺点。更令我欣慰的是，在改正缺点的过程中，他逐渐成熟起来。在以后的前进道路上，也许还会遇到这样那样的困难，但是，对他纯正的品质，我是可以放心的了。）

1994 年 6 月 10 日

如果说，前段时间我的“每日十问”多少有些完成任务似的被动的话，那么，现在我已逐渐养成习惯。这种习惯促使我每天的学习都很有规律。更让我高兴的是，这一良好习惯（其实也是良好的方法）使我的学习明显有了进步。我将继续坚持下去。真感谢李老师！感谢他用看似这么简单的“每日十问”，就把我的学习状态纳入了良性循环，更使我的学习效率大大提高。不知这是不是李老师的发明，如果是的话，他真应该获诺贝尔奖！

（评注：真理总是朴素的。教育科学有时其实很简单，就是把教师的教育意图尽可能转化为学生的自我要求，再设法让学生坚持下去以形成习惯。）

1994 年 7 月 5 日

还有一年就要高考了，可我在最近的期末考试中却失败了。李老师帮我总结了原因，是我太看重考试，太急于求成，导致应试心理素质太差。李老师又送了我一句朴素的话："把考试当练习，把练习当考试。"他解释说，把考试看淡一些，"不就是一次练习吗"，丢掉任何患得患失的思想包袱，可能反而考试时会发挥得好一些；而对平时的每一道练习，都要当成考场上的试题，一丝不苟，而且要有时间观念。这样，真的到了考场，也就不会紧张了。

我完全理解了李老师这句话的意思，而且我想，只有平时把练习当考试，到时才能把考试当练习。

（评注：经过两年多的教育，我自认为黄金涛进入了优生的行列，但要让他的学习成绩稳定下来，还需加强他的学习心理的优化，包括考试心理。）

1994 年 9 月 1 日

今天是高三学年的第一天，从今天起，整整一年的时间，我们将在紧张的拼搏中向高考冲刺。说不清是恐慌还是振奋，也许都有一点吧！不管怎样，我对这一年的学习将全力以赴，争取考上重点大学，这是我人生理想的第一个台阶。

第一节下课后，李老师把我叫到办公室，笑盈盈地送我一本笔记本："今天是你 17 岁生日吧！我给你写了一首小诗，连同这本笔记本，算是给你的生日礼物！明年 7 月，你就要参加高考了，衷心祝愿你明年能以一张大学录取通知书作为自己 18 岁生日的礼物！"我非常激动，不知说什么好，只是不停地说："谢谢！谢谢李老师！……"我心中涌起一阵激动：这是我进高中以来，李老师第三次赠给我生日礼物了！我不知说什么好，只是喃喃说道："谢谢！谢谢李老师！"

回到教室，我打开笔记本的扉页，上面是李老师潇洒的行书——

也许……

——贺金涛同学 17 岁生日

名字也许太普通，
人格永远不会平凡；
生活也许较清贫，
事业永远不会黯淡；
歌声也许会暂停，
旋律永远不会中断；
理想也许还遥远，
追求永远不会遗憾！

你的朋友李镇西

1994 年 9 月 1 日

我明白李老师诗中的含义，他是告诉我，人生的意义更多的在于对理想的追求，而不仅仅在于追求的结果。放心吧，李老师！我会用行动回答您对我的期待的。

（评注：这首诗是写给黄金涛的，也是写给我自己的，后来我又把它作为毕业赠言送给了全班学生。我想以此告诫我和我所有的学生，理想的追求比追求的理想更重要！在这个日益物质化、实用化的时代，人们急功近利地追求“结果”，却放弃了“过程”中更有意义的价值或者说更有价值的意义！当然，把这首诗写给黄金涛，也算是我对他纯正人格的评价，同时也表达了我对他的一种含蓄的提醒：即使是对高考这样的重大关口，也不妨以平常心待之，它不过是人生长河中一段湍流而已，绝不是最后的港湾。无论成功或失败，都只是“过程”中的一个环节。

一年以后，黄金涛以优异的成绩考上成都电子科技大学。临行前，他和学生们来看我，并送给我一张签有学生姓名的尊师卡，我打开一看，首先映入眼帘的是黄金涛代表全班学生写的一句话：“镇西兄——血脉虽不相连，心灵永远相通！”）

手记四：回答心灵的呼唤

——青春期教育的尝试

教师要尽力使自己具备“学生的心灵”——用“学生的大脑”去思考，用“学生的眼光”去看待，用“学生的情感”去体验，用“学生的兴趣”去爱好……

负重的心灵向谁求救

“老师讲的不是我们想的”

“老师讲的不是我们想的，我们想的，恰恰没人回答！”北京一位中学生这发自肺腑的声音，代表了所有中学生对目前学校德育的批评。

老师因自己传授的思想遭到学生反感而十分伤心，学生因自己关心的问题得不到老师的解答而万分苦闷。教育者和被教育者双方都感到离不开对方，然而现在都失去了对方！

这正是德育的危机之一，也是德育的转机所在——作为处于主导地位的教育者来说，回答学生所关心的问题，找回失去的对方，正是改革德育的一个突破口！

究竟有哪些学生最急于解答的“往往没人回答”？为此，我曾于1987年9月在自己所教的高一新生中进行了一次调查。

调查题：除了学习以外，目前你还有哪些最关心的问题得不到解答？

结果，47名学生共提了106个问题，内容涉及人际关系、心理保健、性知识教育、宗教信仰、职业选择、国际政治、与父母关系、自我评价、社会风气、男女感情、人格塑造、哲学流派、环境保护、生与死等方面，而这些几乎全是我们当时学校德育内容的空白！

现摘录其中一些片段如下——

※ 好不容易考上重点高中，我却有了一种失落感受，茫然不知所措，甚至莫名其妙地自卑，这到底为什么？

※ 我最想知道怎样搞好与父母的关系，有时明明是他们的错，我稍微申辩一下，他们便说：“翅膀长硬了，连父母都要顶撞！”另外，他们对于我的日记、信件很敏感，也很“不自觉”，老是喜欢趁我不在的时候偷看，我很反感，于是，干脆

断绝一切通信联系，也不再写日记。我真想与父母搞好关系，可是不知该如何着手。

※ 老师总是说社会上主流是好的，可现实生活中，我老是感到不好的是多数，这是怎么回事?

※ 我很想知道自己在别人心目中是什么样子。

※ 近来不断听说有学生自杀，其中好些都是高才生，他们比别人成熟得早，更早接触和认识社会。我想知道，他们成熟得早是否是好事?他们成熟了，有思想，认识了社会，却跑去自杀。而那些成绩不太好、思想不“复杂”的人，却无忧无虑，生活得平稳。究竟谁好?

※ 社会上“开后门”、拉关系成风，老师说这是不对的。我的爸爸妈妈也常常“开后门”，但他们的确是善良的人，迫不得已才这样做。我不知道该怎样评价这种现象。以后我参加了工作又该怎样对待“开后门”呢?

※ 现在很多同学比较讲究穿着，还爱谈论某人长得怎么样，大家对这些问题好像特别感兴趣。这是为什么?

※ 我很想与男同学建立一种非常真诚，但又绝不是爱情的友谊，可是不知道怎样注意分寸，怎样去交往。

※ 我想了解人体上的一些秘密，但《生理卫生》上介绍得很肤浅，又找不到这类书。

※ 我很想了解有关宗教的问题，为什么法律规定宗教信仰自由，可老师又不允许我们去教堂，而且书店里从不卖类似《圣经》一类的书?这是否是真正的宗教自由?

※ 人为什么要活着?古猿为什么要变成人?人死后是否就要到阴间?人要不死该多好。

※ 我常常感到孤独，真想偷偷大哭一场。不知为什么。

※ 我感到生活中处处是矛盾，为什么现在我国社会生产发展了，而人与人之间的关系却淡薄了，各种歪风邪气更猖狂了?这到底是社会的进步，还是倒退?

……

一颗颗稚嫩而纯洁的心，竟然承受了这么多这么沉重的问题，该是多么忧烦!如果这些忧烦憋在心里得不到排遣，那就更加苦恼了;若这些苦恼不但得不到老师的理解而且还受到责怪，那简直就是痛苦不堪了!

一位外地中学生在给我的信中写道:“那么多的政治课、班会课、团组织生活，可从来不愿谈我们关心的问题，我们这些问题一般也不愿问老师。有一次，我憋得受不了，鼓起勇气找班主任，他听了我的叙述，便给我讲了一大通‘要有远大理想’‘要有革命乐观主义精神’‘你的苦闷难道还有张海迪遇到的困难大吗’‘看问题要全面嘛’之类的套话，真是烦死人！更气人的是，几天后的一次班会课上，班主任不点名地批评了‘一些同学缺乏远大理想、心理灰暗、思想不够健康’……这不是把我往绝路上逼吗？！”

面对这位并未走上绝路的中学生，我感到悲哀：莫非我们的教育真的会走上绝路？

面对千千万万中学生，我们教育者应该感到一种责任……

“难道我真的得了什么病吗”
——一位少女的谈话录音

我们寝室里常常谈起生与死。谈到悲伤处，便觉得人活着没多大意思。我现在就根本没有什么精神寄托，就爱幻想，有时总以为神是存在的。因为我们从小受的是无神论教育，所以我总是不断提醒自己：神是没有的，神是没有的！但我又一想，假如我们从小就受的是有神论教育，那么我们便会认为神的存在了。我知道谁也无法证明神的存在，但又有谁能证明神的不存在呢？我还觉得外星人不但有，而且他们早已控制着人类，地球上每一个人都被外星人通过类似电视屏幕的东西时刻监视着，总有一天我们地球人会被外星人消灭。我也不知道我为什么会有这么多的古怪想法，唯独对学习我不愿细想，有时我甚至怀疑，我们学的知识说不定是前人用来骗我们的玩意儿，我们现在一个劲儿地深究呀，考呀，说不定全是假的，毫无用处！

我也不知道我是什么时候开始这么爱想的。从小学到初中毕业，我一直是三好生、班长或团支部书记，学习成绩从未下过班上第二名，在家又是独女。所以，我可以说一直是被赞扬、羡慕和宠爱包围着。初中毕业轻而易举地考上了这所省城的重点中学，连我的班主任都高兴得直说我为母校争了光。开学时，我父母把我从小县城送到省城这所重点中学，听说这学校还是一位已去世的老一辈无产阶级革命家的母校，我就想，再过几十年，这中学的师生一定会因为我在这里读过书而大肆炫耀。大概是由于班主任看了我的初中毕业生登记表上的简历，第一天上课前，班主任便指定我为临时班长。我一点也不感到意外，也不格外高兴，因为我觉得这是很自然、理所当然的事，但是，同在这一天，数学搞了一个摸底测验，我考得一败涂地。一心想在班上保持初中的引人注目的地位，可数学只得了68分，心里一急，工作也打不起劲，什么事也不想做。过了几周，物理单元测验，我思想压力很大，生怕考砸了，使我这个班长在全班丢脸，可恰恰又考糟了，我得了一个自读书以来从未有过的不及格分数：56分！当天晚上，我第一次失眠了，以后的学习总是打不起劲，我更没脸以班长的身份开展工作，还有什么威信呀！过了一个月，同学们逐渐熟悉了，班主任便叫同学们正式选举班长和班委干部。那天我连候选人也没被提上。完了，彻底完了！我真后悔自己来读这么个重点中学。

更伤心的是，我读高中看到了许多虚假的东西。我从小就十分听爸爸妈妈和老师的话，他们一直教育我人与人之间要真诚相待，为人应老实，做事应认真。虽然我也知道社会上也有坏人，但那毕竟是极少数，大多数人还是真诚而善良的。然而当我以这样的思想认识来处世时，却总是受欺骗和愚弄。一次我骑车上街，看见前面一个男青年骑车撞倒了一个小男孩，却又飞车逃跑了。我下车扶起小男孩，看见他的腿擦破了皮，直流血，我准备载他去附近医院包扎一下，谁知他母亲不知从什么地方钻了出来，一口咬定是我撞了她的孩子，我刚一解释，她便骂了起来："撞倒了小孩，还不承认？还说是'做好事'，谁相信？"只有两三岁的小孩只知傻哭，也不为我"证明证明"。结果我挨了一顿骂，还"赔偿"了几元钱医疗费。还有一次，我准备乘车回家，在汽车站看到一个抱孩子的青年妇女哭得正伤心，说是钱包丢了，我一下想起雷锋叔叔帮素不相识的大嫂买车票的事，便主动把我买车票剩余的五元钱全给了她。谁知不久我又在公园门口碰见了她，这回她是怀抱一个婴儿装成产妇向行人哭诉她"家中失火，丈夫又去世"的"不幸遭遇"——原来是一个骗子。

在学校在班上也有许多吃哑巴亏的事。有时上课迟到，老师问及原因，我老老实实地说"动作慢了一些"或"吃饭迟了"，便被罚站，和我一样原因迟到的同学却只要撒谎说"病了"，不但立即让他进教室，而且还会被表扬几句。"人家带病坚持上课。"我有一些学习参考书，同学借我总是很乐意给，可是当我向同学借我没有的参考书，得到的回答却往往是"我正在看"或"别人刚借走"。我总是认真地对待每一件事，总是好心地对待每一个人，可往往好心没好报，这样的例子太多了！我越来越感到，我越是按学校老师讲的去做，越是处处碰壁。而我瞧不起的那些奸诈油滑的同学，反而处处不吃亏，左右逢源。慢慢地，我觉得老师是在骗人，世界上哪有真诚？我对人有了戒备心。现在班主任虽然对我很好，可我总觉得她是装出来的。

我孤独到了极点困惑到了极点。失眠的时候越来越多，有时候甚至整夜不能入眠。白天常常是精神恍惚。渐渐地，我总感到同学们在议论我，并且暗中串通整我。这是有事实根据的。有一天，我看见我的床上放了一个学生证，里面还有几元钱，我一看学生证是我上铺那位同学的，便把它扔到了她的床上。我想，她这不是想诬陷我，又想迷惑我！同学还常常含沙射影地骂我。那天，寝室里的女同学唱起了《迟到》："来到我身边，带着微笑……"这分明是在巧妙地笑我收到一封初中男同学的来信，其实，这并不是什么"早恋"，他不过是叫我在省城帮他买数学参考书而已。我感到奇怪的是，她们怎么知道我收到这样一封信？更气人的是，班主任也想整我。有一天，我在寝室里睡觉，亲耳听见班主任与校长在寝室门口商量怎样开除我。我气愤地找到班主任，问她凭什么要开除我，她却很奇怪的样子："我什么时候说过这样的话？绝对没说过！你又没做什么错事，为什么要开除你呢？什么？我同校长在女生寝室门口商量的？哈哈哈！校长出差已经一个多月了！再说，这样的事怎么会在寝室门口商量呢？你是在做梦吧！"我万万想不到班主任这么阴险，想整人又不承认。

我上了高中，具备了以前没有的优点：特别细心。可这总是遭到同学老师的笑话。比如，我去买饭票，数了十几遍却还是觉得有错；我乘公共汽车总是要把座位换到靠窗，为的是万一翻车出事故我好及时跳窗。我常常走进教室，又觉得寝室里的箱子还未锁，可回寝室一看又是锁了的，但我总觉得有人偷偷配了一把能开我箱子的钥匙，总不放心。

就是这样爱想——老师不是教育我们要做思考的一代吗？可同学老是笑我"古怪"，老师总是说我"缺乏朝气""心胸不宽阔""意志不坚定"。那天我舅舅来看我，他是医生。走的时候，我听见他背着我对班主任说，我有"神经官能症"，是什么"强迫症""妄想症"。我想了很久，我没有强迫过谁呀！也没有"妄想"过什么呀！

难道我真的得了什么病吗？

教师要优化学生的心理教育

一名优秀的教师应该同时又是一名出色的心理学家。

上面那位少女实际上已患上了青春期心理疾病，但她表现出来的病症，却不为老师所重视。目前，我们的德育最缺乏的内容之一便是心理保健（或叫心理辅导）。不少教师还习惯于把学生的心理疾病、性格弱点，当作“政治思想”“道德品质”问题来解决，或热情地教育，或严肃地批评，这些“牛头不对马嘴”的思想工作怎么会奏效呢?

被教育者感到了一种精神空虚和人生危机，本能使他们寻求解救。于是，傅雷和傅聪、少年维特、约翰·克利斯朵夫、萨特、弗洛伊德·莱格、A. 阿德勒，W.W. 戴埃还有瓦西列夫以及叔本华便走进了他们干涸的心灵。

其中，最受中学生欢迎的当首推美国的戴尔·卡耐基。卡耐基先生在对包括明星巨商、各界领袖、军政要人、内阁成员甚至几位总统在内的几千万资本主义世界的公民进行教育培训的时候，可能不会想到，他的几本薄薄的小册子——《人性的优点》《人性的弱点》《神奇的人性》等会征服不少 80 年代社会主义中国中学生的心。

“李老师，我给您看一本好书。”学生递给我一本“五角丛书”《人性的优点》，一百来页的书已被翻旧，上面还密密麻麻写满了批语。我因此第一次知道了美国有一个叫戴尔·卡耐基的人。

公共汽车站牌下，一场自发的讨论又在几位等车的中学生中展开——

“没有人去踢一只死狗！卡耐基这种对待流言蜚语的态度真是绝了。哎，这算不算是‘革命乐观主义精神’呢？”

“以往我总觉得说别人的好话就是在奉承人家，对别人的长处总是不服气。其实真心地对别人说一些赞美的话又有何妨，别人往往在不知不觉中听到你的真心赞美而对你有好感。”

“要使别人做什么事，就要让别人对你的问话或要求尽可能答‘是’。据书上说这是一种心理学原理。也就是说，要尽量让别人考虑做这件事对自己的好处——这一点似乎有些自私，但就心理学上满足一个人来说，也不无道理。”

“读卡耐基，我收获不少，似乎已经掌握了与人相处的妙法——生活原来就是如此啊！”

“读卡耐基的书，感觉是实在，仿佛刚同作者进行了一次交谈。让人看完之后有种强烈的‘试一试’的愿望。”

“唉，如果早点认识卡耐基，我的同学关系就不会像现在这么糟了！”

“我不明白，为什么这么好的书，我们老师不讲。”

“怎么敢讲？政治课不也讲了‘人际关系’吗？”

“哎呀，那算什么呀！‘团结一致’‘友爱互助’‘共同奋斗’‘共同前进’……拿到生活中去根本不管用！”

“其实，政治课讲的一些观点同卡耐基的观点是相仿的，可缺的是‘实’，往往因为空洞，让人感到虚假而不可信。”

“你敢不敢给政治老师说，让他在课堂上讲一讲卡耐基？”

“怎么不敢？但他敢把资本主义的卡耐基请进社会主义的课堂吗？”

……

“让卡耐基进入课堂？”——我们不必责备学生这一呼唤的幼稚、片面与偏激。因为这与其说是学生对一位学者的呼唤，倒不如说是学生对一种充满真诚、贴近实际、深入心灵的教育的呼唤！

这声声呼唤，使得每一位教育者不得不重新思考我们的教育。看来，仅仅对学生进行政治引导、思想教育、品德培养、知识传授是不够的，我们的学生还应有良好的心理素质。因此，我们还应关注学生的心理发展，特别是对于处在青春期的学生，我们更应关心他们在知识、情感、兴趣和性等一系列心理状态上的变化，并予以主动积极的辅导。只有这样，教育才能真正深入每一个学生复杂多变、奇妙无穷的心灵，而教育者才真正无愧于“灵魂工程师”的称号。

心理教育的途径与形式

说到青春期心理教育，不少人便以为只是“性道德教育”或“爱情教育”，而一提到“性”与“爱情”，一些家长、教师唯恐避之不及。这实在是一种狭隘的认识，至少是一种误解。我们所理解的“青春期教育”，主要是指面临“第二次断乳期”的中学生所具有的所有心理现象、心理特征和心理状态（当然也包括他们开始萌发的性意识，但远远不止这点）。因此，“青春期心理教育”就是根据中学生心理生理的特点，有针对性、有计划性地通过各种方式对他们进行心理卫生的保健、心理品质的培养，帮助学生健康地度过青春期，顺利地完成“人的第二次诞生”。青春期心理教育的内容主要有：中学生一般心理介绍，爱情与性道德教育，改善人际关系指导，学习心理的优化，心理疾病的防治，优良性格的培养。

青春期心理教育的途径与形式有：

一、创设和谐氛围

创设和谐氛围，是间接地进行心育，因为氛围的和谐有利于心灵的舒展、愉悦，而从某种意义上讲，学生具备了舒展、愉悦的心灵，教师的心育便成功了一半。所谓“和谐氛围”主要指师生之间的和谐关系与班级内部的和谐环境。

1. 建立师生和谐关系。

青春期教育是心灵对心灵的启迪，精神对精神的感化，而离开了和谐的师生关系，“启迪”与“感化”便只是教育者的一厢情愿。相反，如果教师对学生具有了真诚的信任与尊重，学生就会感到一种人格的尊严，他们中自卑、自私、孤独、胆怯、抑郁等心理问题的产生率就会大大降低；同时，如果学生对教师产生了朋友般的信赖，他们就会主动地向教师敞开心扉，诉说自己的喜怒哀乐，这有利于教师随时了解学生的心灵，及时帮助他们解除心理烦恼。因此，班主任对学生的心育要从与学生建立和谐关系入手。

建立师生和谐关系，首先要端正学生观。我们应认识到自己的教育对象是活生生的人，他们年龄虽小，但也有自己的思想感情，有自己独特而丰富的内心世界。师生关系不是皇帝与臣民的关系，不是警察与小偷的关系，不是医生与病人的关系，而是平等、尊重、信任的朋友关系。其次，要注意平时与学生的感情投入与积累。要善于在与学生一起活动、一起神吹海聊、一起嬉笑玩耍中自然而然地感受他们的心灵。另外，教师还应尽量使自己具备“学生的心灵”——用“学生的大脑”去思考，用“学生的眼光”去看待，用“学生的情感”去体验，用“学生的兴趣”去爱好……教师还应充分理解并尊重学生的一些独特的、奇妙的，甚至错误的想法，这并不是说教育者放弃自己的责任而一味迁就学生，而是要让学生在自己的老师面前有一种人身安全感和思想自由感，不然，学生不愿对老师说真话，教师“教育”“引导”又从何做起呢?

2. 造就班级和谐环境。

心理学认为，人的情绪、情感和态度都是环境在个体身上的体现与反映，一般说来，一种环境或一些人如果能满足或符合我们的需要、观点与习惯，我们便会产生好感或积极的情绪，反之就会引起相反的情感。没有任何一种心理的内容不来源于外部现实，没有任何一种心理现象的产生不存在着客观的原因。因此，一个和谐的环境无疑是有助于学生保持心理健康，形成良好的心理品质，并且使可能出现的异常心理现象减少到最小程度。

造就和谐的班级环境，班主任至少可以做四方面的工作：一是教育全班学生建立起人与人之间真诚友好的人际关系。既激烈竞争又携手共进，既和睦相处又诚恳帮助，既互相督促又彼此信任……这种和谐环境让每一位学生的心灵都充满友情的温暖，使自私自利、钩心斗角、嫉妒猜忌等恶劣品质在班内没有生存之地。二是提倡并鼓励男女同学之间正当交往，以打破男女之间的“神秘感”，满足青春期学生异性交往的心理需求，同时又减少“早恋”现象。三是引导学生发现自己独特的长处，同时又看到其他同学的长处，从而使班上呈现人人自尊，同时又尊重别人的好风气，最终使每一个学生都树立起自己的尊严与自豪感，愉快地接受自己，充满信心地发展自己。四是组织各种有益有趣的课余活动，调节学生的学习生活，使他们有集体自豪感和精神充实感，避免长期单调枯燥的学习给学生造成焦虑烦躁、极度紧张等不良心境。

二、开设专题讲座

开设专题讲座是青春期教育中的一种集体谈话形式。班主任根据班上学生已经出现或将会出现的种种问题，将有关的心理学知识和心理保健方法相对系统地传授给学生，引起他们积极主动并科学地健全自己的心理素质。在开设专题讲座时，教育应把握好以下四个方面的要求。

1. 主动。

青春期教育不应只是被动地解决学生已经产生的心理问题，而应该在学生刚刚进入青春期便积极主动地发挥引导作用。因此，青春期教育的专题讲座在学生进中学之初就开设，一直到高中毕业（具体的讲座内容可视各年级学生的实际情况而定）。通过这种集体谈话，教育学生正确对待、把握自己的青春期心理，以积极的思想准备去迎接并完成“人的第二次诞生”。苏联杰出的教育家苏霍姆林斯基，在女儿十四岁生日时，给女儿写了一封长信，以亲切美好的语言向女儿讲述什么是爱情。这为我们每一位教育者做出了好榜样。

2. 生动。

一般来说，学生是不太喜欢听大报告的，而专题讲座无疑是有目的地向学生讲道理和知识的一种形式，因此，为了让学生乐意接受讲座内容，教师应注意讲座的生动形象，深入浅出。应尽量淡化讲座的理论色彩，善于把有关的道理与知识寓于亦庄亦谐、富有情趣的讲述之中。要避免把讲座讲成纯粹的理论知识课，对于一些非讲不可的心理学知识，应多联系生活中的实例来说明。总之，要让学生身心轻松地听讲座，使他们在听老师谈生活、讲故事的气氛中不知不觉地受到感染，获得启迪。

3. 平等。

前面已经谈到，教师在进行青春期教育时应特别注重对学生的尊重。这种尊重体现在专题讲座中，便是班主任的平易与真诚。学生出现了一些青春期心病，往往觉得难以启齿，特别是一旦产生了爱情萌芽或性意识，更是有一种负罪感。在这种情况下，居高临下的“严肃”的教育，只会增加学生的苦恼与恐慌；教师如果能以朋友般的平等态度体谅学生，进而给予细心的开导，学生的心理负担会减轻许多。因此，班主任在讲座中先取下“教育者”的“面具”，把自己摆在与学生同一的地位，推心置腹，多谈谈自己在中学阶段的感受与经历，让学生感到老师和他们一样，也有过类似的心理历程。讲座是否成功，很大程度上取决于师生是否具备了心灵相通的平等。

4. 参与。

专题讲座虽然只是班主任讲授，但也不应只是班主任唱“独角戏”，而应设法调动学生参与讲座。在每次开讲之前，班主任应多在学生中搞心理调查，让他们自己谈自己的心理现象。在讲授过程中，可组织学生围绕某个问题发言或讨论。每讲完一个专题后，最后留点时间让学生提问，班主任当场解答；也可让学生把问题写在纸条上，班主任课后个别回答或下次讲座时集中回答。让学生参与讲座，不仅能保证讲座的针对性，增强学生的兴趣，而且还能自然而然地引导学生自我教育。

三、进行个别谈话

个别谈话是青春期教育最重要、用得最广泛的一种形式。这里的个别谈话是心理辅导，而不是政治思想教育。与单纯的教育性谈心不同，心理辅导的谈话具有两个特点：倾听与协商。

1. 倾听。

所谓“倾听”，就是说这种谈话绝不能只是教师一人的“苦口婆心”或“语重心长”，而应该是尽量让学生诉说、宣泄，教师则先当听众。心理学认为，一个人将悲伤、委屈、苦闷等抑郁之情通过向自己信任的人诉说而合理地发泄出来，可求得心理平衡，保持心理卫生。因此，心理辅导的个别谈话应先让学生开始讲，诱导、鼓励学生滔滔不绝、一吐为快。学生通过倾诉，把内心深处的困惑、焦虑、积郁、愤懑、悲伤等表达出来，班主任则以诚恳的态度仔细聆听，并通过眼神和点头、蹙眉等体态语言告诉学生：“我是理解你的，你完全可以信任我，我愿意分担你的一切苦闷！”使学生无所顾忌地继续讲下去。当然，并不是每一位学生都能尽快地信任老师并倾诉内心的苦闷，有时由于某种原因，他们不一定愿意直接袒露内心世界，这时，班主任应善于从学生欲言又止的神态或吞吞吐吐的只言片语中，推测出学生的真正想法。善于倾听，也是一种教育艺术。从某种意义上讲，让学生倾诉而教师耐心聆听（包括听学生对自己的抱怨），这本身就是有效的心理辅导。“此时无声胜有声”，一切尽在不言中。

2. 协商。

所谓“协商”，是指教师倾听学生诉说之后跟他的谈话，只是一种“仅供参考”的意见，而不是替学生做出选择与决定。这是心理辅导与单纯的思想教育的重要区别之一，也是教师在心理辅导过程中的身份——不是居高临下的教育者，而是平等真诚的朋友——所决定的。这更体现了我们多次谈到的心育中至关重要的一条原则：对心灵的尊重。班主任听完诉说之后，应避免对学生说“你应该这样……”或“我劝你还是……”，而应该首先向学生表示感谢——感谢学生的信任，然后对他所谈的一切表示理解。即使学生说的是荒唐错误的想法，也要表示理解，这时的“批评教育”只会把学生心灵之门关上，让他永远不对教师说真话。然后，班主任便与学生一起分析寻找有效的解决办法：“你是不是可以试一试？”“这样做，也许会有些作用……”班主任的谈话，当然包含了对学生的引导甚至教育，但这不是强迫，而是充满人情的关切与建议。

四、保持书信交流

对于处在青春期的中学生，有时候交谈并不是心灵沟通的最好形式，在这种情况下，书信便成了师生对话的合适途径。对学生来讲（尤其是对一些性格内向的学生），这样做既避免了面谈的局促不安，又能与自己信任的老师进行有趣的心灵交流。对班主任来说，与学生建立并保持书信联系，意味着赢得了学生的信任，这本身就是一种教育的成功；更重要的是，通过师生书信往来，班主任可以比当面谈话更全面、更真实、更细腻地感受到学生的内心世界及其变化，从而更主动、更准确、更有效地对学生进行心理辅导。

怎样与学生保持书信交流呢?

1. 巧妙联系。

以了解思想和汇报思想为目的的师生通信，学生是不会欢迎的，因此，班主任发出的第一封信，应避开容易引起学生的反感或误会的内容，从学生最关心、最感兴趣的话题谈起。另外，为了不使学生感到突兀，教师的第一封信还应该选择一个恰当的日子发出：或是这位学生生病在家的时候，或是他正为考试失利难过的时候，或是他的生日那天……总之，只要班主任对学生有充分的了解，他就一定能找到发出第一封信的“借口”，并可以充满信心地等待学生的回信。

2. 内容不限。

师生书信联系应建立在双方自愿的基础上，特别是对学生来说，他给老师写信，应完全是出于自身的需要，而不是碍于老师的情面。而要让学生保持与老师通信的兴趣与热情，班主任要特别注意，不应对书信内容有所限制，相反，要尽量让学生有充分的思想自由，不断丰富书信的内容。学生在书信中话题越宽，越说明他对老师很信赖，这样，师生的书信联系便越稳定，越持久。

3. 平等对话。

与前面谈到的“个别谈话”一样，师生在书信往来中双方也是绝对平等的。在书信中，学生可以向老师咨询，教师也可以向学生请教；教师可以向学生表达期望，学生也可以向老师提出建议。双方可以展开坦率的讨论甚至是激烈的争论，但都不应把自己的观点强加给对方。即使教师的回信是目的性很强的心理辅导，但字里行间仍然不要有任何强迫接受的色彩，仍然只是一种朋友的诚恳劝勉。

当然，日理万机的班主任与班上每一位学生都保持频繁的书信往来是不现实的，但班主任无论怎样忙，最好都应有选择性地与班上具有某些特殊性的学生保持书信交流。因为对这些学生来讲，这也许是最有效的心理辅导。

五、推荐有益读物

根据学生的心理特点，有针对性地推荐一些有益的书籍报刊资料，这也是进行心理辅导的有效方法之一。

1. 心理学通俗读物。

直接给学生推荐一些浅显易懂的中学生心理学读物，以提高他们认识自己、把握自己的能力，如《中学生趣味心理学》《中学生青春期教育》《青春期诱惑》《磨亮女性智慧的利剑》等。

2. 关于个性塑造、交往艺术等方面的小册子。

推荐这类读物的目的，是让学生从中借鉴一些改善性格、改善人际关系的具体方法，如《中学生丛书・性格集》《性格与人生》《克服性格弱点五十法》《神奇的人生》等。

3. 中学生题材的文学作品。

文学作品对中学生无疑是有吸引力的，教师有选择地推荐一些反映学生思想、感情、生活的小说、报告文学，通过阅读，更容易潜移默化地受到感染与教育。如小说《青春万岁》《早恋》《危险的年龄》，报告文学《多思的年华》《你在哪里失去了他》《我们和你们》《与当代中学生对话》等。

4. 优秀人物的传记。

让学生读一些优秀人物的传记，使他们在钦佩杰出人物伟大品格、非凡意志、辉煌人生的同时感到自己心灵的震撼与净化，这是对中学生的一种积极的性格培养和人格教育。

六、争取家长配合

父母与子女的特殊关系，确定了他们在青春期教育中的特殊作用。实践证明，学生家长的参与是青春期教育成功的重要因素之一。

1. 举办家庭教育讲座培训家长。

在子女青春期教育的问题上，相当一部分家长的认识是糊涂的。他们往往以“保护子女纯洁心灵”为由不愿积极主动地进行这方面教育。子女一旦不可避免地产生了某些青春期特有的思想意识，家长便简单粗暴地斥之为“胡思乱想”“变坏了”“下流”等。这样的家庭教育是直接危害子女心灵健康发展的。因此，举办家庭教育讲座，首先是要改变一些家长的错误观念，让他们认识到青春期教育的重要性；此外，教师还应给家长们介绍有关青春期生理发育和心理发育特征的知识，指导家长们科学、民主地进行家庭教育。

2. 组织家长座谈交流心育经验。

班主任先在本班家长中广泛征集青春期家庭教育难题，然后召开家长座谈会，组织家长们围绕这些难题展开讨论，交流做法，共同切磋。班主任也可以请本班一些在青春期家庭教育方面做得比较好的家长做专题发言，介绍其经验。教师还可以根据不同心理类型的学生，分别召开小型家长座谈会，更有针对性地研究探讨对其子女的教育。

3. 指导家长子女开展心灵对话。

学生与家长存在着心理隔阂，是比较普遍的现象，这极不利于家庭青春期教育。因此，班主任争取家长配合心育的一项重要工作，便是帮助班上的学生与父母建立真诚的心灵交流关系。教师可引导学生经常主动与爸爸妈妈说悄悄话、知心话，同时要求家长也放下长辈的“尊严”，以朋友的身份与子女谈心。班主任还可以利用“三八妇女节”“五四青年节”“十四岁生日主题班会”等特殊日子，组织学生与家长互相通信，让两代人平等对话、增进理解。

4. 与“特殊学生”家庭保持密切联系。

班主任在对学生集体进行心育的时候，应重点关注一些有异常行为、异常心理或心理疾病的“特殊学生”，并与这些学生的家庭保持密切联系。班主任应定期向家长介绍其子女在校各方面情况，同时给这些家长提出要求或具体建议，请他们不仅要关心子女的生活，更要细心地观察、敏锐地感受子女在情绪、谈吐、行为等方面的微妙变化，一旦发现异常情况应及时通报班主任，以配合学校，共同教育。

心理辅导通信选

我是不是变坏了

来信：前几天，我看一部外国电影，里面有不少男女拥抱接吻的场面，我看得很不好意思。不过说心里话，我又很想看。由此想到自己最近老是处于一种矛盾的心境中：一方面不由自主地想看书籍刊物中的爱情描写甚至性描写，另一方面又觉得自己太下流；一方面渴望与女同学有更多的接触，另一方面又努力克制这种愿望，表面上做出不屑与女同学交往的样子。我是不是变坏了？

（高一男生义强）

义强同学：

你的来信，使我想起了我中学时代的一件令我惭愧的往事。我读中学时正是“文革”期间。我担任班学习委员，负责监督课堂纪律。一次，我发现一女同学上课时偷偷地看什么课外书。课后我暗中去翻她的书包，原来她看的是一本以前出版的《青春期卫生》，我翻了几页，里面的一些字眼使我脸红耳热。我当即向班主任打小报告，说这位同学看“黄色书籍”，可我同时又以“没收黄色书籍交给老师”为由，把那本小册子窃为己有，暗中阅读……

当时我是够“虚伪”的了。不过，用现在的眼光来看，我的做法也是可以理解的：当时我受的教育，使我真诚地认为那本小书是黄色的；作为工作负责的班干部，我理所应当地该向老师反映；但自己身体的发育与心理的发展，又使自己本能地想看看“黄色的东西”。现在，联系你来信所述，我们可以这样说：刚进入青春期的少年们渴望了解性知识是一种普遍而又正常的心理，与“下流”无关。

随着青春期的到来，男女同学的身体都发生了前所未有的变化，这种变化使同学产生了“这是怎么一回事”的疑问，并急于寻求解答。比如：为什么会有月经？

为什么会出现遗精？女生的胸脯为什么会变得丰满？男生的乳头为什么也会变硬变肿？等等。同时，同学们对异性也产生了既有好感，又觉得羞怯的微妙心理。他们因此而希望能找到解开这些谜的有关知识。

这种心理是中学生青春期性意识萌发的表现，是完全正常的；而且同学们渴望了解性知识的要求也是合理的。中学生获得正确的性知识，会促进性心理的健康发展，改变对性的愚昧无知状况，使自己对性成熟的生理、心理变化有充分的思想准备，解除消极的心理反应，这不仅有利于现在的心理健康，而且对以后的性生理、性心理健康和性生活的正常发展，都将产生深远而积极的影响。

义强，现在你不会认为自己变坏了吧？另外，我还要提醒你两点：一是正确的、科学的性知识，其来源应该是老师、家长的教育以及专门为中学生编写的有关读物（包括科普录像），而不应该是淫秽书刊、黄色手抄本、非法出版的小报以及不适合于中学生阅读的读物；二是了解性知识毕竟只是你们目前应该掌握知识的一部分，而不是全部内容。所以，适当了解这些知识是必要的，但主要精力还是应该用于其他各门功课的学习，若一味迷恋于此，是极不应该的。

好，愿你消除负罪感，坦然地走向成熟！

我怎样改变自己孤僻的性格

来信：我从小就很少与人发生矛盾冲突，但至今我没有一个好朋友，因为我性格比较孤僻，不喜欢与人交往。每次班上搞什么活动，我都不感兴趣；下课后和同学们在一起，我也觉得无话可说。久而久之，同学们都不愿与我往来了。我呢，也暗下决心不理他们。然而这样一来，我更加沉默和孤僻了。爸爸妈妈和老师多次开导我，要我“活泼开朗一点”，现在我也想改变我这种孤僻性格，可不知能不能改变，又该怎样改变。

（高一女生蔚翎）

蔚翎同学：

从来信看，你的气质属于心理学上所说的“抑郁质”一类。抑郁质的人行为孤僻、多愁善感、寡言少语，对任何事情都不感兴趣，对一般的社交活动表现厌倦。这是一种性格缺陷。孤僻性格对一个人的消极影响是很大的，因为每个人都是人类的一个个体，都是社会的一个成员。一个人要正常地生活必定要与他人、集体和社会发生这样或那样的联系。割断这种联系是难以想象的。以前埃及有个叫阿卜杜拉的"超人"，七岁时就能把一棵树连根拔起，成年后力大无比，世所罕见。他应召参军，凭着自己的特长入选特种部队，却因孤僻倔强的性格难以适应军旅生活，入伍三个月就当了逃兵。后来一个体育俱乐部录用了他，试图发挥他的天才，但由于他很不合群，不久就被辞退。以后，各个企业都不敢用他。这位本该发挥自己优势取得卓越成就的"超人"，却由于他孤僻的性格而四处碰壁，一事无成。"超人"尚且如此，作为常人，不是更应该注重培养自己健全的性格吗？

当然，你现在希望改变自己的孤僻性格，这正是改善性格的一个最有利的条件。应该承认，一个人的性格，与生理素质、家庭环境、生活经历、文化教养有关，是长期积累形成的。要改变某种性格，很难一蹴而就，但并非不可能。谁都知道青少年的特点之一是可塑性强，既然如此，为何不能改变性格呢？

那么，怎样才能改变你的孤僻性格呢？我建议你依次按以下四个步骤循序渐进地去做。

第一步，学会大声说话。性格孤僻往往伴随着胆怯腼腆，寡言少语，因此，学会大声说话是冲破孤僻的第一步。无论在家里还是在学校，说话时你应提醒自己：大声些！爽朗些！

第二步，尝试抛头露面。这是让同学们关注你的开始，课堂提问时，你不妨勇敢地举起手臂；运动会时，你不妨报名参加一个项目；同学们讨论某一问题时，你不妨"妙语惊人"。

第三步，主动关心他人。当某位同学遇到困难而你真诚地献出你的爱心时，你长期封闭的心灵就开始与他人的心灵融合了，你的善良举动，也可改变同学们对你的成见。

第四步，积极投身集体。你要逐步培养自己对集体活动的热情与兴趣。对班级活动，你不仅应是一名积极的参加者，而且还应争取成为出色的组织者，这是战胜孤僻成功的标志。

蔚翎同学，照着上面的建议去试试吧，你一定能成为一名活泼开朗的少女的！

男女同学交往引起别人误解怎么办

来信：这学期，妈妈为我在少年宫业余艺校报了名，让我星期天去学舞蹈。碰巧我班有一位男生也在那里学书法。于是我们有时便一起走。几个星期过去，班上有同学便怀疑我们在“早恋”，有人还在背后议论我们“常常在星期天约会”……我很气愤，因为我绝对没有那种意思，我相信他也不会朝这方面想，可是，竟有人这样造我们的谣言。现在，弄得我俩都很尴尬，不知该怎么办？

（初二女生露玫）

露玫同学：

从你来信中所说的情况看，你和那位男同学是没有错的。本来嘛，一起在少年宫学习，难免会接触得多一些。这种正当交往无可非议，你们完全可以坦然相处，不必尴尬。

青春期的少男少女们，随着性意识的发展，他们对男女交往、两性关系既感到神秘，又感到好奇。在这种心理的驱使下，有一部分同学对班上异性同学之间的接触交往特别关注，特别敏感——某男生帮某女生做了什么事、某女生与某男生说了什么……都会被他们窃笑或添油加醋地议论。出现这种心理虽然是自然的，但这种举动却很不应该，既分散了自己的学习精力，也影响了班上同学之间正常的交往，更给一部分同学思想上造成了精神负担。因此，这些同学应停止这种无聊的议论，把时间与精力用于自己紧张的学习。

露玫同学，既然你“绝对没有那种意思”，你就完全不必为此烦恼。你越是计较那些议论，越是感到不好意思，那些同学便会以为真有那么一回事，进而更加起劲地议论，而如果你问心无愧地做自己该做的一切，甚至装作没听见议论，过一段时间，也许那些爱议论的同学也会自觉没趣，不再议论了。当然，生活中也有这样一种情形：某些同学虽然确无“早恋”之心，但由于与异性交往方式不当，容易引起别人误解和议论。在这种情况下，如果被议论者仍然毫不在乎，我行我素，则无论对自己还是对别人，都是不利的。因此，在这封信里，我还想顺便谈谈“男女同学之间交往如何避免别人误解”的问题。

我认为，男女同学的正常交往应该是“等距交往”“公开交往”和“坦然交往”。所谓“等距交往”，就是对班上所有异性同学都保持一视同仁的友好态度，除了临时的工作需要，要避免对某一异性的过多接触；所谓“公开交往”，就是应尽量在公共场合与异性交往，如果有意避开其他同学，而长时间与某一异性单独往来，就难免引起误解；所谓“坦然交往”，就是与异性同学相处时，言谈举止应自然大方，坦荡庄重，既不要过分亲热，也不必拘谨羞怯。我相信，同学们在与异性同学交往时只要注意这几点，即使有人硬要嚼舌根，我们自己也尽可磊落为人，潇洒行事！

露玫，你认为我说这些对吗？不知我这封信能否使你的烦恼有所减轻。好，我真诚地希望你早日摆脱目前的苦闷，轻松愉快地生活、学习！

什么样的自我是最美的

来信：小时候我曾有过许多理想。读小学时，我家隔壁有一位很有名气的舞蹈家，于是我便参加了少年宫舞蹈训练班，想长大后也成为舞蹈家。上中学后，我读高尔基的“自传三部曲”，我又立志成为作家，还偷偷写过小说和诗歌。最近几年的改革开放，又使我崇拜一些著名改革家，并希望自己今后成为一名建功立业的改革家。现在我即将毕业，将独自踏上人生旅途，以前的理想却离我而去，可我仍在苦苦思考：怎样的自我是最美好的？

（高三女生姝洁）

姝洁同学：

面对你的提问，我的回答是：做一个最好的自己！

谁都渴望成为英雄豪杰、伟人巨匠，但受自身条件、社会环境等制约，真正成为艺术家、文学家、企业家的，只是少数。“人比人，气死人”，因为你比的人，处于人类文明的金字塔尖，当然越比越觉得自己无能。但是，请别忘了，虽然也许你永远成不了“家”，但通过努力，你却完全可以成为最好的“我”。

有人说：“每个人都是一棵树。”的确，我们生活的世界像一片森林，其中有的人是乔木，有的人是灌木；有的人是参天的白杨，有的人是婆娑的杨柳。你即将毕业，可能升入大学，可能参加工作，但志愿与职业的选择现在还不能取决于你自己。你以前的理想都是很好的，但现实并非可以随心所欲。因此，问题不在于你“做什么”，而在于你“怎么做”——

你也许不是最美丽的，但你可以最可爱；你也许不是最聪明的，但你可以最勤奋；你也许不会最富有，但你可以最充实；你也许不会最顺利，但你可以最乐观……因此，你若是工人，就要当技术最出色的工人；你若是营业员，就要当服务质量最佳的营业员；你若是医生，就要当医术最高明的医生；你若是教师，就要当最负责的教师；甚至你哪怕只是一名“个体户”，也要当最受顾客称道的劳动者！你也许不能成名成家，不能名垂青史，但你可以成为同行业中千千万万普通人里最好的那一个！

一位外国诗人曾这样写道——

如果你不能成为山顶的一株松／就做一丛小树生长在山谷中／但须是溪边最好的一丛小树／如果你不能成为一棵大树，就做灌木一丛

如果你不能成为一丛灌木，就做一片草绿／让公路上也有几分欢娱／如果你不能成为一只麝香鹿，就做一条鲈鱼／但须做湖里最好的一条鱼

我们不能都做船长，我们得做海员／世上的事情，多得做不完／工作有大的，也有小的／我们该做的工作，就在你手边

如果你不能做一条公路，就做一条小径／如果你不能做太阳，就做一颗星星／不能凭大小来断定你的输赢／不论你做什么都要做最好的一名

姝洁同学，不管今后你从事什么，都让自己成为最好的吧！——做最绿的小草，最纯的水滴，最亮的星星……

心灵，是这样打开的

作为班主任，没有比不了解自己的学生更痛苦的了。而只凭作文、日记、思想总结甚至谈心来了解现代中学生真实的内心世界是不够的。随着年龄的增长，不少学生对老师、家长逐渐关闭了自己的心灵。这除了与心理发展特点有关外，更主要的原因是对师长们的不信任。十二年前，我教初二时，有个叫洪菁的女生曾在周记中愤愤地写道："我讨厌师长们！……如果世界上只有我的同龄人，大家都是平等的，该多好啊！"可见，师生之间保持人格上、思想上的平等，是产生信任的基础。而离开了信任，则谈不上真诚的思想交流。

洪菁是一个天资聪明、思想早熟、性格内向的学生。她把周围的一切都看得较灰暗，学习懒散，缺乏上进心，而且对家长、老师的教育有着强烈的逆反抵触情绪。像这样的学生，要了解她的真实思想是很难的。考虑到她擅长写作，我便决定在她身上尝试一种新的工作方法——师生通信。

在给她的第一封信中，我谈了与她通信的目的："进行朋友式的思想交流，以互相理解、互相启迪，同时也进一步提高写作水平。"我有意识地隐蔽了我的教育意图。我还与她商量"约法三章"："第一，我们既是师生，又是朋友，各自的看法、观点决不强加于对方；第二，通信是自由的，什么都可以谈，是否继续通信也完全由自己决定；第三，我们的通信是保密的，内容决不让第三者知道。"信中，我还就她的性格特征、精神面貌、举止爱好等谈了我的看法。

一周后，她回信了："惊讶地收到您的来信，觉得挺好玩的。我当然愿意与您进行这种有趣的通信。读了您的信，我觉得您似乎像小学生一样幼稚而纯真——原谅我的不敬……我想向您申明：我不是个纯洁的女孩子，哪方面都不是！上次您来家访，说我与班上同学一样，是'心清如水'的孩子。我要向您坦白：我一点儿也不纯洁，我过早地明白了许多不该我明白的事……我想搞好学习，但不知怎样才能获得上进的动力，您能告诉我吗？"

她向我敞开了心扉，我在欣喜中给她回了信："虽然你自认为过早地知道了一些不该知道的事，但我认为你的确是纯洁的。因为不纯洁的人不会如此坦率；另外，过早地知道一些事未必是坏事，只要自己思想意识健康，便是'心清如水'……"

看了电视片《迎接挑战》她又给我写信："我感到恐慌，越看越感到自己很有可能被历史所抛弃，跟不上时代前进的步伐。因此，我很想奋进，可是……"

"恐慌可以理解，但不必担心自己被历史抛弃，因为你已经'很想奋进'了，这极可喜……当然，仅仅'很想'是不够的。既然你征求我的意见，那我给你提两点建议：一是要有远大的志向，把自己的未来同民族的前途联系在一起考虑。二是看待周围的事物不要老盯住阴暗面，只有善于发现生活中的美好，才能使人乐观向上……"我这样给她回了信。

时间一天天流逝，我和她的通信却一直没有中断。谈思想、学习、趣事、苦恼……我并不奢望仅靠通信就使她"后进变先进"，但这种真诚的思想交流所产生的潜移默化的教育感染作用是客观存在的。洪菁的精神面貌的确发生了一些可喜的变化：在收到我第一封信的次日早晨竟破天荒地主动为全教室里的开水保温桶打开水，让大家很是吃了一惊；期末语文考试她名列全班之首，可她却主动找到我："李老师，这道题你少扣了我一分。"

后来，洪菁初中毕业就读于市内另一所高中，可我们的通信仍在继续。或交流看《红高粱》的看法，或探讨"该不该入团"的话题，或交流对《丑陋的中国人》的评价，或争论金庸、琼瑶小说的优劣……与洪菁通信的成功使我的班主任日常工作多了一项内容，但也因此让我进入了一个鲜活的心灵世界。由此开始，以后在我所带的每一个班，我都与十来位有一定特殊性的学生保持着通信往来。到了 1994 年，对这些通信的整理改编，便成了我的第一本正式出版的专著——《青春期悄悄话——致中学生的 100 封信》。

十二年过去了，洪菁早已大学毕业、参加工作，并有了一个幸福的家庭。我们当然已没有了当年那种频繁的通信联系。但是，每当新年到来，我总会收到她的贺卡："多么怀念当年那心与心之间的平等交流啊！"

细心呵护心灵的幼芽

一篇作文的内容引起了我的注意。

这篇文章以生动细腻的文笔，描写了一位初三女生对班上某男生的“朦胧情感”。“她”知道这种想法是“不健康的”，但总是“忍不住要去想”；有时候独自一人漫想时，觉得“心情挺舒畅”，但同时又感到“脸红”甚至“羞愧”；特别是有时这样一想便“让时间白白流逝，而老师的讲课却听得半懂不懂”时，“她”便在心里骂自己“下流”。文章特别写了一次令人“既兴奋又尴尬”的场面——

有一次，学校组织看电影，她多么想和他坐在一起啊！可是她有什么理由让文艺委员把她和他的票连在一起呢。然而，当她走进电影院找到自己的座位时，她惊喜地看到，他竟紧挨着她的位置坐着！她坐下了，一颗心莫名其妙地剧烈跳动着；想和他说两句话，却没有勇气。她就这样面红耳赤地坐着，无比地激动，也无比地尴尬。放映时间到了，灯光终于熄灭了，场子里一片黑暗，她也终于舒了一口气。

作者在作文后面专门写了一段后记：“李老师，我这篇文章写的完全是真人真事。作文中的‘她’就是我。最近一段时间，我不知为什么，思想变得复杂起来，老忍不住去想一些不该想的事。我知道我是开始变坏了，不纯洁了，但我愿意改正，因此，我如实地写了这些。希望李老师一定帮帮我！”

这位女生名叫颜丹琳。在我的印象中，她是一个非常朴实单纯的女孩子，学习成绩也不错。她能在作文中与我交心，令我十分感动；这种高度的信任感，也是我对她进行疏导的有利条件。于是，我找她谈了一次心。

我先感谢她对我的信任，同时向她说明，她的这些“想法”并非“不健康”，更不能说是“下流”。她也如实向我说了作文中的“他”，就是她的同桌刘颖华。

“他对你也有这种意思吗？”我问。

“好像没有，而且，他并不知道我对他的感情。这也是我苦恼的一个原因。”她非常坦率地对我说。

“可是，这些想法或者说感情，对你们现在这种年龄来说，的确是太早了一些啊，而且正如你在作文中所写到的，这种想法已经影响了你的正常学习。”我和蔼而诚恳地与她谈着，我和她一起探讨了她目前的学习状况，并由此谈到了女性成才的话题。“不少人都认为女生不如男生聪明，因为的确有一些女同学初中时学习拔尖，而上了高中就渐渐走下坡路。是不是女同学就比男同学笨呢？许多中外科学家、教育家对男女智力比较进行了无数次研究，结论几乎是相同的：男女两性在智力发展方面的确有差异，但这种差异主要表现在智力优异发展的特色上。比如，女性长于形象思维，男性长于逻辑思维；女性听觉反应速度较快，男性视觉反应速度较快；等等。因此，从总体上看，男女两性的智力发展是平衡的。那么，为什么有些女同学在学习上确实后劲不足呢？其中有一个很重要的原因，就是女孩子的感情世界比男孩子丰富细腻，这使女同学在学习上更容易分心。比如人际关系的困惑、朦胧情感的烦恼、对自己容貌衣饰的本能关注等，都可能使自己的思想不知不觉地‘开岔’，偏离自己求知的轨道，影响自己的学习成绩，进而影响今后的成才。反过来讲，古今中外所有杰出的女性，无一不是战胜了自己的弱点才踏上了人生成功之路的！那么，对你来说，你是希望自己将来干一番事业呢，还是碌碌无为过一生呢？”

“我当然希望自己这一辈子有出息。我也觉得自己这样下去是不行的，可是——我又实在控制不住自己要想他。”她很认真地对我说。

“这就是理智和情感的矛盾。这样好不好——我把你们两人的座位调开，怎么样？”我开始给她出主意。

她静静地想了好一会儿，还是摇了摇头：“算了吧，李老师，您还是别把我和他调开。那样，我上课可能会更想他。”

“那好。”我宽容地同意了她的要求。“不过，我得给你提三点建议：第一，别把这件事看得太严重，更不要有负罪感，实在要想不妨就想，说不定想着想着，你自己都觉得没意思。总之，淡化这件事在你心中的位置。第二，最近你不妨多想一想他的缺点，他有哪些令人讨厌的地方。这当然不是要你去有意贬低他，而是为了适当降低他在你心中的位置，从而冷却一下你目前多少有些盲目的情感。第三，千万不要让他知道你对他的这些想法，更不要让同学们觉察出来，不然，同学们的议论会让你背上更大的思想包袱的。”

第二天，上完语文课，我把颜丹琳叫出教室，给她一本书：“我送你一本《磨亮女性成才的利剑》。这里面分析了女性成才的优势和障碍，并列举了大量中外杰出女性成才的事迹。你好好读一读。相信对你会有启发的。”

在那本书的扉页，我特意抄录了一段我当时刚刚读过的中篇小说《晚霞消失的时候》中的话：“人在自己一生的各个阶段中，是有各种各样的内容的。它们能形成完全不同的幸福，价值都是同样的珍贵和巨大。幼年时父母的慈爱，童年时好奇心的满足，少年时荣誉心的树立，青年时爱情的热恋，壮年时奋斗的激情，中年时成功的喜悦，老年时受到晚辈敬重的尊严，以及暮年时回顾全部人生毫无悔恨与羞愧的那种安详而满意的心情，这一切，构成了人生全部可能的幸福。它们都能给我们带来巨大的欢乐，都能在我们的生活中留下珍贵的回忆。怎么能说只有爱情才是最宝贵的幸福呢？”

大概是过了一个月后的一个课间，我又把颜丹琳叫到走廊的一角，笑眯眯地问道：“怎么样？还在想他吗？”

她爽快地回答：“嗨！真没意思！”

第二天，她交给我一封信：“李老师，最近一段时间，我仔细阅读了您赠送给我的那本《磨亮女性成才的利剑》，心灵受到极大的震动。是呀，古往今来，无数女性成功的萌芽其实是被她们自己掐断的，因为她们是自己脆弱感情的奴隶；而一切卓越的女性，如书中所列举的居里夫人、林巧稚、吴剑雄等，恰恰是勇于战胜自己的英雄。相比之下，我前一段时间的思想，的确太幼稚了。我现在不想许下什么宏大的诺言，但我决心以最大的毅力抛弃这种过早到来的感情，为让自己将来一生过得不平庸而把握好自己每一天的学习。”

几个月以后，这个班的学生初中毕业了。颜丹琳和刘颖华都考入了同一所高中，而且碰巧又分在同一个班上。当我听说了这个“巧合”时，心里真还闪过一丝担心：“他们会不会又有什么感情瓜葛呢？”

开学不久，颜丹琳的一封来信，消除了我的担心：“李老师，我怀着气愤的心情，告诉你一件事。我们高中新班集中了原来未来班的十多位同学，大家都暗暗下决心，要用行动为未来班争光。所以在第一次单元测验时，我们都告诫自己决不能作弊。果然，在考试过程中，由于老师监考不严，相当多的同学作弊，而我们未来班的绝大多数同学保持自己的童心，没有做任何弄虚作假的事，取得了品德上的100分。但是，我亲眼看见刘颖华作了弊！我很痛心，他给未来班丢了脸，也给李老师丢了脸！我听他说，他最近要来看你，所以，这里我给你寄来了我以未来班同学的名义写给他的一封信，请你转交给他。”

颜丹琳写给刘颖华的信不长，全文如下：

刘颖华同学：你好！

我一直都认为你是一个正直的同学，你的心和你的外表一样忠厚朴实，但是，某一天，你的行为促使我不得不重新思考：你的心真和你的外表一样朴实纯洁吗？初中那个刘颖华难道已经不复存在了吗？

9月3日下午的历史考试你作了弊，对不对？如果这个消息我是听人说的，那我还可以有理由不信。但这一切是我亲眼所见，这信不信就由不得我自己了。你的做法使我目不忍睹，我不敢想象，你会做这样的事。我不明白，为什么初中那个纯洁的你现在居然成了这样？究竟是什么因素促使你这样做的呢？你自己好好想一想吧！

记得初中时，期终考试，学校要交换各班考场，李老师坚决反对，他是那样信任我们，他不相信我们会作弊。那时，同学中无人在考场作弊。那时候，大家（自然包括你）是那样纯洁，而如今，你居然踏入了作弊者的行列，想起这一切，怎不令人心痛！你这么做，对得起李老师吗？对得起他三年来对你的帮助吗？你想永远把“正直”从你身上驱走而做一个虚伪的人吗？你真想随波逐流吗？

刘颖华，希望你好好想一想，你这样做好不好？它将给你带来什么灾难？我真心希望你这次的行为是平生第一次，也是最后一次！想一想，一个人哪能一生都不犯错误呢？但他一旦改正了错误，就又向前进了一步！

最后，希望你不要乱猜我是谁，是男的还是女的，这一切都无关紧要，更不要去调查。我只希望你能明白一点，真理毕竟存在，好人毕竟没有死绝！

未来班同学

1987年10月4日

读了这封信，我当然很欣慰：半年前，我仅仅是就她的“朦胧情感”而轻轻梳理过她的心灵，但她在抛弃这种“过早到来的情感”之后，得到的却是一个更加纯洁、更加成熟也更加博大的胸怀！

手记五：沉重的思考

——由一位女生自杀引发的德育剖析

我对教育（主要是对德育）的反思，当然不是全部否定我自己以前的教育实践，更不是彻底否定我们现行的德育，而是要通过反思发现我们德育存在的弊端，进而更好地改进我们的德育。

她给教育者留下什么“遗产”

品学兼优的她离去了

宁小燕怎么也不会想到自己在欣然叩开死亡大门的同时，会给人间留下一道难解的人生方程式。

应该说，她走得格外从容而坦然。有她自杀前一天晚上写的遗书作证：“我明天早晨要去远行，悄悄地、默默地、自由地。”

应该说，她去得相当冷静而周密，有她半年前一则日记作证：“昨天，我给一个同学写信，撒了个谎，让她替我买二十包磷化锌，我的生命仅值四毛钱，比小老鼠强不了多少，但我很愿意，也很高兴放弃它。我将快乐无比！”

但是，面对她那安详的遗容，人们还是惊呆了！

——因为，她只有十六岁！

——因为，她是连续两届市级三好学生！

——因为，人们分析了她的各个方面：她的经历（从小学到高中一直“走红”），她的家庭（出身于干部家庭，父母很爱她），她的学习（成绩虽不算拔尖，但一直较好），她的人际关系（由于性格内向不太接触同学，但与同学并无大的矛盾）……怎么也看不出她会受到什么置她于死地的打击和挫折！

于是，人们有了重重的叹惜：“这么一个品学兼优的学生死了，实在太可惜。”

于是，人们有了深深的疑惑：“她这么顺当，竟莫名其妙地自杀了，真不可思议。”

……

按照惯例，出了人命案，总应该有个结论。二十多天后，经过多方调查、分析，区教育局发了“情况简报”，有如下两段——

“宁小燕在人生观上存在着缺陷，她对人生的意义、价值早就产生了消极的认识，因此，她的自杀不是偶然的。”

“宁小燕的自杀反映出加强青少年学生人生观的思想教育的必要性、紧迫性；反映出在深入地关心、了解学生内心世界方面，我们还应做很多过细的工作。”

这个结论当然是正确的，然而太简单了。

一切关心祖国前途、民族未来的教育工作者都有理由发问：作为一位“平时显得懂事、自重”“在学校期间，遵守纪律、好学，在各种集体活动中表现较好，被选为班上宣传班委、通讯员和学校广播组播音员”（引自区教育局“情况简报”）的好学生，她的“人生观缺陷”“消极认识”是怎么产生的？她的自杀，除了她本人的原因以外，我们的教育该负什么责任呢？

宁小燕临死前，给友人写信说：“我并不希望自己就这么悄悄地告别人世，但我太累、太疲惫了，我没有勇气留下来，也没有勇气和毅力继续前进。”

一位曾对生活充满希望的青春少女，一位由我们的教育一手培养起来的共青团员、三好学生，竟“没有勇气和毅力继续前进”，选择了死亡，而我们教育者居然对此毫无察觉，直到她死后才震惊不已——这，难道不令人感到一种德育的危机吗？

不仅仅是为了解开宁小燕留下的人生方程式，更是为了更多的虽然没有自杀却同样感到“太累、太疲惫”的青少年学生，我对我们现在学校的“学生思想政治工作”进行了一些调查和思考。这些调查也许不够全面，这些思考也许还相当肤浅，但我愿把它献给所有具有社会责任感的教育者，让我们一起来剖析一下——

我们的德育已面临着怎样的危机？

曾经是朵“小红花”

当第一个“全民文明礼貌月”的春风吹遍神州大地时，宁小燕还是一个上小学的小姑娘。然而，她却已有了一个响当当的“官衔”——“小雷锋队”的“女司令”。

看见同学们争先恐后地抢扫帚、见缝插针地铲杂草，有时候为了争着送一个迷路的儿童回家，小伙伴们竟然吵得热火朝天，一向好胜又机灵的她，不动声色地在教室后面的黑板上写了一行字：“小雷锋队”即将成立，愿参加者迅速报名。宁小燕。

当天便有二十多位同学集结到她的“麾下”。

“好，从今天起我们小雷锋队就算成立了。那么——”宁小燕似乎是在征求大家的意见，“谁来当司令呢？”

不叫“队长”，而叫“司令”。在大人看来是很可笑的，但在孩子们看来，“司令”

更气派。

“当然是你啦！”众人异口同声。

看着这些比自己高出一个头的“小男子汉”们和平日叽叽喳喳的女同学这样心甘情愿地听从自己的命令和调遣。宁小燕自豪极了。

宁小燕把“小雷锋队”又分成四个小分队，每分队固定“承包”学校附近的两家慰问户。于是，每周星期六放学后，“小雷锋”们便来到孤寡老人家或儿女均在外地的军属家里，劈柴挑水、买粮送煤、扫地洗衣……完成任务后，各路人马纷纷回校集合，由小队长向“女司令”汇报慰问情况、大家的表现以及居民的反映等。

“小雷锋”们受到人们的普遍好评，其中，“司令”直接领导的那个小分队的成绩是最优异的。当时班上每周都要评选一次“小红花”，宁小燕几乎每回都被评上。到了期末，教室后面“小红花评选栏”中她的名字下，贴了 19 朵鲜艳的小红花。

放假了，宁小燕捧着这 19 朵小红花，向爸爸、妈妈、姐姐还有同院的叔叔、阿姨、小伙伴们炫耀了好几天。

这个“小雷锋队”在宁小燕的领导下，一直坚持不懈地做好事，一直到小学毕业。

上初中了，不兴评“小红花”了。然而，美丽的小红花却在她心灵里继续开放着。

上学路上，宁小燕看到一位老盲人正用竹竿小心地探路，可就是辨不清方向。

“您要上街吗？我带您一段路吧！”宁小燕笑吟吟地问老人。

老人听见了声音，却不知声音来自何方，仍然茫然地说：“不是的，我在找一个熟人。他好像就在这附近，可不知具体在什么地方。”

“我帮您问问吧！”宁小燕热情地问了附近几家，仍无结果。

他着急，她更着急，因为快上课了。但是，尽管她现在离学校大门只有几十米，她也不忍心丢下这位老伯伯。

“别着急，”她柔声安慰道，“我帮您想一下该走哪条路。”

老伯伯不再东张西望了，静静地站着等候宁小燕“想”出来。

她冷静地四下瞧了瞧，发现有一条小路几乎可以经过附近每家每户的门口，走这条路没错！她打定主意，对老盲人说：“我们走那条路，来！”

她一边说，一边轻轻地牵起了老伯伯的手……

“上课迟到了，可我为此快乐了一整天。当我做完了哪怕是小小的一件好事时，我便觉得自己恢复了纯洁的童心，又戴上了美丽的小红花，我是多么高兴啊！”

——当晚，宁小燕在日记中这样甜蜜地写道。

孤独的思考者

她曾经是一位多么乐观、自信而且富于思考的少女啊!

她喜欢英语。她的父母甚至希望她将来能够成为一名翻译或者外交官。平时一有空，她便对着录音机叽里呱啦地朗读。与同学交谈时，简单的句子也用英语说，尽管常常说得结结巴巴，大家都笑得直不起腰，但她和同学们都感到快乐无比。她还多次参加学校、市里的英语竞赛呢！她也喜欢数学、物理和化学。而且尤其喜欢钻研怪题，每当她费尽九牛二虎之力攻破一道难题时，她就感到充实和喜悦。她把这当作一种智力体操，当作一种享受。

但是，对宁小燕来说，最富有魅力并最能引起她如痴如醉追求兴趣的，还是那灿烂辉煌的文学艺术。她在给一位同学的信中这样写道——

我热爱文学艺术，这是我显著的特点。喜欢读小说，比如外国的《茶花女》《简·爱》《欧也妮·葛朗台》《红与黑》《莎士比亚戏剧集》《安娜·卡列尼娜》等。我看书不是为了消遣，看书时，我总是要仔细读，看书里是怎样抓住风景进行描写的，是如何用凝练的笔墨刻画人物外貌的，是如何用一条线索把众多的人物、纷繁的事件串成一串珍珠项链的。同时，我也是带着生活中的问题在名著中寻找答案。我也喜欢读中国作品。如《呐喊》《子夜》《家》《鲁迅杂文集》《我那遥远的清平湾》《门铃》《一个女人和一个半男人的故事》等。我尤其爱读争鸣作品，它会使人有独到的见解，培养人的思维能力。我也喜欢读诗，不论是古代的还是现代的。有时我也写一些诗，但大多随写随丢……

我爱好绘画艺术，喜欢齐白石的《樱桃》《对虾》、徐悲鸿的《奔马》，喜欢达·芬奇的《蒙娜丽莎》《自画像》，还有张大千的《长江万里图》。印象派的《日出》、巡回画派的《伏尔加河的纤夫》、鲁本斯的《画家和他的妻子》、罗丹的《巴尔扎克》《沉思》……我都非常喜欢。我最爱蒙娜丽莎神秘迷人的微笑，以及她恬静、柔美、善良的形象。我曾临摹过这幅世界名画。以前，我没事就爱画画。水彩图、素描、白描都爱。尤其爱用白描手法和素描画人物、雕像，可惜的是，我画的好多画都送给同学了。现在仅存一幅《蒙娜丽莎》……

她有过真诚的社会责任感，并为自己能够生活在这创造未来的改革年代而自豪。在丁佑君纪念馆，她久久凝视着烈士那洁白的雕像热血沸腾："如果我生活在那个枪林弹雨的时代，我一定会在人们永远纪念的英雄名单占据一行。我要充分利用有限的生命，在当今这个同样是创造灿烂文明的飞旋时代中奋起！"南疆自卫反击战的炮声，震动了宁小燕赤诚的中国心，她惋惜自己不能投笔从戎，去拼杀奋战，成为保卫祖国的勇士。但是，她摊开了洁白的信笺……她对同学说："我要用我的笔，写信给前方将士们，用我的热血与激情，鼓舞正在奋战的勇士，纪念为国捐躯的烈士，用我这一支笔，写出献给前方将士的感激之歌、力量之歌、勉励之歌！"

她爱读书，更爱思索。她在阅读中走向成熟，在思考中保持纯真，在同龄人中，她逐渐显出了自己的思想个性：别人视作"成熟"（实为世故）时，她显出纯真；别人"纯真"（实为肤浅）时，她却显出成熟。

傍晚，走在放学的路上，看着每天见惯了的破旧农舍里射出的微黄煤油灯光和昏暗灯光下辛勤劳作、表情麻木的农妇，无忧无虑的同学嘻嘻哈哈，"高歌前进"，宁小燕却感慨万千：为什么煤油灯还会统治着社会主义中国农民的夜晚？为什么电影上 40 年代农村家庭的情景还会在 80 年代出现？为什么不少人至今还不能摆脱物质贫困和各种愚昧的精神枷锁？

正陶醉于《冬天里的一把火》的同学们被她这非常严肃的几个"为什么"逗得更乐了："你真是忧国忧民呀，我们的小燕真应该去当国务院总理！哈哈哈哈……"

几句善意的玩笑，使她感到周围的同学是那么陌生而浅薄，她感受到了不被理解的惆怅。

半期考试，班上纪律乌七八糟，尽管学校事先为了防止学生作弊而让各班学生混合交叉，但考场上的情景仍使宁小燕感到难过——别人司空见惯，她却感到震惊：相互递纸条、交换试卷、通报答案、讨论试题、翻书、翻资料……宁小燕暗暗做了统计：作弊人数在百分之九十以上。

她在考场上保持自己的纯洁与诚实，却被同学们指责为"假装高尚""故作清高"！

她愤慨地辩论："你们这样做，是为了名誉吗？可大家都知道成绩是假的，有什么名誉可言呢？是为了奖学金吗？这样换来的奖学金，心里好受吗？……"

她在一篇作文中激愤而一针见血地写道："这难道就是 80 年代的学生的所作所为吗？有人一味地为 80 年代的中学生唱赞歌，什么'奋发有为的一代'、什么'富有思想的一代'、什么'开拓、进取、创造'……他们看到了这些现象吗？"

宁小燕这些独特的思考、敏锐的思想，赢得老师一次次赞扬和鼓励：

“你真可爱，在别人赞美之风盛行的时候，你却勇于唱反调，但不是颓唐的调子，而是悲怆而且激越的调子。”“分析很好，很有感受能力！”“对，人就应该不断地想，努力地做。”“我对你仍要求思考！”

但是，当她按老师教诲继续深入“思考”的时候，她与周围同学的心理距离却在迅速拉大。她越来越从心里瞧不起同学们，认为他们什么都不懂。

她感到知音难觅。

她感到孤独。

心灵的自白

——宁小燕日记选评

1985年9月23日　星期一　云

我讨厌虚伪，厌恶假话和不敢说真话的人。我追求直和真。但是，以前父母警告过我多少次，有时也像哄小孩一样哄我。说信任别人，向别人说真话没有好处。什么朋友、友谊，都是假的。有什么话只能对父母说，只有父母才是真的。如此等等。对于这种“真理”，我不予理睬。以前，我的朋友很多，学校里的，社会上的，什么人都有，最初他们都喜欢我活泼、单纯、会理解别人，但到后来，他们都和我疏远了。他们是怕我的性格。有些人也“好心好意”地劝我，教我“对人不要太相信、太真诚”，我当然也置之不理。我也不必再和这些人一起好，因为我同他们之间有堵中国几千年来形成的摧不毁的厚墙。但是，我真诚和直率的性格是不会变的（现在有好些人，他们从前也很真诚，但踏上社会后就变得对一切都假起来，互不信任）。如果要变，也只是变得更“直”更“真”！

（正直和真诚，的确是一种高尚的品格。我们的教育多年来也试图让每一个学生正直而真诚。但是，怎样在保持正直和真诚的同时，又能暂时容忍邪恶与伪善？怎样既诚实地做人、又机智地做人？我们的教育是从来不讲的，我们往往只是抽象而绝对地向学生大谈“砍头不要紧，只要主义真”。如果我们的学生真正执着地追求“直”和“真”，其结果往往是碰壁“吃亏”。因此，当宁小燕发誓追求“直”和“真”时，我们的德育已经为她的人生埋下了悲剧的种子。）

1986年1月7日　星期二　晴

又是一个“走后门”！现在，恐怕关系学也是一门学问了，说不定以后还会把它作为学生必修课之一呢！……我讨厌关系学，更讨厌搞关系学的人，也不愿同搞关系学的人沾边。但生在这关系学横行的人间，谁也无法逃避，我唯一的办法就是：洁身自好。

（损人利己的庸俗关系学理应谴责，但以尊重人为目的的人际关系艺术是不是也应理直气壮地给学生讲讲呢？教师一味简单而绝对地批判“关系学”，实际上是把学生培养成不食人间烟火的天外来客）。

1986年4月8日　星期二　多云

我明明没说过对班主任妻子不礼貌的话。可他就是不相信我！……

这几天，我总是特别注意自己的言行，希望不要又有“出轨”的地方。今天又是班主任老师的物理课。他一进教室总要先上几分钟政治课：“……道德这个词嘛，意思大家都知道，报上报道，北京市最近开除了不少大学生，大家都清楚，大学生的成绩都是拔尖的。但还是被开除了。为什么呢？原因就是这些学生只注重成绩，而不注重自身的道德修养。现在，我们要注重这个问题了……因此，我特别提醒某些同学注意，要培养自己的道德修养，多想想道德二字！”班主任又在“提醒”我了。这在我预料之中，他根本不相信我。

任我怎么小心翼翼，他也会找到我的岔子。

下午自习课，班上一片闹嗡嗡的。开始我一直很守纪律，前面的同学又是唱歌，又是说话，还莫名其妙地掏出一封信来问我：“你猜是谁给我写的？”我没好气随口答了一句“朋友”。没料到下课后我被班主任狠狠批评了一顿：“我看你越来越不像话了！真是学坏容易学好难啊……”

于是，我被惩罚留下来静坐，一直坐到六点四十，才被“释放”回家。

我想不通，老师竟然如此不相信我？为什么这种惩罚形式竟光明正大成了教育手段呢？

（正如对政治的强化，导致了一代人对政治的反感一样，对道德的强制，导致了一代人道德的沦丧。离开了对学生的尊重、信任和理解，任何“道德教育”都会暴露其虚伪。更可怕的是，教育者的神圣形象也会在教育者自以为神圣的教育中崩溃！）

1986年5月7日　星期三　晴

×××总是有事没事地找我“谈工作”。我下课刚走出教室，他又叫我到他办公室里去。

我真讨厌他的眼睛，滴溜溜地把别人浑身扫遍。最后又一动不动地死盯着你。即使你看着他，他的眼光也不闪开，他好像并不怕别人瞪他。我漫不经心地把手撑在办公桌上，看着玻璃板下的照片。

“你看你们办的板报呀，”他对我大声说，“基本上都办完了，就偏偏剩那么一小块空白。人家好多老师都说，宁小燕的板报办得是好，就是……就是……嘿嘿，就是虎头蛇尾……”他说着说着悄悄地把手伸过来，试探性轻轻握住我搭在桌上的手。“总是掉一条尾巴，虎头蛇尾，嘿嘿，蛇尾……”他一边说一边用审视和不怀好意的目光盯着我，想看看我有什么反应。上星期四他叫我去拿彩色粉笔时，举止轻浮，我便看出他居心叵测，但没料到他今天竟如此放肆。

我不动声色地把手轻轻抽了出来，擦了擦玻璃板，指着一张校篮球队合影说：“嘿！你看。这个人照相时没精打采的！”我一边漫不经心地说，一边用眼角余光瞄瞄他。他把手缩回去，身子向后靠在竹椅靠背上，一动不动地盯着我，眼睛里闪出一丝不快和思忖，脸上的笑也凝固了。

此刻，我脑子里突然闪过他上政治课和主持团干部会议时的情景，挺着胸，双手不停地划动，用企鹅似的姿势飞快地巡过教室或会场，然后站定，用严肃得近乎严厉的目光扫视大家。俨然是一个架子十足的老师。哦，应该是保持着矜持和尊严的教育者。

我感到一阵恶心和烦躁不安。好在那表情一瞬而过，而后又是一脸不经意的笑容。

正在这时三位同学喊了声“报告”便走进来了，汪教师也随后进来，我便对×××说：“那，我去把那空白补上。”他仿佛没听见，还在发呆，我提高声音重说了一遍：“×老师，我去把那空白补上！”他才如梦初醒，盯了我片刻，尴尬地说：“哦，好吧……彩色笔在门背后。”

我匆匆拿了一支粉笔，逃也似的奔出了那幽暗的屋子。

我心不在焉地在那空白处随便写了个日期。“哼哈！宁小燕，偷懒，应付！”我浑身一颤，回头一看，果然又是他，倒背着双手踱着步，脸上仍是一副随和亲近而又让人生厌的笑容，我漠然一笑，又回头添着已写好了的日期。

（当 ××× 向宁小燕发出令她“浑身一颤”的阴森冷笑时，宁小燕透过他那猥劣的眼睛，看到的不只是一个丑恶的灵魂，她同时联想到了“政治课”“团干部”“教师”这些崇高的字眼。不要责怪她“以偏概全”吧，因为我们教师队伍里确有个别败类坏了“人类灵魂工程师”这光荣的称号！）

1986 年 9 月 5 日　星期五　小雨

刚下数学课，× 老师就把我叫到了她的寝室，她和蔼地对我说：“这次评奖学金可能没有你。”这我早已知道，虽然上学期我的成绩总分达到了评奖学金的分数线。但由于某一门不及格，自然不在评奖之列，我是有些惋惜，但并不悲伤。一次失败算什么呢？何况有些人即使得了奖学金，我也不羡慕。因为是靠作弊换来的。我想，老师一定是想安慰我，便说：“我早已知道，没什么！”可她摆了摆手说：“我反复复查了你上期的数学试卷，我判分严了一些，其实你完全可以及格，我已经给你添了十几分……”“不……”我惊奇地打断了她的话，可她不容我说仍然平静和蔼地说：“你不要感到不好意思，别人不会知道的，本来嘛，你平时的数学成绩还是不错……”

我不知道我是怎样走出她的寝室的。我感到自己受到侮辱，我平生最讨厌的就是虚假。在这之前，我当然清楚，× 老师为什么会对我如此关心——她爱人与我爸爸同一单位同一科室，她是想通过我巧妙而曲折地巴结我那当科长的爸爸。

生活中，为什么处处是虚伪啊！

（如果说上面的那位老师的轻浮还可以说是偶然现象的话，像这位老师这样的“关心”，这样的作假，恐怕绝非个别了。在老师的精心培养下，宁小燕逐步接受并树立了教育者所希望的道德信念。可没料到，正是这些教育者不知不觉地亲手把宁小燕的道德信念摧毁了！）

1986 年 12 月 8 日　星期一　雨

学校里沉闷的空气，冷漠的人际关系，过早萌发的爱芽……压得我这颗天生动荡不安的心不能喘息。

我不能老这样下去，我不想读书，今天，这个念头又出现并占据了我的大脑，唯一能够解脱，能逃避这一切的办法是什么呢？

我仿佛已脱离了这个纷繁的世界，超脱于现实，顿觉眼前的水、朦胧的山、淅淅沥沥的小雨，都带着清淡的诗意……

（一颗孤独的灵魂需要温暖和理解，多年来，我们过多地注意了“思想教育”“品德培养”“政治引导”，却忽视了学生心理卫生的指导，少女的心灵是丰富、微妙而多变的世界。此刻，宁小燕若能遇上一位心理保健医生，该多好啊！）

1987 年 3 月 20 日　星期五　多云

爸爸是他们单位里分房小组的主要成员，但我们家在分房时却仍被人蒙了。人啊人！狡猾的、世俗的、卑鄙的、肮脏的、莫名其妙的人！

一切都是世俗的，让人生厌……

“离开这个肮脏的人世间吧！”一个声音在呼唤，可是，我似乎太弱，还没有太大的勇气，救救我！帮助我吧！让我得以自由和解脱吧！

（“社会主义社会结束了人剥削人、人压迫人的关系，因而能够在全体人民内部建立和发展体现社会主义精神文明的新型社会关系。”“我们社会的主流永远是好的”——既然这些观念已牢牢地在宁小燕头脑中扎了根，那么，她怎么能够面对如此现实而不感到惊异以至于绝望呢？救救我！——这不仅仅是宁小燕一个人的呻吟，而是无数在“正统教育下走入社会后感到迷惑的青年的呐喊”！）

1987 年 11 月 2 日　星期一　阴

这是我的最后一篇日记了。我下了很久的决心，鼓起了最大的勇气，等待到了最失望、最无聊的时候，我该离开了。

现在，突然感到有点匆忙。等我把该做的都做了，所希望的都实现了，再心满意足地离开吧，可是，那些太多了，我已无能为力，也无勇气继续完成它们了。

再见了，我心爱的日记本！不会再有人来续写了……

！！！……

（我听见了历史的回音——那是20世纪初一位巨人的呐喊：救救孩子！）

“纸船”破碎了

如果她的意志坚强一些，如果她的心胸宽阔一些，如果她的性格开朗一些，如果她的思想成熟一些，如果她对生活热情一些，如果她对未来乐观一些，如果她对现实的看法复杂一些，如果她对社会的认识全面一些，如果她的人生观积极一些，如果她的世界观科学一些……她本来是不会死的。

——宁小燕的教育者（老师、领导、区教育局的同志）一致这么认为。这个看法有相当的合理性，因为宁小燕的思想性格弱点的确是造成她人生悲剧的重要原因。

但这绝不是唯一的原因，甚至不是主要原因！

我们教育者为什么不愿意这样来“如果”一番呢——

如果宁小燕在幼年启蒙时，我们能告诉她未来不仅仅是美好的，更是艰苦的；如果她成立“小雷锋队”时，我们不仅教育她要学雷锋，也告诉她生活中并非人人皆雷锋；如果我们对她的理想追求和道德要求合乎实际地降低一些；如果我们给她的学校教育同她所面临的社会现实是基本和谐而不是相抵触的；如果在她处理人际关系方面感到困惑时，我们给她一些有益的帮助；如果当她的青春爱芽萌发时，我们给她一本苏霍姆林斯基的《给女儿的信》或瓦西列夫的《情爱论》；如果她的××老师是一个高尚的人而不是一个庸俗的小市民；如果她的班主任不仅仅是一名教育工作者，更是一名明察秋毫、洞悉心灵的心理学家；如果她的父母不仅仅是她的哺育者，更是她最信任的知心朋友……那么，宁小燕的生命之火本是不该熄灭的。

然而，这些“如果”都仅仅是“如果”而已。因此，宁小燕的青春之弦必然崩断。

1987年8月19日，宁小燕在给友人的信中这样诉说着自己的迷茫和幻想——

……我曾经很要强，想做的就一定要做，想得到的就一定要获取。可后来，不知怎么的，我突然沉下去，弱下去，从而一蹶不振。我从未意识到的天生性格中的软弱一下子暴露无遗，于是我由一片生机勃勃的绿叶变得枯黄，最后从我着根的理想与信念的大树上坠落。我不知道有什么东西是美好的，我不知道前面是怎样的，当然不会有鲜花，只能是沼泽，我现在踌躇不决，每走一步都是迷茫。

……

我知道，谁也不会是救世主，我的上帝就是我自己，可现在，我觉得已没有力量拯救自己了。也许等我的将是樱桃山谷和玫瑰村庄。听起来多美，也确实很美，它们属于另一世界，这只是时间问题。

在宁小燕看来，自己美好的理想与丑恶的现实是激烈碰撞的，自己高洁的品格与污浊的世风是不可调和的，自己纯真的个性与混沌的环境是尖锐冲突的。她感到自己走到了人生的尽头，她决心做“真、善、美”的殉道者。

她憧憬着死亡。

1987 年 11 月 2 日深夜，她从容冷静地写了两封遗书。

一封写给爸爸、妈妈、姐姐——

当你们看到这封信时，也许我已离开了你们，永远地。

我别无他法，只能用这种最软弱、最无能的方式使自己得到解脱。你们也许会感到不平。但请为我想一想，我这样无聊地活着实在是一种浪费。我的灵魂早已离我而去，只剩下一具空壳在你们身边，又有多大意义呢？这样活着，我实在感到太累，太疲倦了。

我感谢爸爸、妈妈创造了我，不然我也不会懂得下世千万别错投人胎；我也感谢你们对我的爱和抚育，但对于我，实在是一种伟大的浪费；我也爱姐姐，希望她永远幸福。

我就这样向你们告别了，留给你们的也许是无尽的哀伤，但这种方式对我是十分幸福、十分适当的。因此，你们也不必为我悲哀，也不必为我遗憾。

一封写给友人——

我真的要去远行了，带着我的梦，我的希望，去寻找那自由王国。

原本有许多话要说，但现在似乎已无意义了。

我也留恋我爱过的一切，但要坚强地将“人”做下去，仅靠这些爱是远远不够的。

此时，我好害怕孤独呀！我将孤零零地，只身一人乘上小船，漂泊到那个苍白然而纯洁的世界，只有我的梦和幻想陪伴我，我也许仍感孤独，但我终究自由了，解脱了。

我没有什么可遗憾，人生最美好的我都已经有过了。尽管也有未实现的愿望，但毕竟已希望过了。

我不能为你祝福。

没有一般人面对死亡时的恐惧或悲壮，宁小燕欣然而恬静地把自己年轻的生命交给了死神。

毕竟在这世界上生活了16年，毕竟是承受过父母的养育之恩，因此，第二天早晨，宁小燕离开家门时，情不自禁地多次回头久久凝望着自己的妈妈……

“还东张西望干什么？要迟到了！”母亲对女儿说。

——女儿不同寻常的深情凝望竟丝毫未能引起母亲的注意！

到了学校，宁小燕向老师请了“病假”，便约上自己一个最好的朋友来到江边。宁小燕和她谈起了有趣而幸福的往事——那次春游自贡灯会多有趣。还记得那回我们在蝴蝶山洞探险吗？去年这儿第一次下雪，多美！可惜雪太少，堆不起雪人。哼，如果她再和我比赛乒乓球，我一定不会再输的！什么时候能再去梅花沟玩耍？“小雷锋队”。小时候，第一次偷吃辣椒，到河边捉泥鳅。用胡豆叶吹泡泡……

整整两个多小时，宁小燕神态自若、谈笑风生，竟使好友一点也没察觉出这是宁小燕留在人间的最后的声音了！

该想的都想了，该说的都说了，该做的都做了。带着对生的幸福满足，怀着对死的美好向往，宁小燕坐在江堤上，一边喝着啤酒，一边咀嚼着磷化锌，同时又悠然地欣赏着周围如画的美景……

15包磷化锌下肚，宁小燕倒在了岷江边……

在她的身边，飘落着一页洁白的诗笺。那是头天晚上，宁小燕抄写的泰戈尔的一首小诗《纸船》——

我每天把纸船一个个放在急流的溪中。

我用大黑字把我的名字和我住的村名写在纸船上。

我希望住在异地的人会得到这纸船，知道我是谁。

我把园中长的秀利花栽在我的小船上，希望这些黎明开的花能在夜里被平平安安地带到岸上。

我把我的纸船投到水里，仰望天空，看见小朵的云正张着满鼓春风的白帆。

我不知道天上有我的什么伙伴把这些船放下来同我的船比赛！

夜来了，我的脸埋在手臂里，梦见我的纸船在子夜的星光下缓缓地浮泛向前。

睡仙坐在船里，带着载满着梦的篮子。

诗笺被秋风扬起，飘零在江面上——

宁小燕的纸船连同她的生命的白帆破碎了……

不仅仅是“宁小燕”的悲剧

我与宁小燕同在一个城市，却素不相识。当她吟诵着泰戈尔的诗歌告别这个世界时，我正在离她不远的另一所学校辛勤“塑造”着学生的“灵魂”。

宁小燕之死，震惊了我这位“教育者”。经过采访、思考、分析之后，我写下了一篇报告文学《“真善美”殉道者》投寄《中国青年报》。不久，该报予以头版发表。不过，编辑对标题做了修改:《她给教育者留下什么“遗产”？》。

我折服编辑所取的这个标题。的确，面对宁小燕的遗体，每一位教育者都应反思自己的教育，并从中悟出点什么。

文章发表后，引起的反响是我没想到的。当时,《中国青年报》有一栏目叫“每月一榜”，专门评述上月读者来信反映强烈的文章。结果,《她给教育者留下什么“遗产”？》名列榜首。编辑这样综述道:“反应焦点：来信认为，宁小燕的死教育者有责任，社会也有责任。一位师范学校的学生来信说，我和许多同龄人都对现在的一些社会现象感到迷茫、不解。这些社会现象深深压抑了我们的进取心和对生活美好的希望。希望宁小燕自杀这件事，对社会有所触动。”

同年9月9日的《北京青年报》刊登了一位中学生题为《难道我们的教育真的毫无责任吗？》的文章——

《中国青年报》在头版给了一位“不知到底为何自杀”的女中学生——宁小燕以相当可观的版面。像宁小燕那样热切地追求“真善美”又过于天真的好学生，当今已经很少见。而她走极端的解脱方式——自杀，却大声发出了“在玫瑰色教育下走入社会后感到困惑的众多青少年的呼唤”，以至记者用醒目的黑体字质问道：“难道我们的教育真的毫无责任吗？”

身为一个中学生，对这样的质问并不觉得奇怪。多少毕业生都曾对他们的恩师说：“您教给我们的那一套，在社会上根本不顶用。您想让我们做大好人，可社会容不下我们。”那些头发中有些许或许多银丝的“园丁”，对此往往只是摇头，叹惜世风日下，然后回到课堂仍旧向新一批学子传播他们坚信的正确思想，然而一切往往都只是轮回而已。

我们的师长，当您千方百计地想把一个孩子教育成您心目中的好孩子时，您必须正视这样一个事实：青少年身心的成长是一个痛苦而复杂的过程。

当他们在黑暗中感到阵阵孤寂之时，当他们在日记中发出莫名的长吟之时，当他们在拥挤的人群里感到恐慌之时，当来自内部外部的无形压力向他们慢慢逼来之时……您不要再拿一些硬邦邦的正确的框框去套他们，不要幻想只要让他们明辨是非就可万事大吉。

可不可以使环境宽松一些，可不可以拿您或别人有益的人生经验去疏导他们壅塞的心灵，可不可以不把学生们当作一部部受教育的机器，而是一个个正在通过他人帮助，更通过自己不断努力而逐步形成的“人”……

为了不让悲剧重演，请给他们以自信力和直面现实的勇气和胆略；请给他们以一颗健康而有强大生命力的心脏；请给他们以一个清醒而有独立思辨能力的大脑；请给他们以一种积极而富于弹性的生活态度……

这期待是给予我们的师长，也是给予我们自己的。

看来，悲剧的确不仅仅是宁小燕的，尤其是心灵的悲剧！

这位名叫“余燕”的中学生虽不无偏激但十分真诚的期待，令包括我在内的许多号称“人类灵魂工程师”的教育者感到脸红！

我在《她给教育者留下什么“遗产”？》中对我们的教育发出了一声声质问，这绝不意味着我的教育就十分高明，因而可以居高临下地去指责其他的教育者。不，当我第一次关注“宁小燕”的名字并试图理清她的成长历程、思想轨迹和命运发展时，我就情不自禁地把批判的解剖刀对准了自己的教育！

我开始了反思。

德育观念的十大碰撞

我对教育，准确地说，主要是对德育的反思，当然不是全部否定我以前的教育实践，更不是彻底否定我们现行的德育。而是通过反思发现我们德育存在的弊端，进而更好地改进我们的德育。

我之所以把反思的重点更多地放在德育上，是基于这样的认识：既然教育学生学会做人，是素质教育的首要任务，那么对教会学生做人最直接的德育，我们理应有更深入的研究和探索。

比起 10 年前，我们的学校德育已经有了可喜的变化。中央颁发了《关于进一步加强和改进学校德育工作的若干意见》，党和政府把德育改革的重要性提到了前所未有的高度。全国各地中小学在德育改革方面进行了许多有益的探索，并取得了可喜的成果，与 10 年前相比，学校德育的内容和渠道都已经有了相当大的扩展和拓宽。

但从大面积上看，特别是微观到每一位班主任的具体工作，我们就不能不感到，德育改革的步伐还相当沉重，相当缓慢。

因为我惊异地发现，距我写《她给教育者留下什么“遗产”？》10 周年之后，自杀的中学生并没有减少。国家教委领导在谈到素质教育时，多次提到这个严峻的问题。

而学生的心理素质问题，仅仅是教育问题的一个小小方面。如果要罗列现在暴露出来的其他德育问题，那更是令人忧心不已。

为什么在这方面进行了大量艰苦的改进和探索之后，效果始终难以尽如人意呢？

关键在于观念！

对于加强和改进中学德育问题，人们并无异议；但应该以什么样的观念来推进我们的德育改革，人们的认识并不相同。我认为，我们今天加强学校德育，这不只是为了克服前些年“一手硬，一手软”和忽视德育工作的倾向，更重要的是，社会主义现代化事业蓬勃发展的新形势对学校德育提出了更新更高的要求。因此，所谓“加强和改进”，就不仅仅是恢复20世纪五六十年代的德育模式，而是在继承和发扬我们思想政治和品德教育优良传统的基础上，“面向现代化，面向世界，面向未来”地开拓具有中国特色的社会主义德育新路子。

加强和改进中学德育涉及的方面很多，其中的关键之一是德育观念的科学化和现代化。目前，有的德育工作者还存在着一些不能适应德育新形势、时代新要求的观念，这妨碍着中学德育的真正加强和科学改进。我认为，这种德育观念的碰撞，主要表现在以下十个方面。

一、德育目标：是培养膜拜师长、迷信权威的守旧者，还是造就崇尚真理、勇于开拓的创造者？

对此，理论上似乎并不存在分歧。因为《中共中央关于进一步加强和改进学校德育工作的若干意见》明确重申了党和国家对学校德育的一贯要求：“努力培养有理想、有道德、有文化、有纪律的献身有中国特色社会主义事业的建设者和接班人。”而具有中国特色的社会主义现代化事业，本身就是人类历史上具有开拓性的崭新事业，作为这宏伟壮丽事业的继承者和参与者，理所当然地应该是崇尚真理、勇于开拓的创造者。但在实际工作中，我们有的德育工作者却在有意无意地培养膜拜师长、迷信权威的守旧者：讲演作文习惯于重复名人或英雄的豪言壮语，一举一动只能听命于老师或家长的“细心指导”，书本上写的、老师说的都是对的，不敢也不愿有自己的见解……久而久之，思维受到束缚，思想变得苍白，创造精神被压抑以至泯灭。早在1985年，《中共中央关于教育体制改革的决定》就明确指出：社会主义现代化建设人才，“都应该不断追求新知，具有独立思考、勇于创造的科学精神”。因此在德育工作中，我们应鼓励学生运用马克思主义科学观点和方法去独立思考、勇敢探索、大胆创新，最终成长为把我国改革开放和社会主义现代化事业推进21世纪的一代新人。

二、德育内容：是唯上唯书，还是面对实际？

不少教师习惯于从上级文件中找具体的德育工作内容，他们甚至希望上级布置的德育任务越具体越好。学什么事迹？读什么书籍？听什么报告？开什么班会？……如果离开了“上级精神”，他们便会茫然而不知所措。党和国家的有关文件、国家教委颁布的《教育大纲》以及各级教育领导部门下达的德育任务，无疑是我们德育工作的方针、原则和依据，但这毕竟只是一种宏观指导，而非我们每一位教师的工作方案；即使是学校的德育工作安排，也不能取代每一位班主任富有创造性的劳动。在与上级精神一致的情况下，我们应该也必须面对学生实际，确定我们的具体德育内容。“老师讲的，不是我们想的；我们想的，恰恰没人回答！”——《北京青年报》上一位中学生的话提醒我们，要使德育真正深入学生的精神世界，就必须切合学生心灵：回答学生最关心的问题，在理解学生中引导学生！这也是德育的艺术之所在。仅仅拿着各种文件苦苦思索：这堂班会课，我讲什么呢？——这样的德育只会越来越远离学生心灵。陈云同志曾说：“不唯上，不唯书，只唯实。”德育工作者同样应该充满这种彻底的实事求是精神。

三、德育教师：是“学生保姆”“班级警察”，还是“灵魂工程师”？

“有关教育与教学的问题中，没有一个问题不总是和教师培养的问题有联系的。如果得不到足够数量合格的教师，任何最使人钦佩的改革也必然在实践中失败。”（皮亚杰语）德育教师更是如此。我们如果仔细考察剖析一些德育失误，追根寻源无不与教育者本身的弱点相联系：学生依赖性强，自理能力差，这往往是教师“慈母般无微不至关怀”的结果；学生个性特点淡化，习惯封闭自己的心灵，言谈举止总是被动服从，这是教师“严加管教”的结果。令人忧虑的是，这种“保姆型”“警察型”的班主任，至今还被一些人推崇。应该肯定，这些教师勤勤恳恳的工作精神确实令人敬佩。但我们也不能不指出：这样的德育教师是难以培养出人格健全的现代化新人的。德育工作者最根本的任务是“塑造灵魂”，作为“灵魂工程师”的教育者应该是专家、思想家和心理学家——他应具有某一专业博大精深的知识结构，并且在学科教学上令学生由衷敬佩；应具有勤于思考、勇于探索的现代观念，重视理论学习与研究，不断吸收各种新的思想养料，关注社会和时代的发展，敏锐地预见未来对当今教育的影响；他善于让每一位学生都乐意向自己敞开心扉，同时不知不觉地走进学生的心灵，与他们心心相印、息息相通，使学生不但具有坚定的政治立场、科学的思想观念、良好的道德风貌，而且具有健康的心理、完善的人格。

四、德育情感：是长官，还是朋友？

德育过程中情感的因素是不可忽视的，而这情感主要来自师生关系。固然，师生之间管理与被管理、教育与被教育的关系是一种客观存在，但这绝不应该是师生之间唯一的关系。如果在学生心目中，老师是威严的长官，而在教师眼里，学生不过是顺从的臣民，那么，德育情感很难产生，德育效果很难出现。然而至今不少德育工作者仍信奉“一日为师，终身为父”的古训，“我说你服”“我打你通”“我管你从”等旧德育观念在他们头脑中根深蒂固，这使学生对老师敬而畏之，畏而远之，德育完全失去了动人心魄的感人力量，更加严重的是，在“德育长官”的管教下，学生逐渐丧失了自我教育能力，也缺乏起码的独立思考能力：“老师说的总是对的，不用我操心！”一方面畏惧老师，另一方面，为了服从又不得不迎合老师，以至形成“双重人格”。我认为，“吾爱吾师，吾更爱真理”“真理面前，人人平等”“教学相长”“当仁不让于师”等至理名言同样应体现在德育之中。教师与学生除了教与被教，管与被管的关系，还应有互相学习、互相帮助的朋友关系、同志关系，因为这种关系的基础是双方的平等意识。特别需要指出的是，教师不应把自己对学生平等尊重的态度，看成是自己平易近人的“高尚品德”，而应觉得理所应当，本该如此。教师应发自内心地把自己看作是与学生一起探求真理的志同道合者。唯有这样，德育才会产生应有的情感力量！

五、德育艺术：是“泥塑”，还是“根雕”？

人们往往说青少年时期可塑性最大，这话强调了教育对学生的重要影响，无疑是有道理的。但一些教师便因此认为，学生是一块泥团，而德育是教师随心所欲地“泥塑”。“泥塑”论者往往认为：“学生的内心是一个空荡荡的容器，需要教师注入良好道德，正确思想”；“学生是病人，德育就是治病”。这些认识显然是错误的，因为它无视学生的主体性。我认为，学生不是一块可以任意搓揉的泥团，而是有着自己独特个性的“根块”，因此，科学的德育应是“因势象形”的根雕艺术。苏霍姆林斯基认为，我们的教育对象的心灵绝不是一块不毛之地，而是一片已经生长着美好思想道德萌芽的肥沃的田地，因此，教师的责任首先在于发现并扶正学生心灵土壤中的每一株幼苗，让它不断壮大，最后排挤掉自己缺点的杂草。（参见苏氏《要相信孩子》）教学上讲究“因材施教”，德育也应如此。教师要善于发现学生头脑中美好道德的萌芽，并且还应引导学生发现自己的善良之处。德育“根雕”艺术的实质在于充分尊重学生的个性——摈弃思想教育的“一刀切”，真正做到“一把钥匙开一把锁”；乐于研究学生的心理特点，善于解除学生的心病；创造条件让每个学生能够展示其某一方面的独特优势，使每个学生都抬起头来走路。

六、德育方法：以灌输为主，还是以引导为主？

在德育中，灌输与引导都是需要的，对此大概不会有什么争议。问题在于，以什么为主？鉴于前些年思想政治工作淡化，有人便提出“还是需要灌输”。我们并不一概反对灌输，在某些时候，动之以情而晓之以理的灌输，往往会收到震撼人心的效果。然而，一味灌输的结果，德育未必随之真正强化。作为德育的常规方法，还是以引导为主，这不但符合德育中因势利导的原则，也符合学生的心理特点。苏霍姆林斯基在《给教师的一百条建议》中，最后一条便是“保密”：“在自然而然的气氛中对学生施加教育影响，是使这种影响产生高度效果的条件之一，换句话说，学生不必在每个具体情况下知道教师是在教育他。教育意图要隐蔽在友好和无拘无束的相互关系气氛中。”有人把列宁针对工人运动中社会主义思想启蒙而提出的“灌输”原则，简单而生硬地套用于当代中学生的教育，用心固然良苦，但效果未必如意。“一个不高明的教师向学生奉送真理，一个好的教师则教学生来自己发现真理。”（第斯多惠）我们的教育目的一定要明确，但我们的教育痕迹最好淡化，而春雨润物的德育感染往往比慷慨陈词的德育说教更为奏效——德育辩证法正是如此。

七、德育过程：是虚假，还是真诚？

通过德育培养出品格诚实的人，这是每一位教育者的真诚愿望。然而，令人心痛的是，我们确实不自觉地培养出不少两副面孔的人：想的与说的不一样，说的与做的不一样，言不由衷的作文，口是心非的讲演……造成这种恶果的原因是复杂的，但德育过程中客观存在的种种虚假是其原因之一：其身不正，偏要正人；己所不欲，硬要施人；为迎接上级的检查，不惜在各方面弄虚作假；只讲形式的轰轰烈烈而不管内容的扎扎实实……凡此种种，教育者也许习以为常，却没有意识到这都是在言传身教地教学生怎么做假！列宁说：“决不要撒谎，我们的力量在于说真话。”同样地，我们应该理直气壮地说：社会主义德育的力量在于诚实。而德育过程的真诚在很大程度上取决于德育者的诚实。“教师一方面应当是学识很高的人，另一方面应当是无上诚实的人。”（加里宁语）言行一致，表里如一，自己不相信的决不教给学生，勇于向学生承认自己的过失，这应当成为德育工作者起码的职业道德，真诚只有用真诚来唤起，信念只能靠信念来铸造！

八、德育环境：是封闭，还是开放？

“学校教育一点钟，抵不过社会一分钟！”这是许多德育工作者的叹息。于是，一些教育者便在修筑学校德育的铜墙铁壁上狠下功夫；不准学生与社会上的人接触，尽量减少学生与校外的联系，严格控制学生放学后回家的时间，有的学校连春游也取消了……在如此封闭的环境中进行纯而又纯的德育，这样培养出来的学生是很难改造社会、创造未来的。社会上的确存在着对青少年成长不利的因素，对这些消极因素的抵御方式之一，恰恰是教育者大胆地调动社会有利因素来充实、完善学校教育。最近有人提出“社会教育化，教育社会化”，这颇有见地。我们提倡的德育开放，含义至少有三点：德育向家庭开放，让学校教育引导家庭教育，使家庭教育协调于学校教育；德育向社会开放，帮助学生“在游泳中学会游泳”，引导学生在社会风浪中明辨是非，经受考验；德育向未来开放，教育者要站在21世纪现代化中国的高度来审视当今的教育，培养学生适应未来社会的现代意识。

九、德育管理：是“人治”，还是“法治”？

不少班主任已经习惯于德育管理中的“人治”：大小事务由教师一锤定音；班风的好坏并不取决于学生自我教育、自我管理能力的强弱，而仅仅取决于班主任个人素质的高低。对学生而言，这种“家长式”（不是常常把优秀班主任赞誉为“严父慈母”么）与“一言堂”，与其说是管理，不如说是管制！也许表面看来，学生集体秩序井然、纪律良好，但潜在的德育负效应是令人忧虑的：学生主人意识受到制约，创造精神受到束缚，自育自律能力受到压抑；班级只有教师的绝对权威，而无学生的集体意志；学生只有服从的义务，而无参与的权利。在这种“德育管制”下成长起来的学生，距离“具有开拓进取品质和一定的道德判断能力及自我教育能力的社会主义公民”（《中学生德育大纲·德育目标》）何止十万八千里！因此，德育管理理应从“人治”走向“法治”。通过“法治”管理，使班主任的权威转化为集体的权威，使学生自我教育与管理制度化、“法律化”，使学生民主管理的意识与能力得以增强和提高。在“法治”管理中，学生与教师有同样的权利，教师与学生有同等的义务。德育管理中变“人治”为“法治”，不仅是一种管理方式的改进，而且是一种德育观念的更新；也不仅是教育者个人工作艺术的偶然体现，更是使德育适应社会发展，顺应时代潮流的必然趋势！

十、德育评价：是片面测估，还是科学衡量？

比起单纯的教学，德育工作的长期性、复杂性是显而易见的，这反映在德育效果上，所谓“长期性”意味着德育见效慢，周期长，远不是靠一两次教育便能立竿见影的；所谓“复杂性”意味着德育效果的表现形式也是多方面的：有显性的也有隐性的，有行为的也有观念的，有短时的也有长远的。目前对德育效果的评估往往片面和不公正，主要表现在两个方面：一是以智论德——一个学校或班级的德育好不好，往往只看其升学率高不高；反过来，一个升学率高的学校或班级，往往可“挖掘”“提炼”出“德育先进经验”。二是庸俗化——用数字来“量化”德育：计划、总结的份数，纪律、卫生的分数，做好人好事的次数，上交学校广播稿、表扬稿的篇数……教师有填不完的各种表格，学生有挣不完的各种分数。如此“德育量化”非但不可能真正反映出一个学校或班级的德育水平，而且严重的是，它往往会引诱、助长教师和学生弄虚作假。对德育效果全面而科学的衡量，当然要把学习情况作为指标之一，但绝不应把德育看成是智育的“婢女”，科学量化也是必要的，但德育效果并非仅仅是简单枯燥的数字。衡量德育效果，既要有定量分析，也要有定性描述；既要看短期效果，也要看长远效应；既要看学生一事一时的是非判断，也要看学生一生一世的行为；既要有学生在校时的表现记载，也要有学生离校后的跟踪调查……对德育效果的片面测估，严重挫伤了许多教师的德育积极性。因此，德育评价的科学化，理应成为德育改革的迫切课题之一。

德育观念的不断更新并不是德育改革的全部内容，但它应是必要条件之一。而就“加强与改进”的关系而言，与其说是在“加强”的前提下“改进”，不如说是通过“改进”来“加强”。我们每一位素质教育的真诚拥护者，应该在这方面不懈探索、不断创新，以无愧于 21 世纪社会主义现代化中国的伟大时代！

手记六：生死两地书

——和远方一群中学生的通信

这是我20年前一段铭心刻骨的经历，是一个让我心痛的故事。我很早以前就想把这个故事写下来——关于感动，关于激励，关于善良，关于坚强，关于自强不息，关于人性的美丽与伟大！但20多年来，多次提起笔，就是写不下去。我不止一次给我的学生和同事讲过这个故事，这次，借《爱心与教育》修订之际，我终于决定把这段往事写出来。

杨守丰：一个普通而伟大的灵魂

“我希望自己能给这个世界带来光明和幸福”

1984 年 7 月，我送走了我的第一个毕业班——初 84 届（1）班。虽然这是我带的第一个班级，我谈不上有多么丰富的教育智慧，更谈不上有什么教育艺术，但我有一颗还算纯真的童心，更有真诚的爱心，这让我的班主任工作充满了活力，也充满了一种浪漫的气息。我和孩子们创建的旨在促进德智体美劳全面发展的未来班，生机勃勃、成绩斐然而又充满情趣。当月，《中国青年报》登出了我的未来班的文字，虽然文字不多，但这对我是一个莫大的鼓舞。

《中国青年报》带给我的还不仅仅是鼓舞，更为我赢得了许多远方的朋友——我收到全国许多中学生热情洋溢的来信。尽管我非常忙，但我还是尽可能回信。

在众多来信中，有一封来自山东平度一中的信引起了我格外的注意——

尊敬的李老师：

您好！

也许您收到信会很吃惊，因为我和您素不相识。但是我去年暑假从《中国青年报》上就认识您了，我从《中国青年报》上了解了您的未来班，了解了一个充满活力的班集体，我被未来班的事迹感动了。于是，我想，这个班的班主任一定是一个非常优秀的老师吧？当时我就想给您写信，但又觉得很冒昧，所以一直很犹豫。直到今天我才鼓起勇气写下了去年就想写的信。您不会笑话我吧？

您是怎样的老师呢？我多次在心里想象。能够带出优秀班集体的老师当然不同一般。我想，您一定学识渊博，正直善良，很热爱学生，很有智慧，是不是呢？真希望能够走进您的教室，做您的学生，听您上课。这个愿望当然不可能实现，但我可以和您通信，希望您能收下我这个远方的学生，我希望能找一个人生导师，长期和您保持通信联系。李老师，您不会拒绝吧？

怎么向您介绍我呢？我觉得我是一个有上进心的学生，学习还算勤奋，对同学也不错，当然，同学们对我也很好。我爱思考，爱想一些课堂以外的问题，李老师，这好不好呢？我有很多理想，常常想得很远很远。因为思考，所以也有一些痛苦。不过，我不会因为痛苦而不思考。我很想读点有关人生的有价值的书。李老师，您说读点什么书好呢？

第一次给您写信，还不知道您能否收到呢！真希望您能读到这封信，并收下我这个学生，好吗？

祝

工作顺利！

杨守丰

1985 年 5 月 20 日

这封信不长，但我从他谈及的内容、关心的问题以及他的语言特点甚至字迹上，明显地感觉到，这是一个比同龄人早熟因而很有思想的纯朴的小伙子。之所以说这封信引起了我“格外的注意”，是因为他想和我长期通信，这对我来说，是不容易的，因为我的工作特别忙。一般来说，对外地中学生的来信，我每信必复，但也只回一次，毕竟我还有更重要的工作要做。可是，面对这位小伙子的请求，我似乎无法拒绝，也不忍拒绝。

收到信的当天我特别忙，所以没有回信。但“杨守丰”这个名字一直在我心中牵挂着。大概是一周以后，我给他回了信——

杨守丰同学：

你好！

很感谢得到你的信任。自从去年七月以来，我已经收到不少来自全国各地的信，能和远方的中学生交上朋友，我是很乐意的。因此，尽管我工作很忙，还是尽量回信，只是迟了点，不知你能否原谅。

读了你的信，我不禁笑了起来，你把我的形象描绘得太美好、太光辉了。其实我既普通又平凡，在街上你如果看到我，准跟一般的年轻人一样。大学毕业三年来，我同其他普通老师一样做了一些普通的工作，只是由于我深深地爱上了教育工作，真诚地热爱着我的学生，因此，受到了我可爱的学生们的信任爱戴。但我的工作还做得很不好，现在我又接手了一个初一新班，是个教改实验班。我正吸取以前工作上的教训，力争把工作做得更好些，对得起“人类灵魂工程师”的光荣称号。

杨守丰同学，由于你这么信任我，所以，我也愿意以一个朋友的身份给你说几句心里话。你能够被未来班的事迹所感动，这说明你的心也是纯洁的，但是，应该看到，我们现在的社会风气还很不好，因此，不少中学生很容易受到不好的影响，最后失去自己纯真的思想感情。一些中学生，小学初中时天真烂漫，纯洁无瑕，可是随着年龄的增长便渐渐变得油滑世故起来，甚至嘲笑自己的少年时代。我每每看到这些想起这些就很心痛。如果我们每个同学都能真诚地对待人生，忠贞不渝地追求自己的红领巾时代定下的奋斗目标，那么我们的社会风气我们国家的风貌将会有根本的好转。所以，我希望你一定要努力使自己成为一个正直、真诚、追求进步、为祖国发奋学习的好学生，我想你一定也愿意这样吧？说不定你正在这样做。

我现在的学生非常可爱，我们正在齐心协力创建第二个未来班。我很可能要教他们到高中毕业，但愿他们不会辜负我热切的希望。我忙极了，时间简直不够用，以后恐怕不能经常与你通信，不过，如果你愿意的话，我想介绍我班的小同学与你通信，通过这个活动交流思想，交流学习，扩大视野，培养社会交际能力。你愿意吗？

你要我给你推荐书，我先给你推荐最近我给我班学生推荐的两本书：陈祖德的《超越自我》和茨威格的《人类的群星闪耀时》。

另外，给你寄去一本《傅雷家书》，慢慢读，相信你会喜欢的。

期末考试到了，你一定也很紧张。好，我祝你期末考试取得好成绩！

你的好朋友：李镇西

1985 年 6 月 12 日

很快我就收到了他的回信——

李老师：

您好！很感谢您给我回了信，一瞬间，我觉得世界是那么美好，我真想高歌一曲，来表示我的愉快！

自从信发出后，我几乎天天盼着您的回信，每当传达室里摆出了信，我就跑去看，希望能看到给我的回信，但是我失望了！虽然我有时想：“李老师一定很忙，也许不能回信了，或许我的信中途被弄丢了，李老师没有收到。”但是我还是希望有一天能出现奇迹，收到您的信。我盼望着，盼望着！

今天当我的同学把信送给我，我一看发信地址，高兴得几乎要跳起来。我急切地撕开信读了起来……

李老师，也许您会笑我的孩子气十足，但是这只是我性格的一个方面。我给人的印象更多的是成熟，但不是世故；纯洁，但不是单纯。在我的眼里，世界是美好的，但我并非没有看到丑恶；我爱人们，我愿一切善良的人们都生活得愉快！我来到这个世界上，希望自己能给这个世界带来光明和幸福！虽然我的力量微乎其微！

李老师，不要笑话我太容易激动！读了您的信，我简直不敢相信：这是一个素不相识的老师说的话！您的信里有这样一句话：“你能够被未来班的事迹所感动，这说明你的心还是纯洁的……”李老师，从这句话看来，您的洞察力很强，您看到了问题的实质！您告诉我，应该始终不渝地追求真善美。我将记住您的话！谢谢您，李老师！我将“努力地使自己成为一个正直、诚实、追求进步”的人！

得知您正在创建第二个未来班，我很高兴，李老师！愿您成功！

李老师，知道您很忙，我为自己打扰了您感到难过，您不必回信了。以后我想给您写信就写好寄出，没有什么特殊事您就不要写回信，而把主要精力放在您的未来班上，我在山东半岛听您的成功消息！

李老师，我很愿意跟您的学生通信，请她（他）来信向我介绍一下她（他）的地址和基本情况。当然，如果她（他）愿意的话！

最后，让我再说一句：

谢谢您，李老师！

您的学生：杨守丰

1985 年 6 月 17 日午

又，李老师，我记起了一句这样的诗：

人们的心相通了，

又何须运用表白的语言！

1985 年 6 月 17 日

文中的激情欣喜，即使是远隔千里，我也感受到了，我甚至被感染了。读着这封来信，我眼前浮现出一个情感丰富、纯真活泼的男孩子形象。但我更多的是被他纯真的童心所打动："我爱人们，我愿一切善良的人们都生活得愉快！我来到这个世界上，希望自己能给这个世界带来光明和幸福！"

尽管我曾打算给他介绍一个我班的同学和他通信，但最后我还是决定和他通信，我想，等到我实在太忙，无力回信的时候再说吧！

"这是一本震撼我心灵的书"

从此，我每天在为班上五十多个孩子操心的同时，又多了一份远方的惦念。我和杨守丰开始了书信往来，他谈他的学习，我谈我的工作。他是一个激情纯真的少年，我是一个风华正茂的青年。人生、理想、社会、国家……是我们经常谈论的话题。

有一次，他给我来信，谈到对当前社会风气的忧虑，我回信赞扬了他的正直，同时告诉他，面对强大的社会，我们个人的力量是微乎其微的，但好好学习，做一个正直的人，这就是我们对社会起码的贡献，而这个贡献我们是能够做到的。

可这次我却没有收到他的回信。也许是因为他学习忙吧，我想。同时，我也很忙，因此大概有好几个月的时间，我一直没有收到他的信，当然我也没有给他写。

李镇西老师：

您好！

记得五月我给您去了一封信，您给我回了信，劝我好好学习，做个正直的人，我很受感动。后来我又给您去了一封信，不知您收到了没有。我想，您大概没有收到吧？！

自去年冬天以来，我得了病，请了二十个月的假，今年还住了两个多月的医院，现在基本康复。在生病期间，我的心情不太好，又不想让您知道我的脆弱，所以没有再给您去信。我想，你们的第二个未来班现在一定卓有成效了吧？

李老师，现在我已经进入了高三，学习有点紧张。但我有信心学好。高二期末考试，我在耽误了二十多个月课的情况下，考了班级第八名。您一定为我高兴吧？

正像您希望的那样，我用善良的心、真诚的爱来处世为人，我希望由于自己的存在而使别人活得更幸福。

但是，李老师，不知您是否能理解，我有时候会觉得自己一无是处，对自己很懊恼，觉得自己无用。对每一件事我都想做得尽善尽美。

我想，我将来如果无大用处，不能为别人做点什么，也许我会自杀的。李老师，希望您不要笑话我。我就是这样想的。

李老师，不知您现在是否还在乐山一中。但愿您会收到这封信。如果您的某个学生愿意的话，我希望跟他（或她）取得联系。李老师，我是一个容易激动的人，我常想，在我的一生中，我一定找机会看李老师——我的长者和朋友。

李老师，也许您已经忘记了我了，因此随信寄上您的来信，希望您收到后再寄回，我想保存它。

此致

敬礼

杨守丰

1986 年 10 月 1 日

读了来信，我知道了他很长时间没有给我写信的原因。他居然生病二十个月了，可我从他以前的来信中丝毫感觉不到他生了病。这是我第一次从他信中读到了闪烁其词的自卑和软弱。他认为自己“无用”，甚至想到“自杀”。我着急了，马上就给他写了回信——

守丰同学：你好！

来信收到。尽管工作忙，我并未忘记你——山东朋友。

我为你的进步感到高兴。

自卑是没有必要的。如果你真的“一无是处”，会在病愈后考第八名吗？既应看到自己的优势，也应看到自己的不足。前者是为了自信，后者是为了自新。当然，目前对你来说，主要是应该看到自己的长处。我班有个学生在日记中写道：“在这个世界上，我最热爱我自己。因为我有许多人不具备的优点。”人，正应有这样的优点，这也叫作“自知之明”。你学过辩证法，应该懂得，“尽善尽美”的事是没有的。“有用”和“无用”也是相对的。如果达不到“尽善尽美”或者绝对“有用”，就去自杀，是极可笑的事。如果我也是这样想的，我肯定已自杀过不知多少次了。我认为，一个人活在世上，只要做到“问心无愧”就不错了。我正是以此自勉自慰的。一个人应该有理想，但生活的意义不主要在于理想的实现（能实现当然更好），而在于为理想的奋斗过程之中。

给你的《傅雷家书》读了吗?

关于我班的情况，我不多谈。请你去看《中国青年报》一九八六年九月二十六日第三版《“就职演说”与“记者招待会”》，可见一斑。

祝你进步!

李镇西

1986 年 10 月 13 日夜

也许是我的信让他感到了我的着急，在回信中，他反过来劝我不要为他担心，并向我表示歉意——

敬爱的李老师:

您好!您的来信早已收到，谢谢您!

关于“自杀”的事，我只是随便说说而已，因为我一方面幼稚，另一方面又在走向成熟，一般不会走向极端的，为了关心我的人，我也应该活下去，勇敢地走完人生之路。但我没想到引起了您那么大的关注，我感到很对不起您。

您在信中说的那段话确实是至理名言，我会以之为修身之策的。

对于《傅雷家书》以及傅雷、傅聪父子，我多少了解一点，只是没读过整本《傅雷家书》，实在是太忙了，不过有机会我一定读。

一九八六年九月二十六日的《中国青年报》我没有找到。因为阅览室只摆当月的报纸。并且前几天因为忙着参加县里举行的学科竞赛，语文老师（我班主任）不让我找（语文组有）。现在我也不好意思到语文组去找了（怕麻烦老师）。

另外，李老师，我在刚举行完的学科竞赛中夺得总分全县第二，发了近十元钱的奖品。您当然会为我高兴的!

此致

敬礼

学生：杨守丰

1986 年 11 月 8 日

真为他在全县学科竞赛中获得优异成绩而高兴!这真是一个出类拔萃的优秀学生!我在心里赞叹道。后来他来信便和我谈起他读《傅雷家书》的感受:“这是一本震撼我心灵的书！尽管里面有些理论和专业术语我并不完全懂，但书中所蕴含的做人的道理，将成为我一生的准则和信念。”那段时间，在我们的通信中总有一个话题：傅雷的情操、气节及其文化品格……

“我走过一条特殊的人生之路”

和杨守丰的通信，不但成了我生活中非常有意义的内容，而且也成了我的教育资源。我常常把我写给杨守丰的信和他的回信读给我的学生听。让他们在分享我和远方朋友纯真友谊的同时，也获得一些人生的启示。

时间过得真快，一晃我和杨守丰通信已经有三年。他从高一到高三，马上就要进入高考考场了。1987 年 6 月 30 日那天，我在监考，突然想到远方的朋友杨守丰，我觉得我应该为他写点什么作为鼓励，便马上拿出笔站在讲台边给他写了一封信——

守丰同学：

你好！

如果这封信的邮寄不误期，你收到此信时，正是高考前夕。我正是想在千里之外给你送去几句鼓励——沉着应战，祝你成功！

关于考试的要领，需注意的事项，我不在此赘述。我着重想提醒你，进考场之前，既要有成功的信心，又要有失败的准备。我知道你的成绩非常优秀，应该说高考是有把握的。但考试过程有许多因素是不在我们掌握之中的，任何意外都可能发生。对于充满胜利信心的人来说，做好失败的准备，也是有必要的。我不是对你不相信，而是觉得，只有把最坏的结果都想透了，才会有真正的勇气直面现实，向胜利冲刺！否则只盯着成功，不想失败，一旦落榜，则悲痛欲绝。人生是严峻的，没有几次大的打击，人生放射不出灿烂的光辉。不知你注意到《傅雷家书》中傅雷的这段话没有：“成就的大小高低，是不在我们掌握之内的，但只要坚强，就不怕失败，不怕挫折，不怕打击，我们就能孤军奋斗！”这话现在对你具有特别的意义。另外，还有一段话，我觉得也应该送给你：“当命运朝你的胸口打了一拳，不要后退，仍要前进，这才叫勇敢。”愿奥斯特洛夫斯基的这句话成为你的精神支柱。作为好朋友，我永远关注着你。望考完后，给我写封信。

为全面而系统地研究当代中学生的心理、思想，我计划搞一个调查。这还要请你帮忙。我想搞一个《一百名中学生自述》的材料。你能否利用暑假认真写个文字材料给我，要求反映一个真实的自我，真实的心理、思想发展过程。反映的时间主要是中学生活的六年，越详细越好。当然，这个劳动量很大，费时间，但很有意义，不仅仅为了我，这也可以使你在高中毕业时来个反思与回顾，对六年中学生活做个总结，以利于将来的人生。

好，不多写了。

祝

成功！

你的朋友　李镇西

1987 年 6 月 30 日

我所说的《一百名中学生自述》，是当时我想写的一本书，我想通过研究一百名中学生的生活和心理，展示出当代中学生的精神面貌。因此，我随信寄去了我的调查提纲。

信发出后十天，我收到了他的回信——

敬爱的李老师：

您好！来信收到，谢谢您的关心！

当我收到您的来信时，高考已考完一场。而今天（10 日）高考已毕，我坐在宿舍床上给您复信。

我今天不想多谈，只想告诉您，我收到了信，我愿意对我所走过的人生道路进行反思，并将我的一切毫无保留地告诉您，不过，这需要时间，需要思考，请您等待。

另外，我想告诉您，我与您想象中的我截然不同，我走过一条特殊的人生之路。

祝

工作顺利！

您的学生：杨守丰

1987 年 7 月 10 日于宿舍

他是在高考刚刚结束后给我写这封信的，这封信很短，可以说是他给我所有来信中最短的。但含义却非常丰富。特别是最后一段话，让我有些不解：他那么年轻，会有什么“特殊的人生之路”呢？还有，按理说，高考完了，应该有足够的时间给我写信呀！可为什么竟然只有这么几句呢？

我给他回信——

守丰同学：

祝贺你完成了高考，你没有告诉我你的高考情况，也许是因为成绩没有出来，不好对我说吧？

好，我愿意和你一起等待好消息。

非常感谢你愿意“毫无保留”地把你的过去告诉我，我会对得起你的信任的。如果你以后写来的文字中，有些属于你的隐私，我在公开发表的时候，一定会做些技术处理，或者不用真名而用化名。

我们的通信已经整整三年，你以往来信总是感谢我对你的帮助教育，其实，我从你的信中也受到了教育。你的纯真，你的善良，你的勤奋，你的正直，都提醒着我，永远不要忘记自己曾经有过的童心。我常常给我的学生讲起你，我要我的学生向你学习。你无意中成了我的教育资源，我要感谢你呢！

来信结尾的一句话，勾起了我的好奇，你会有怎样特殊的人生道路呢？也许，在你不久后寄来的文字中，我会找到答案。

我记得你以前得过病，现在怎样了呢？高考对学生身体的摧残是很可怕的，希望你能够好好休息一段时间。《自述》不急，你慢慢写。

好，期待着你的回信。

祝

愉快！

你的朋友　李镇西

1987年7月21日

说是“不急”，其实我心里还是急切地想早点收到他的信，不光是希望读到他特殊的人生之路，也盼望能够早日听到他考上大学的消息。

“我觉得有必要告诉您一条不幸的消息”

我估计一个月后应该收到他的回信，但是没有收到；直到新学期开学，依然没有他的音讯。我想，也许他是高考落榜了，不好意思给我写信了吧！我甚至想主动给他去信，可是他现在已经毕业，已经离开了山东平度一中，我的信往哪儿寄呢？

终于，到了九月下旬的一天，我收到一封信。从信封上看，好像是他的字迹，但信封下方的地址却是“山东平度六中”。我想，他果然落榜了，一定是在平度六中补习吧！

信一拆开，刚读到第一段，我就无比震惊——

李老师：

您好！

你还记得平度一中常和你联系的杨守丰同学吧？我是她的同班同学，睡觉又在一个宿舍。三年的高中生活，我们之间结下了很深的友谊，作为她的朋友，我觉得有必要告诉您一条不幸的消息：我们班全体同学的知心朋友，生活上的榜样——杨守丰同学在七月初二（8 月 23 号）被疾病夺去了生命，永远地离开了我们。

……

猛然间，眼前一片黑暗，大地在旋转，信在我手中颤抖。原来，杨守丰这位“纯朴的小伙子”竟是一位可爱的女孩子！

我的泪水一下子夺眶而出。透过泪眼，我继续往下读——

……

李老师，我们省今年高考本科分数线为 485 分，杨守丰由于身体弱得太厉害，考试未能发挥出正常水平，考了 477 分，只上了中专学校，可就这么一个学校，她也未能亲见通知书，还没有亲见她那偏僻山村同村人的目光由鄙视转为惊诧，就带着期待、遗憾，匆匆地离开了这个世界。

李老师，守丰今年刚到二十周岁，她的短暂的一生，过得十分充实而又有意义。她是一个坚强的人，我想她不会轻易把自己的困难告诉别人的，除非特别知心的朋友。她有不幸的家庭：地处我们县不很发达的东北山区，作为农村户口，可以想见她家的经济条件。她家的经济条件以前本来还可以，亲朋邻居都愿上门，后来母亲由于意外原因患上了神经病，本人生活不能自理。她家中四个孩子，守丰最大，又有病，只有父亲一人里外奔忙，于是生活日渐贫困。“贫在闹市无人问”，亲朋“敬而远之”。这一切都促使了守丰的早熟，因此她学习成绩一直名列前茅，在全县范围内的大考中经常获奖，并且在青岛地区的英语竞赛中也获过二等奖。关于这些，也许她早已告诉过您（我们同宿舍，晚上七个人闲谈起来，可以看出她对您是十分信赖的），可不知什么原因，我想重复一遍。她的成熟直接影响着我们，使我们每个人都无形之中感到自己的渺小，同时又慢慢学会怎样用博大深沉的胸怀包容一切。在学习上有了困难的时候，我们模仿她去克服；在与同学闹意见时，我们模仿她去原谅别人、解剖自己。我庆幸能与这样一颗伟大的心灵一起生活、进步。

李老师，上天不开眼，守丰误领了那么多疾病，结核、关节炎、肝炎……全集于她一身。她大部分时间，是在宿舍和病床上度过的，有时候病得厉害了，连上厕所我们都不敢让她一个人去；晚上睡觉，要三个人才能帮她脱衣服。她一天也不断地吃药、打针，直到生命最后一息……可她的进取也从未中断过。

李老师，我翻开中国地图，看到地处岷江河畔的乐山和地处东海之滨的平度县城，相距那么遥远，而您和守丰素不相识，却以大朋友的身份和守丰通信，帮她树立生活的勇气，是十分不容易的。从您身上，我看到了人类灵魂工程师最高尚的灵魂。（守丰的理想是当一位老师，她报考的是曲阜师范大学，可未能如愿。）您给她写的信件，守丰都推荐给我们看过。守丰在看透世态炎凉的情况下，能重新振作起来，使有限的生命放射出那么璀璨的光华，是与您的帮助分不开的。您使她在那个愚昧落后的小村人的鄙视之中，领略了人世间最可宝贵的东西——友谊，在黑暗的环境里看到一丝亮色，对人生增加了一丝眷恋，使她在离去之前，充分体验了最美好的东西，这是十分令人感动的。您做了一件十分有意义的事情。李老师，俺感激您，在这里，俺代表守丰的父亲和不晓事理的母亲，代表她的弟妹，代表我们的班主任，代表全班已奔向四面八方的同学，也代表九泉下的守丰，向您表示最深情、最崇高的敬意，谢谢您，李老师！

李老师，向您道歉，我没有完成守丰交给我的一个任务：今年7月8号，守丰在考试完一科之后，收到您的来信。您在信中谈到要写一本关于当代中学生心理的书，要求守丰提供材料。当时守丰答应了，并且邀请我参加。我们当时计划在高考完毕，在收到通知书后写。结果，高考失利，我只考了 467 分，只好再复习一年，这样也便没有心思（也觉得不配或者说没有脸）写，于是搁下来了。李老师，对不起，未能帮您做好工作。

李老师，我今天中午获知这个不幸的消息，下午便擦干眼泪为您写信。我想您也会难过的，不过我的目的不在于这一点。守丰的精神，在我们这儿已激励了很多人，我也希望您把守丰的事迹介绍给您的学生，使他们在不懈进取之中多一点动力，这是我们同学的愿望，也是守丰的愿望。别多不谈。

祝您

工作顺利！

您的学生：冯珉娟于 1987 年 9 月 15 日

直到现在，我也无法用语言描述我当时的心情……

记得当天回家后，我立刻找出杨守丰给我的所有信件，一遍一遍地重读，一遍一遍地流泪……

当时，冯珉娟同学还在信中给我寄来了杨守丰的照片，是一张一寸照。照片中的守丰美丽可爱，满脸纯真而灿烂的笑容。

冯珉娟同学：

你好！

今天中午收到你的来信，我的心被震碎了！

我不相信这是真的！开学这么久，在忙于工作的同时，我也在盼着守丰的来信，盼着他（注意，我一直还不知道守丰竟是一位女同学）从哪所大学给我写信。今天我一接到信，看到封面上写的“平度第六中学”，还以为是守丰没考上大学，又在平度六中补习而给我的来信呢！谁知……

一切可用来形容我此刻心情的语言都是多余的了。

正如你所说：她有“一颗伟大的心灵”。我要写她！——即使不能发表，我也要写给自己看，写给我的学生看！我要为一位极伟大的凡人树碑！我要为一位极普通的英雄立传！并且我恳求你——守丰的朋友给我提供以下帮助：

1. 寄一张她的照片给我（单人照或与他人的合影都行）；

2. 给我写一份关于她的材料（如她的为人，她与疾病的斗争，她顽强的毅力），我不要求你写得多么“优美”，只要求你以事实说话；

3. 尽量为我搜集一些有关她的资料（作文、日记、书信、同学们对她的评价、她去世后人们对她的评论）……

我知道，高考失利而又正紧张复习的你，要完成以上任务会有些困难，但我希望你一定满足我的要求——不仅仅为了我。

谢谢！谢谢！

你的朋友　李镇西

1987 年 9 月 25 日

我以挂号的方式将这封信寄了出去。但好几天，我的心情都十分沉重，胸膛老觉得堵着什么，常常有想哭的感觉。

（写到这里，我忍不住再次为守丰流下眼泪。此刻，2006 年 12 月 31 日 0 点 16 分，四周一片寂静，世界沉睡了，但我还清醒着。我再次一页一页地看着珍藏的杨守丰的来信，发黄的信笺，仿佛依然散发着生命的灵气。我含泪重新端详着守丰的照片，整整 20 年了，她依然还是笑得那么纯真而灿烂。再过 24 小时，就将迎来崭新的 2007 年。我已经从 20 年前的小伙子，成长为饱经沧桑的中年人。但美丽、善良、坚强的守丰，永远 20 岁！）

“她在别人心中树起了巍巍丰碑”

信寄出去以后，我又开始了期盼。这次我等了一个多月，终于等来了冯珉娟的一封厚厚的回信——

李老师：

您好！近来工作顺利吧？

我收到您的信好长一段时间了，自己也非常清楚这封挂号信的分量，但是由于我自进入六中以来，学校考试一场接一场，每次考试都淘汰复习生（我们复习生明年能否参加高考还不清楚），所以为了暂且占住这一席之地，只有拼命用功，现在风声不太紧，吁气之余，才得以给您写这封回信。

我现在非常后悔，守丰在世的时候，我们没有对她施以更多的帮助，也没有留下更多的纪念物品给今天。毕业的时候，由于她家庭条件紧（更主要的是她对同学之间交换照片这种表面热乎劲掩着的应付认识得深——当然也不排除出于真意），她没有照太多的相，这张彩照是我们同宿舍的几个合伙拍的，送给您作为永远的纪念。黑白的是她初中三年级时的毕业照，由于保存它的那位同学不舍得往外送，只好翻拍这一张送您，原谅我没有找到她单人的比较清晰的照片。

李老师，你在信中让我搜集守丰一些资料，我曾在空闲时间做过这方面的工作，但收获不甚大。记得在一起的时候，她听说我从初中开始写日记坚持到现在，就曾对我说："你真有意思。其实写日记白白增加烦恼，没什么用。"我问她："你不写？""当然写，在我失望的时候，在我悲观的时候，我就写，写心灵最深处最可怕的令我自己都难以置信的念头，写我自己活着对于家庭的负担，想到泰戈尔所写的那种生与死合二为一的那种永恒。不过，写完之后，过几天，在我恢复理智的时候，回过头来看看，我就恨自己，甚至用手打自己的头，我往往在自己不敢看完全文的时候，就动手撕，所以一片也不保留。干净利索——没尾巴狗跳墙。"（她总是那么幽默、乐观）由此我断定她没有什么日记可寻。至于信件，我只知道她与外界通信的只有两个人，一个是您，另一个是曲阜师范大学的一位女同学。我已经发出几封信找那位女生的详细地址，也许不会有音讯，到时候再跟您联系。

李老师，上次给您的那封信中，有几点与实际情况不相符。前些日子我从我和守丰的原来的班主任那儿得知了一些较为详细和确切的情况：杨守丰究竟得的是什么病，连我们班主任都不知道，她父亲和守丰从未对任何人讲（我是从她平常所吃的那么多种类的药上猜测她的病的），只是听老师说，杨守丰的身体已经失去增生细胞的能力（她在上高一的时候手上擦破的一块皮到去世的时候也没有好——彩照上可以看出），全身的血需要彻底换。她在高考体检时体重只有73斤。更为可悲的是，她的通知书并不像我们同学给我来信所说的一样，在她死后到来，而是根本没有来！老师说她的体检没有通过。我所见的守丰哭得最多的时候，就是在体检之前。只有在那时，她才在同学面前公开流露过万念俱灰的样子。医生没有敢签名的，学校领导也专门开会研究过。最后说是通过了，我们全班甚至全校的同学都为她高兴，她自己也很快活。可现在我们才知道，学校是为了不让她受太大的打击，只好往外瞒，实则体检表上全面反映了实际情况。这一切守丰是不知道的，她可能在离开同学回到自己大山褶皱里的那个落后的山村之后，一直在满怀希望地等，等……她不知道就是自己考到485分以上，也永远见不到通知书。她就是在这种可悲的希望里，慢慢滑向冥冥的世界里……我曾特意向我的老师暗示出他对守丰的死的看法，他的回答似出乎意料，却也在情理之中："唉，其实她……说实话不如死了好，真的，摆脱了痛苦——其实她也为自己活着连累父母而难过。我只难过，在她活着的时候，未能尽力帮助她。她父亲从不对我讲，不知道她的病是真的不好医呢，还是由于钱不够，医不起。我从报上看到一则消息，人家上海一个学生换肾，学校利用社会的力量捐了20万元钱，早知道是这样，也许我们也能帮助她。"这就是我们班主任的遗憾，并不闪光，可他经常用自己的钱为守丰交学费却是实实在在的事情。

守丰的心灵对外是封闭的，一般人很难了解她，即使我，也并不能全面了解她。在她身上似乎过多地集中了一些复杂的成分，很难像一般作品中所描写的人那样，可以简单地贴标签，一些正面的（或反面的？）相矛盾的特点在她身上一起集中了。

星期六晚上，在宿舍里，我们五个（照片上的）熄灭电灯，拥着被子，坐在床头，看一室凄凄的冷月，天南海北乱扯一气，骂人骂得最凶，骂村里的土皇帝——大队党支书，骂当官的不为民做主，骂乱收税，乱摊派，莫名其妙地想显示自己的早熟……这时，守丰便表现得出奇冷静，她"叭叭"地剥着瓜子，不时地在黑暗中乜几眼我们，最后慢悠悠地浇上一盆冷水。"没准你们当上官，连他们也不如呢！你以为世界就那么美？要叫我，当上官，也挣钱，挣钱养父母，侍奉他们享够了福，自己贪污坐牢也不怕。以前，我恨别人向'钱'看，那么看不起那些人，可我现在还后悔自己认识得晚了呢！咱们班裴先生说过'现在谁给我一万块钱，报答完了父母我马上就去死'。真的，我也这么想。"于是大家缄口不语。她又补充："不敢断定他们这种人是否是目前这个时代的产物。谁不希望这个世界漂亮些？可是，光骂有什么用？咱们将来成了气候，我看每办一件事对得起自己就不错了。"是看破世态炎凉，还是一时戏言？谁也无法知道，也无法明白在守丰这个形象上，这是一笔什么色的油彩。守丰曾去山东大学附属医院看过一次病，她的最让人佩服的一点是能管住自己。一中是省重点，强手林立，一般不容易取得好成绩，但是记得守丰治了近半年病回来后，参加期终考试，仍然取得了第六名——她全在病床上自学当年课程。她平常与我们共同学习时，从来不像人们所想的应该的样子——废寝忘食，手不释卷。相反，她很轻松，悠闲得令人羡慕。英语课上，往往冲我招手："老冯，过来。"于是我就溜过去，两个人把头凑起来，她就小声地给我讲笑话。那一次她讲《十日谈》，说起卡特威林恨他老婆使她“怀孕”的一段，两人笑得腮痛。而讲这些的时候，我们英语老师就在上面讲新课。她知道我英语比较好，所以才找我说。而在我的弱科的课堂上（比如数学），我对那些算式发愁不愿做，拿着书本作掩护坐在她桌边想玩的时候，她往往在我不及坐稳便佯怒暴喝一声：“回去！看你数学那个样！”于是，我乖乖回去听老师讲。亦笑亦骂，统为关心与帮助。“杨，算服气你了，不客气地说，你的学习态度跟个二流子似的，老师一发提纲，你就演算题，作业不交，学习仍那么棒。”一次，我这么说她。“我不相信，应该学的时候好好学，该玩的时候就玩，怎么还花那么大劲？要是我花他们那么多力气，还不争第一，我就不过了。”（“不过了”本是我们这里的方言，是“不过日子”的意思）她就那么自信。

她在治病期间，曾给我们全班同学写过一封信（信已经找不到了），她在信中说道，她非常羡慕我们棒棒的身体，她对我们浪费旺盛的精力表示不理解，说如果她身体好，一定利用一切条件充实自己，绝不虚度年华，同时劝我们珍惜自己得天独厚的条件——她把强壮的身体当作是一笔巨大的财富，力争有所作为。尽管如此，她不自卑，勇敢地正视自己，坦白得令人吃惊。今年高考，我报军校，体检合格，那次我们俩谈起来，我曾对她说：“杨，我最羡慕当军人了，不仅为了那身草绿！我喜欢军营严格的纪律，那使我不至于懒惰……”我滔滔不绝地大谈特谈，临末又对她说：“杨，怎么样，你也……”忽又意识到她的身体是连体育课也上不成的，我连忙住口，连眼也不敢正视她了。不料，她用鼓励我的含笑的口气接上我傻乎乎的阔论。“我知道你下一句，是想说‘你也当军人吧’对不？要是我现在跟小时候一样，那保准，当上兵比你强！”她接着回忆她的小时候，没有病时，跟半大的男孩摔跤，打遍全村无敌手的战绩。直到那次谈完话，她也从未表现出忧虑与绝望。她的心理是健康的。

我们有时也谈一些好笑的话。那时，我们班有一个女生早恋，守丰便用“旁敲”方式劝她归正。

杨：你趁早散了吧！不信，早晚得散。你不见现在成功的有几个？你们现在各自心里明白不，你们的关系建立在什么基础上？自己清楚？纯出于好奇！上大学好的男的有的是！（这句话是笑着说的）

那位女生：散了的原因，还不是因为感情不到那个深度！人家马克思与燕妮，上中学也……

杨：有几个马克思？有几个燕妮？千千万万中学生不就出了这么一对伟人吗？你仅仅能找到一个论据！那些名不见经传，双双自杀，学业荒废，一事无成者，何止千万？如咱学校前不久转来的那位，未婚先孕，怎么解释？

在这个事情上，老杨很绝对，她不相信十七八岁的少男少女会创造奇迹，但又不能说她绝对回避，有时说起来，她也蛮有兴趣。预选之后，我们班有几个男生“蠢蠢欲动”，杨就曾经在寝室里这样表示她的看法：“像咱们体育委员那个样，不是臭他，让我从一千里面挑一个，那他是一千零一个！话是这么说，看上我也不想……我想独身！最好不过！”她说完这些，笑了，在一刹那，我从她的眼里读到一丝凄楚。这就是杨守丰，坦率正直，毫不掩饰自己的观点，除了自己的痛苦，她什么都可以公开。李老师，你不会笑话我们在宿舍里如此放肆吧？杨守丰从不公开自己的痛苦，以最大努力埋在心底。所以，她给人外表印象总很乐观，很幽默，也很“狂”。我曾对她说过她的这些优点，不料她说：“其实，你们不了解罢了。每天一起床，你们都走了，把我一个人剩在宿舍，我闲着没事，什么不想？想到狭窄处真想死。没有法，只有拼命睡觉，但夜里睡不着的寂寞更可怕。”但究竟为什么，她从不说出，而且，说这些话的时候，始终是笑着的。她很少像人们所猜的那样，表情生动地流露出忧虑或失望。大概由于家庭原因吧，言谈中她常提父母如何崇高伟大，那一次谈到当今社会上不肖子孙如此多时，她说：“我真不理解那些人为什么这样。有的儿子比父母生活好还不管父母，我觉得一个人比父母生活得好简直是一种罪过！他们心里怎么会平静呢？”于是我们一个个忙下决心说是有了钱先供父母。不料老杨又反驳了一句：“等你有了钱，什么也晚了！不要把特别合意的想法放到将来。看过一个散文，文末说他要用自己的钱来报答父母，但又说，可惜父母给我的是爱，我给父母的只有钱！”她的父亲——一位老实巴交的农民，常在早晨哼着小曲敲我们宿舍的门。“起来吧，上车站坐车到青岛看病！”他来来去去一直哼着歌，守丰对生活那么乐观，那么热爱生活，简直是她父亲的一个翻版！可惜，如今再也听不到她的饱含哲理的那些话了。

杨守丰不可能跟每个人都合得来，是非观点很强决定了这一点。她讨厌虚假，讨厌做作，讨厌班里那几个双职工子女在我们农村孩子面前的那种清高，讨厌他们庸俗的小市民气。但她的可贵之处，在于用博大的胸怀原谅这些丑的东西，她认为不值得在这些东西上故意花费精力去用行动过分表示愤怒。有一次，我们班有两个人闹意见甚至动武，守丰激动了：“不要脸！不管有理没理！几十年后回想一下，有什么必要？明知道后悔药不好吃，却偏要为将来吃它做准备！”她每遇事，总要站在几十年以后的位置，用成人的观点来看问题，正因为如此，她一次又一次原谅了因别人不理解而遭受的侮辱，却又同时用优异的成绩确定自己的价值，在别人心中树起了巍巍的丰碑。

李老师，我知道当今社会上，考察一个人伟大还是渺小的标准，我无法歪曲事实为她的一生营造一个完整的故事，她的某些看法某些观点，是不能作为“楷模”的旁证的。她的一生并不辉煌，但她默默地在自己的位置上认真虔诚地生活。关于她的一些比较说明问题的具体材料，我无法搞到，因此，我想，这会影响您的一个比较符合标准的文章问世。这些“材料”，全是我自己对往事的回忆，不知对您是否有用。写这些的时候，我的眼泪已不再流，心情也极平静，因此并不感人，请您原谅我的水平。我并不强烈地希望您的文章发表，只求守丰的事迹，能使您的学生（或更多的人）在了解一个平凡的人之后，能更加懂得“珍惜”二字。听守丰生前讲，您是一个十分令人敬佩的、真正可以称作“老师”的人，既然如此，这也是她的一点愿望吧。我利用晚自习的时间，潦潦草草写了这么一大篇，急而且忙，一定有很多方面我没想到或者写得不够深入，与您的要求相去甚远。请您在看完信后，还有什么别的问题和要求，写封信来告诉我，六中学习是忙，但我愿意像今晚这样腾出时间来，老师，请您不要难为情，一定！附照片：彩照上站在排头的是我，第四个是守丰，另有同学三个，是我们同宿舍里的。

此致！

您的学生：冯珉娟

1987 年 11 月 6 日

尽管冯珉娟说她写得并不完整，只是一些零碎的记忆，但读完这封长信，一个有血有肉有生命的杨守丰浮现于我的眼前。

“她有一颗与人为善的高尚心灵”

又过了一段时间，冯珉娟所说杨守丰的那位在曲阜师范大学读书的好朋友闻春晓也给我写来了一封长信——

尊敬的李老师：

您好！

请允许我，一个素不相识的远方人称您为老师，而且非常冒昧地给您写这封信，我想，您肯定是乐意接受的。

我叫闻春晓，是山东省曲阜师范大学教育系二年级学生，守丰生前的同学和好友。首先让我代表守丰，对您对守丰这么一个平凡的陌生人所表示的关怀表示衷心的感谢！谢谢您！

我是在收到守丰的一个我并不认识的同学冯珉娟的信后，给您写信的，尽管我以前听守丰说起过您，但因不知地址，无法联系。现在，是一个风雨交加的夜晚，好像在哀鸣。为我们那年轻早逝的生命！一个平凡而顽强的生命！

我的心情是很不平静的，我觉得我永远地失去了她，但又永远得到了她。我再也听不到她的责备和劝导，她的鼓励和鞭策。我却拥有了她的平凡精神：坚强的意志、无休止追求的灵魂、与人为善的品德。我觉得自己难以写出她，真实地描绘她。我渴望老师能用您那支刻画灵魂的笔真实地写一写她平凡的生活。（我曾几次提笔，却总是泪水遮面，无从写，写不出。）

我是今年9月中旬得知守丰去世的。她那可敬的父亲——一位勤劳坚强的农民——用凄婉但却安慰的笔向我叙说了一切。劝我不必悲伤，好好锻炼身体。我当场失声痛哭了，不顾教室里的同学满堂（我很少这样表露自己的感情），我不相信这残酷的事实。她六月份还告诉我她报考了我们校我们系，虽然说身体不好，怎么可能这么快呢？

她怎么会死去呢？不，她不会！

时光回溯到八二年夏末。一中校园，新生入学。一个衣着朴素的小姑娘，（我都忘记上身衣服了）下身是一条浆洗得已发白、补了几个补丁但却整洁的裤子，两个小羊角辫，正在从容地跟另一个新生说笑着，同时又指向名单榜——噢，她的名字写错了，杨守丰写成了杨守青。这便是杨守丰。

她似乎挺冷漠，但学习很用功，语文、英语差不多是冠军了。其知识面也很广，什么书都喜欢，冷漠只是表面印象，其实，她心地善良，最善同情人，只是不愿加入无聊的闲谈。要争起问题来，有理有据地让你服。

她很少很少谈起自己的家庭，通过接触，我了解了她那不幸的家庭：祖父母年高健在，母亲有精神病，下有四个弟妹，只她父亲一人干活养活这全家老少几张嘴。她上一中很不容易。父借钱供她，每当说到此，她都泪水盈眶。她初中时的一个老师——一中时我们的班主任石宪云老师——很关心她，给她很多鼓励和帮助。因此，她非常刻苦地学习，说将来当一名教师，多多关心下一代，特别是那些不幸的孩子，给他们以温暖和知识。

不幸，她身体多病，高一时，不得不回家，她是含着泪水走的。她多么不愿意离开她心爱的学校和老师、同学啊！然而，她并未抛下功课，劳动之余（她不能闲着），虽然累，却仍忘不了功课，有时甚至为灯油发愁（当时无电），所以白天更加累。她竟然什么也未落下，提前返校要求复学。但未获准，又带着遗憾走了。继续顽强地学习着。

她喜欢英语，课外读物看得挺多，并试着用英语写下自己的感情起伏，她说她力争成为一个渊博的人，很佩服马克思的渊博知识、机辩，周总理的机智、大胆，及其丰富的知识。

我高三临近高考时，她又一次住院了，为了使我安心，未告诉我，我还是知道了。匆忙地去医院探望她，她正在看书，一开始并未发现我进去。她父亲提醒了她。她很乐观地告诉我不太严重（其实她的脚肿得已不能走路，由于内分泌不好，皮肤黑而粗糙），劝我不必挂念，让我快回去，她父亲送我时说：她在人前总是挺高兴，要我买书给她，叫我不要去麻烦人，还主动地帮助人。

她忍着疼痛，坚持着。体育课上，我们相碰了，她当时行走已有些困难，还是从四层楼上下来了。第一次她流着泪对我说：看人家蹦蹦跳跳，真羡慕！我劝慰她别伤心，说会好的。她说：但愿如此。我多想身体棒棒的，多学一点，实现自己的理想。我极力忍住自己的泪水，送她一个微笑，以后她常下来走动，并劝我多锻炼。

她高三时病已很重，手都溃疡了，拿笔很困难，但她不肯回家，她写信说：我要坚持，我不愿浪费时间了。并考出了全县第一的好成绩。

我高中毕业后（她因病上高二），拿到了不如意的大学通知书，她劝我别多想了，重要的不是名牌大学，而是更多要学习的知识。并写信对我说："现在对你来说，我认为，问题的关键在于学习，不知你想过没有，四年多的时间，可以学到好多东西。学外语，至少可以精通两门；研究教育，将来可以为改变我国教育的现状出一把力。"毕业报考志愿时，她报了我们校我们系。

可是，正当她憧憬未来的时候，残酷的病魔夺走了她年轻的生命，剥夺了一个酷爱学习的人生存的权利！带着美好的愿望，至死也不忘学习地去了！这对于生者来说，不应该多多考虑一番吗？我漫步在校园内，追忆着，自责着，自勉着，我多么希望生者都能珍惜那不可多得的人生短暂的宝贵时光，去拼搏，去争取。她不是英雄，不是蒋筑英，也非罗健夫，一点名气也没有，但却引起我那么多的思考。她呼吸在我周围。我深受感染，真切地激动着，感受人生的美好和灿烂。

同时，她有一颗与人为善的高尚心灵，她从小受的爱抚不多，这并未泯灭她的爱之心，正因为自己的不幸，她想到了其他许多不幸的人，从不背后议论人，总是热情地帮助人，她曾帮助一个外地转来的人学习，使其学习成绩有了提高。同学病了，她都不忘问候一声。

曾一度，我因个人的事很痛苦，她写信告诉我说："至于说到个人的痛苦，我想，那是不可避免的，让我们微笑着面对生活吧！因为世界上有不计其数的比我们更不幸的人。"她自己做到了这一点，并不叫苦。

她是个很有个性的姑娘，常说"尽量用自己的眼光去看世界，看问题，用自己的头脑去思考，选择适合自己的生活道路"，从不人云亦云。

她很理解父母的心情。有一次，她回家，准备带钱，但当得知家里无钱时，她什么也未说，她父亲问她，她说不用。她父亲是知道的，知她不想说，便起早去卖了一担白菜，又借了点钱，当把钱交到她手里时，她竭力咬着嘴唇，不让自己哭出声，她说她自己哭了一夜。她知道父亲干了些什么，她对我说：

"我心里是那么不好受，但我不能说，可怜天下父母心，谁不好好学习，单从这一层上说，还叫什么人！从那时，我便想，为了每个父亲不受那样的累，我决心用自己的知识去奋斗！也希望每一个人都那么想，而且那么做！"

她的父亲确实是个了不起的父亲，这里我必须交代一下。那么一家老少，他没被忧愁压倒，他那么乐观，不管多累，回家总给孩子一个笑脸，给父母一点安慰，耐心地陪着有病的孩子，为了使孩子上学，他宁可借债：我要让孩子生活比我好！一个朴实的农民，他的血液流淌进了女儿的血管，塑造了又一个坚强的灵魂。守丰去世后，他想到了我，用安慰的口吻劝我，一个失去女儿的父亲啊！我不住心抖了！

守丰的去世，给我们留下了很多东西，很多人沉痛地谈到她。我们的原班长说："一个多么坚强的生命去了！我会永远记住她，一想起她那曲折而顽强的路，我们不应该更加珍惜生活吗？"一个和她并不太熟的人说："尽管我和她并不熟，但她一颗顽强的心却永使我难忘。”我的一个好友，无不惋惜地说：“一个难得的乐观向上的人就这么匆匆地但却很充实地离开了人世。”

“不管人生有多艰难，让我们勇敢地向前走吧！不要计较鸡毛蒜皮的小事，永远保持心灵的高洁和心情的愉悦，愉快地走完人生之路。”

让我们用她赠我们的话共勉吧！

多谢您！祝您向上！

你不相识的人：闻春晓

1987 年 11 月 26 日风雨交加的夜晚

草于阅览室

（我不知我所提供的能否使您满意，生活中的小事太多了。我无法一一写出。她是个平凡的人，就把她写成一个平凡的人吧！）

“她应该被称作英雄”

读着这样的文字，泪水再一次滑过我的脸庞……

我想起她最后一封来信中的最后一句话：“我想告诉您，我与您想象中的我截然不同，我走过一条特殊的人生之路。”

原来，她果真“走过一条特殊的人生之路”。

但是，除了一次她在给我的信中说过她生过一次病之外，她从来没有谈起过她糟糕的身体。她所有的信件，都向我展示着一个身心健康的中学生形象。谁能够从她给我的信中读到一个长期被病魔折磨的少女形象呢？

一方面承受着常人难以承受的病痛，另一方面却乐观开朗，并给周围的人带去温馨和力量。善良、正直、豁达、聪颖、幽默、早熟——这就是杨守丰。

我没能给冯珉娟及时回信，因为收到她的信不久，我爱人生孩子，我得了一个女儿，忙里忙外。但年底我还是给她和闻春晓各去了一封信——

冯珉娟同学：

你好！

来信收到已经很久。忙，既有繁重的班主任工作，又有紧张的教学任务，最近我又添了一个女儿，因此，未及时回信，很对不起。

但我一刻也没有忘记杨守丰，她的形象一直萦绕在我脑海里。前不久，我又收到曲阜师大闻春晓同学的来信（大概是你帮我联系的，谢谢你！），她向我述说了守丰的一些往事，我沉思了很久，的确，守丰是一个极普通而富有个性的人，但她应该是英雄。我认为，英雄之所以是英雄，并不一定要叱咤风云，惊天动地，“生得伟大，死得光荣”，一个人只要为别人有所奉献，留给人们以温暖，使人们产生向上的勇气，那么，他就是英雄。这段时间，我把与杨守丰每一次通信以及你、闻春晓的来信都给我的学生读了，同学们在流泪之际，开始思考“人活着为了什么”这样的问题（而这个问题他们以前是不屑去想的）。

我目前还不打算写守丰，我需要素材、思考和时间。你的学习很紧，我也不忍心打搅你。努力吧！我真心祝福你！没有什么新情况就不必回信了，集中精力学习吧！你的当务之急是冲刺明年的高考。以后再联系。

收到此信已近元旦，祝你新年好！

朋友　李镇西

1987 年 12 月 22 日

闻春晓同学：

你好！

由于太忙，未及时回信，请原谅！

我怀着十分感激的心情阅读了你特意写来的信，使我对我那位从未见过面，甚至她去世前我连她性别都不知道的好朋友有了更全面的了解。的确，守丰既非叱咤风云，也不惊天动地，但她应该被称作英雄。因为她给别人以温暖和鼓舞。我现在还不打算写她，要写出一个普通而平凡同时又富有个性的强者，我还需要素材，需要思考，需要时间。我把你、冯珉娟以及我同杨守丰的通信都给我现在的学生读了，同学们都感动得流下了眼泪。

我当然乐意与你保持联系，因为你是师范大学的学生，我们应该是同志。但愿我们能一起探讨中国的教育。你应该为你从事教育工作而自豪，中国的教育事业需要一大批献身者，遗憾的是，这样的献身者现在还不多。我希望你在大学期间勤奋学习，多阅读，多思考，为将来干事业奠定良好的基础。当然，你现在一定正是这么做的，对吧？

不多写了。此信如果你能收到（我没把握，因为你的地址不太确切），正值年底，那么，我真诚地祝你新年快乐！

朋友　李镇西

1987年12月22日

（又：你可否将杨守丰父亲的通信地址告诉我？）

就在接到冯珉娟和闻春晓的信不久，乐山市一个名叫“宁小燕”的高一女生的自杀引起了我关注（见本书《手记五：沉重的思考》）。我忙于分析研究宁小燕的生命轨迹，所以写杨守丰的事就暂时搁下来了。谁知这一搁就是20年。

不过，我虽然没有把杨守丰写出来，但我和她的通信，她的事迹，一直是我给我学生讲的话题。我的学生也从我和她的文字中，感受到对真善美的追求，感受到平凡人格的伟大，感受到生命的脆弱与坚韧……

闻春晓：我的朋友，我的同志

“我为守丰拥有你这样的朋友而感到欣慰”

让我在悲伤中感到欣慰的是，我失去了一个杨守丰，却又结识了她的同学，我赢得了更多的远方朋友。因为杨守丰，我和冯珉娟、闻春晓两位同学成了真诚的朋友，我和杨守丰中断的通信，被她们“连接”了起来。

元旦过后，我收到闻春晓的来信——

李老师：

节日快乐！

收您信，我是非常高兴的，我相信您会回信，凭我的直感。尽管如此，我还是很感动！因此，我希望自己以一个学生的身份兼作一个朋友的身份，来保持我们的联系。我相信，如果九泉有灵，守丰会为我高兴的！

老师，你那师长般的劝说让我感动。是的，我应当珍惜这难得的机会。有许多人不愿当教师，我并不能说他们不高尚，每个人都心怀自己美好的愿望，这有什么可值得责备的？的确，我们的国家还很穷，并不富有，并且有些比例关系并不协调，教师的待遇低，而且又很辛苦，要真正当好一名教师，那可真是起三更熬半夜，没一分钟属于真正的私我！学生、学校无时无刻地占据着教师的思维，尤其是中小学教师更为辛苦，我亲眼看见我们的老师是怎么样带病艰难地为我们上课！

小时候，我曾萌发过当教师的念头，有知识、有气派，然而有些事情无情地撕破了我彩色的梦，于是，我便在冷眼中沉默了，以后当一名研究人员，离开人们，去和人类最好的朋友——书打交道。但历史是这么跟我开了一个玩笑：我进入了师范大学！我当时的失望是无法表达的，然而随着时间的流逝，又学习了教育学、心理学，待人处世中，我又回到现实中来，我不该在怨艾中过日子，我快快乐乐地与人通信，叙述我的生活，既然历史让我这样选择，而我自己又做了这样的选择，那么就不应负了它！我已喜欢了未来的职业，我想我能胜任。

老师，你和你的学生真好！真让我感动。我为守丰拥有你这样的朋友而感到欣慰。尽管我对你知之不多，但我从守丰身上看到了你一颗向上奋进的心，这是易得却又难得的事！多少人在混呀！然而又有多少人在奋斗啊！中国需要这样奋斗的人！我相信你会写出一个真实的守丰，如果可能，我还会提供一些资料。平常的事也蕴含了无比深刻的人生意义。我现在是写不出她的，我的心溢满了对她深深的思恋。这种打击是很大的，而且这又不是第一次。

老师，我很喜欢能“听”你谈谈你的学生，借此多学一点，你一定很爱你的学生，这真是一种幸福。人，活在世上，能爱人，并且又被人爱，这是何等快慰的事！你的学生的泪让我看到了他们对你的敬意。感谢他们，感谢你！

我们中国传统的盛大节日快到了，我没什么礼物送给你和你的学生的。我想送给你们一句话，这句话，是我前年过元旦时我的一位好朋友送我的，我一直视它为座右铭，现在让我们共勉吧：

只要勇于探索和追求，一个普通的灵魂能走得很远，很远！

祝福你！

祝福我们的朋友——守丰！

祝福你的学生们！

朋友：闻春晓

1988 年 1 月 2 日

（于教室）

守丰父亲的地址：山东省平度县石桥乡东蒙村　杨丰云

我的地址：山东省曲阜师范大学 145#

（145 是我们班的信箱，只要写上山东省曲阜师范大学 145# 再无别的差错，我一定能收到的。）

从此，我和这位未来的教师开始了断断续续的通信。我给她谈我教育的酸甜苦辣，谈我学生的故事，谈我的思考，谈我的阅读，我给她推荐苏霍姆林斯基等教育家的著作。她来信谈她的学习，她的困惑，谈她对教育的理解……她分享着我教育的幸福，我分享着她学习的快乐。

“李老师，请原谅我对你文章的拙见”

我在1989年5月25日的信中，对她实习中的进步表示赞赏。我写道——

教育是一项需要呕心沥血的艰苦事业，也是一项使人永远年轻的、童心永在的事业，其乐趣也是无穷的。目前，我正教高二，学生对我的情感极深：其表现方式是一般人难以相信的，比如，我是不敢走到男生中去的，因为他们随时可以把我“捶一顿”，我的手上至今还留着因嬉闹学生给我的永久的伤疤……教育的乐趣的确无穷，特别是与学生建立起水乳交融的感情之后，教育是一种幸福。以后你真正踏上教育的征程，体会会更深。

……

我与几位远方的中学生（包括你这位大学生）的通信，使我获益匪浅。你是学教育的，不妨想深一点，现在的教育问题成堆，要准备碰些钉子，吃些苦头。寄来一份材料，这是我最近的思考，其中后半部分我寄往《中国青年报》，该报1989年5月22日第三版登出来了（去年7月8日该报第一版也登出了我的一篇《她给教育者留下什么“遗产”？》），请你多提意见。你是中学德育的亲身经历者，想必会有不少切身感受，我最想听的，是你们的声音。

我随信寄去了我写的一组文章，这些文章有对我自己教育的反思，有对德育弊端的批判，也有对苏霍姆林斯基教育思想的评介。那段时间，我在严肃地思考并剖析着中国的德育，写下一系列批判性文章。给她信中所说的那篇发表在《中国青年报》1989年5月22日上的文章，题为《沉重的思考——中学德育危机原因初探》，是我众多反思德育的文章中的一篇。我正是从与闻春晓们的交往中，感受到许多具体的德育问题，并从他们的来信中受到许多启发。

因为她一直在实习，很忙，所以我收到她的回信，已经是第二年的二月——

李老师：

你好！

首先祝你春节快乐！祝你在新的一年中再创新绩！祝你的学生们更加奋进！

收到你的信和文章后，我们一方面忙于复习考试，一方面忙着写教案、试讲，为寒假返校后的实习做准备。作为女孩子，回家后我尽量地多帮母亲干力所能及的事。外出上学几年了，辛苦了老母！那时我无法静下心来给你回信。在实习要走的这几天空余时间能完成此信，希望老师不要见怪！

真感谢你的赐教，不以上一次我的懒惰及疏忽为怪，还寄文章给我看。这使我内心很不安。我是个能力有限但有一颗不安分的心的女孩子，常想干点什么事，可到现在我都羞于说了。现在我只是尽可能地多看点书，多长见识，因为我觉得四年的时间并不是很多，对于知识的获得来说，时间永远不够。

有时看着文章、书本，联想到现实，我常产生出一种心有余而力不足的感觉，一种愤慨，一种忧患，甚至到最后有一种心灰意冷的滋味涌上心头。其实，我也知道，这是不应该的。记不得谁说过这样的话：在没有自己尽力改造之前是不应抱怨的（大意如此）。是的，首先得自己干。就像不能因为身体不好埋怨母亲而应该自己选择道路一样！

小学实习的一个月，我倾注了自己的心血，也见到了一些效果。但毕竟一个月很快过去了，当时有许多话要说，那么多的真情实感，谁知那么多不是原因的原因阻止着写那一切：实习确实不易！这次是到中师去，我教心理学。我们已接到指导：像人家原本那样教，不要出格。说实话，实习是为了更好地工作和长进，想不到竟有那么多的冠冕堂皇的东西使我们还没工作便觉得工作的艰难！

因此，李老师，我钦佩你的所为！你大学毕业后干了一番事业，我也多么希望如此啊！

李老师，也许从今年起你又要开始另一个未来班的建设了。我祝贺你的信心、你的勇气、你的胆识、你的才干，祝你成功。

看完文章后，我很激动，一个想法浮现于脑际：要是全中国所有的孩子都能有你这样的老师，我相信中国要比现在好得多！每一个成功者的身后都有一个平凡而静默的老师。教师，他不仅教书还要育人。而人，在每一个国度里，都应是宝贵的财富！为什么诸如此类的事情那么难办，这不能不使人想到国民的素质问题！而这又很难不使人归结到教育上来！你说，不是这样吗？

通过书信来往，我发现（也许你比我成熟得多）你的实干多于你的牢骚。这是难能可贵的。放假前，听了我校二十多年前的一位校友、现在的中学外语教师的报告，当时我想到你，想到和你一样辛勤工作并以此为乐的人。为她的学生也为你的学生感到幸福。我和同学彼此感叹这样的老师的稀少。同时也相互勉励以后也做使我们的学生感到幸福并为之骄傲的教师！

李老师，请原谅我对你文章的拙见。因为我实在不会评论文章。我觉得你做这一切，而且写出来了，这是非常实在的事实。同时我也发现，你懂得教育理论而且运用起来比我这个教育系科班出身的要强。

不过，我觉得还有一点，说出来仅供你参考：关于未来班的设想，即关于未来班的前景问题。如文章上所说，它已有一定的影响，无论在社会上还是在学校中。那么你打算怎么办？我想你们校领导一定能支持和重视你的工作。这对以后更好地进行无疑是很好的条件。再次，我想问的一点是：青少年的心是纯洁的，他们的可塑性很大。在少年时你培养了他们良好的品德，这种品德的培养与真实的社会的关系如何？我一直这样想：人的教育与培养，是否应该给予他们良好的影响，但绝不应该忽视社会这个大熔炉。培养一个人，绝不仅仅是让他去适应着社会，更重要的是面对困难的勇敢精神。我信奉卢梭的自然教育思想。当然，并不想像他那样去做。

我非常欣赏你所制订的班训：正直、团结、勤奋、创造。尤其是在现代的社会里和世界上，一个人道德如何关系重大。记得上一次你的关于道德教育的文章，你谈了好多存在的弊端。的确，我们的教育中，道德教育从小学到大学，从来都是清一色的，只是内容上多了几行文字而已。我想这正是我们道德教育失败的一个很重要的原因。仅仅靠方法上的改进或某一个德育老师的努力，我觉得这是不够的！我历来觉得：家庭、学校、社会是三位一体。学校是培养有德行、有知识和有技能的人的圣地。社会即狭义上的教育主管行政部门的总体部署应体现德育的规律。但这太不容易了！苏霍姆林斯基的方法和内容设置是非常值得学习的：从孩子进学校起，便培养他们对母亲的爱，从而引导把这爱扩展。逐步引导培养共产主义的品德，非常自然！他的学生之所以出色，是由于教育的一体化：家庭、学校、社会三者有机结合。但为什么只出了一个苏霍姆林斯基？只存在一所帕夫雷什中学？我常常这样想！李老师，不知你有何感想？

苏霍姆林斯基作为教育家，他是伟大的，但另一点缺憾是他的学生竟没有一个像他一样在教育上做出像他一样的贡献。这是为什么？科学家自能培养科学家，而教育家呢？这到底是成功抑或是失败？或这些应各占多少比例呢？

所以，我更多地想到家庭、学校、社会三者的有机结合。我不愿单独只考虑一个，而是想更多的是学校与社会即教育与社会，到底应有如何的关系才能使教育立于常规之地？

当然，我们个人必须从现实生活一点一点地做起，但只凭个人或小集团无论如何是不够的！不是吗？李老师！我不知自己未来能否像你那样信心十足地干下去，自然我必须有师德风范。我希望事业成功，我也希望我的学生为我而感到幸福和骄傲！

我觉得你做到了，而且在想继续做得更好！人活着究竟为了什么？只为活着而活着，这实在太可怜了！重要的是做点什么！

写到这儿，你未免要失望了，因为我不会评论文章，也没给你一些什么。但我希望能经常得到你的指教，经常看到你的作品，好吗？

后天我们就要去外地实习了，时间是一个月。但愿会有所收获，而且一定会有。但愿我能长些见识，到那时我再向你汇报。

祝福你！

闻春晓

1990年2月5日

信中她对我的教育实践和苏霍姆林斯基的教育思想都有所评论，但我因为进入了高三毕业班工作，超负荷的工作量，使我很难再给她回信了。

“我非常想得到你的帮助”

到了那一年七月，我带的毕业班毕业了，我给她寄去了一本我为我的学生编印的“班级史册”《花季》，但没有收到她的回信。直到十月的一天，已经在青岛师范学校工作的她才给我来了一封信——

李老师：

你好！

又有将近十个月未通信了，不知道李老师近况如何？

现在提笔的我已不是一个学生了，而是也作为一名老师，因此心中的感慨是很多的，我这才发现，我实习时给你的信是多么幼稚，不知你感觉如何？

今年七月中旬我毕业了，被分到青岛师范学校教一年级的心理学课。而且我也是带着一个班的班主任。刚开始工作，千头万绪几乎一点也理不清，我时时记起你的未来班的经验，我想把它介绍给我班学生。当我听说自己当班主任，心中几乎没一点谱，而真正干起来，我才觉得一切的牢骚都不顶用，只有自己的热情和能力才能真正抓住和赢得学生的心，我们要做的也只有这些。至于其他，我们无能为力。这就是我感到自己上一次给你写信很幼稚的原因。我真奇怪，李老师，你为什么不回信反驳我？也许，你觉得只有我自己登上讲台后自己体会，这样会更有说服力？不知我猜得对不对？像不像自作聪明？

走出校门，有那么多的不适应，慢慢地摸索，也只能如此，我可真想多得到你的指教。我相信自己有热情，也有信心，我缺少经验。

已工作一个多月，上了近五十节课了，我觉得自己有信心干好，但有时也总觉得灰心丧气，毕竟我还太嫩，太年轻，太缺少经验，而又有太多的热情。

我相信，学生都是好学生，教师应该都是好教师，只要工作得法，发现每个学生的闪光点，学生会更好，你说呢？

我不想再多说什么，我热切地希望能收到你的信，告诉我你的工作情况，我非常想得到你的帮助，你不会拒绝我吧？而且，我希望能利用这种方法使我们都有所进步，牢骚还是少发吧！

衷心祝愿快乐！

闻春晓

1990年10月6日晚

（你的女儿一定非常可爱吧？你也一定有一个美满的家庭，祝福你！代我问候她们：你的夫人和女儿！）

这次我当即回信——

春晓同学：

你好！

我还以为你仍在曲阜师大，暑假里曾往师大寄去一封信和一本我班毕业纪念册，看来你未收到。

祝贺你踏上教育岗位，我们现在是真正意义上的“同志”了。我并未忘记你的“二月来信”中的见地。只是因为忙于高三毕业班，我才不能及时回信。你那信中的评论（对我，对苏霍姆林斯基）我认为都是很有深度的。至少我当初在师大学习的时候未想过这些问题，因此，你比我当初成熟得多。那封信还引起了我的共鸣与思考，只是因为有些问题不是靠写信就能说清的。现在我越来越认为，踏踏实实地干，比什么都好。你有一颗热爱孩子的心，作为一名教师，这非常重要，因为能力、经验都源于此。祝你成功！

我很好，本期因语文老师缺人，我上两个班的语文，不再担任班主任。但我仍然关心德育研究。今年《河南教育》第1期至第11期有我的连载文章，《中国青年报》9月3日也有我一篇教育文章，还有《天津教育》第6期和第11期，都有我的教育文章，你可找来看看。参加工作八九年来，我问心无愧，但遇到的打击不少也不小，然而我至今不悔也不屈。说这些，无非是望你也应对人生有警惕。

忙，不多写了。

李镇西

1990年10月14日

后来，参加工作的她在回信中往往谈的是教育初征的喜悦与困惑，不时向我请教，我便把我的一些类似的经历告诉她，有时也给她出出主意，供她参考。杨守丰当然依然在我们心中“活”着，但她的名字已经渐渐淡出我们的话题。因为我们有一个更重要的永恒话题需要探讨：中国基础教育的改革。我想如果守丰在天有灵，一定会为此而欣慰的。

后来，我调到成都，我们还继续通信，1994年我出版了第一本教育专著《青春期悄悄话》，我还托我的一位在青岛读大学的学生给她送去过一本。但后来又先后换了几所学校，我和闻春晓渐渐失去了联系。

有时候，看到电视台播放天气预报时提到青岛，我会禁不住想到闻春晓：她还在青岛师范学校吗？什么时候能够见到这位我从来没见过的老朋友呢？

冯珉娟：从少女到法官

“我很渴望您能理解并且帮助好您班里的女同学”

当我和闻春晓开始通信的时候，我却很少和冯珉娟通信。在收到她写的那封关于杨守丰事迹长信后，我们就没有再联系了。因为我知道复读一年的艰辛，我不能再打扰她了，让她专心致志地补习吧！我在心里祝福她明年考上大学。

果然，第二年，我收到了她从武汉寄来的信，信中说她已经考上中南政法学院，她感谢我对她精神上的支持和鼓励。我回信很短——

冯珉娟同学：

你好！

很意外地收到你的来信，对于你考入中南政法学院，我表示诚挚的祝贺！

真诚地希望你能发奋学习，成为一个对民族有较大贡献的人。

最近一年来，我对教育进行了一些思考，越发感到危机重重。限于条件，我没能写杨守丰，但我写了另一个中学生——宁小燕，也是一个已死去的、令人惋惜的女生。我通过她来解剖我们的教育。

关于这个学生的悲剧和我对教育的剖析，请你去找今年7月8日的《中国青年报》看看，第一版就是我的长篇文章。

另外，我班有个学生叫宁玮，非常朴实善良，而且很有上进心，我想让她和你交朋友，保持通信。好吗？我相信你们能够成为互相信任的朋友的！

这两天正是我忙的时候，不多写了，以后再谈。

愿随时听到你取得进步的消息！

李镇西

1988年9月27日

的确是这样的。一年来对杨守丰之死的叹息渐渐被对另一位自杀少女的愤怒所取代。这愤怒当然不是对已经自杀的少女宁小燕而言，而是对我们的教育。那一段时间，我用了相当多的时间来思考解剖我们的教育。

我主动把宁玮介绍给冯珉娟，让她俩成为笔友通信。我感到宁玮和冯珉娟有许多相似之处，都来自农村，都纯朴善良，都面临高考压力，我想让宁玮能够从冯珉娟那里获取一些在我这里得不到的养料。

后来，冯珉娟和宁玮果真成了好朋友，但她在给宁玮写信的同时，也依然给我写信，倾诉她的一些想法——

李老师：

您好！

几个星期前收到宁玮来信，感到她很坦率，同时由衷羡慕她有这样一个班主任。

上周我通过高中时一位老师找到了《中国青年报》上您的那篇文章，恕我直率地说出我的观点：宁小燕不应该为追求“直”和“真”碰壁而大惊小怪，更不应以生命为代价去“殉道”。您想通过这篇文章引起教育者注意，恐怕作用也不怎么大。高中时候，起初我也对这个世界有过真的要求，那时我佩服刘晓庆，“有棱角，有个性，不掩饰，不造作，做到真”（我的日记）！班里有干部玩把戏，我和她争论，她很激昂：“物竞天择，适者生存！”我振振有词：“这话是对的。但是具体到人，最后生存下的‘适者’，组成一个什么世界？！”但后来我变了，您想由老师方面主动去保护“花朵”依其天性自由生长，但是老师方面所处的环境又比学生所认识的世界美妙多少呢？要求老师在对上级磕头烧香喝了醋之后再转过身来对着花朵吐出甘露，恐怕很难。每每想到处世，我便想到守丰，她不动声色冷眼洞察这个世界和不卑不亢的潇洒风度令我五体投地。高中时我当班级编辑，也用宁小燕一样的调子公开过我的心曲。老师评语：“切不可对生活有一种冷漠的俯视感！”为此我感激他，他令我反思，使我学会宽容，不知不觉容忍了看不惯的东西，竟奇迹般地会选择性地热爱这个世界了。很遗憾宁小燕没有听到这句话，我感到她可悲。一切都很正常，只不过她竟以死来控诉，她竟不正常了——我如是想。

我爸爸也喜欢大惊小怪。昨天课上收到村里唯一一个高中生的来信，和一张简报，是我爸的一篇散文。我哭了一节课——为我自己，为父亲，为只有三个大学生的我那个村。高考落榜之初，我只觉得与“中”了的相比，我们将在同一地点相会，只不过以不同速度跋涉。爸爸让我再去复读不可拖延，我冒大雨步行三个小时联系单位；好朋友与我中断书信……只有那时，从别人的表现中我才自己紧张起来，以为我自己确实很险。但认识到这点有什么用？除了心理上加重了负担。我确实生活水平有限，我上学只靠辍学的当纺织女工的 16 岁的妹子。我感激父亲和妹子，但我不想用啃咸菜穿破衣服学好功课来表示，我看不起，又不想牵一发动全身。明年我就贷款，吃，穿，买书，人格……我都不想低人一等。毕业后一千两千我都自己还。（班里同学很可笑，以为山东农村来的，都是穿对襟褂子，说着“俺”，或满脑子儒家循规蹈矩思想，或腰里揣着大欠款单。）爸爸散文虚构了不少，那个结尾大煞风景，我没有给他写信，即便写也不用这个调子。他竟为能借到 200 元钱而感到自豪！（“男人在哭的时候，也是笑着的！”）早知道考上大学能引得爸爸心里翻江倒海激动不已，我宁肯种地。也许我对生活认识太浅，我太没人味吧？但这千真万确是我现在的想法。

老师，我觉得您与我一中时的那个老师很像。我什么话都敢说。女孩子到了高二、高三都生活得很惨，要克制情绪上莫名其妙的烦躁，要反抗实际并不太完美的东西的诱惑，很累。而所有男孩子都在幸灾乐祸，大叫“女孩到了高二高三全完了”！我感到不平。我很渴望您能理解并且帮助好您班里的女同学。

知道您很忙，我不想让您非回信不可，只是我自己感想太多，觉得说出来痛快。

此致

敬礼

冯珉娟　1988 年 11 月 18 日

她的坦率让我感到了她对我的信任。我在班上向学生们读了她的这封来信，让大家讨论。通过和她的通信，我从更广阔的层面了解我们的教育对象。我越来越觉得，单纯的政治思想教育远远不能解决处于青春期的所有学生的困惑。我开始了新的德育尝试。我给她寄去了我写的一篇长篇报告文学《德育的困境》，我回信说——

珉娟同学：

你好！

来信使我想了许多，并且将信全文读给我的学生，也引起了学生们的共鸣。

这学期以来，我在许多场合讲课或做报告，都“大肆兜售”我的观点：传统教育——首先是德育——葬送了不少青年，已到了非重建不可的地步了。当然，如同你说宁小燕不会对改变教育现状起多大作用一样，我的呐喊也未必奏效，但中国的教育总需要一批“滚雷英雄”，我愿为此做出最大的牺牲。与此同时，我在班上针对中学生特点开了一个“青春期讲座”，注意，不仅仅是爱情教育，而是针对高中生的心理特点，他们可能会遇到的各种烦恼苦闷而进行的心理辅导，这个讲座在学生中引起了强烈的反响，最后被要求在全校讲。我的讲座内容并不新鲜，但学生们如此欢迎，这只能说明我们平时的教育是何等脱离学生心灵！

因此，我倒很希望你能为我提供些现身说法，以充实我的教育。我真希望我的学生不要再受骗了！

寄来一份过时的材料，是我半年前写的，现在看来已不怎么样，不过反映我当时的真实思考。你可翻翻。

我现在在研究中学生，很想听到中学生真实的内心想法。如果你能够为我提供一些帮助，特别是能够给我一些现身说法，我将非常感激！

祝好！

李镇西

1988年11月29日

我寄给她的《德育的困惑》是我半年前用心写成的，我从各方面全面剖析并批判了现行德育的指导思想和模式，从大家司空见惯的想象中提出了一个个尖锐的问题。当时我给周围的人看，有人说我“深刻”，有人说我“偏激”。

“李老师，您是第一个知道我内心秘密的人”

冯珉娟回信对我的这篇材料进行了评论，同时还谈了她的一些困惑——

李老师：

您好！

收到您的来信一个多月了吧，因了回信的难度和其他事情的干扰，拖延至今才回，请老师原谅我。

您寄来的材料及书信我反复读了，似乎更进一步理解了您所从事的是怎样有意义的一件事情。我把材料给了周围的同学看，反映各不一样，但在一个问题上引起了共鸣："从来没有见到任何一个人对我们高中生活提出这样的疑问，也从来没有想到我们那时的生活居然还能提出这样的问题来。如果这个老师是我的班主任该多好！"我的高中生活，现在回想起来，简直有点后怕，奇怪为什么竟然能够走过来。那时候从来没有想到在学生和老师之间，还有一种可以称作"朋友"的关系，也不敢奢望对于人际关系、世态变换、个人生活（包括那种自己说不清道不明但在老师眼里一定是早恋的对异性的好感吧）上的难题还可以通过老师来解决、引导。当然也许老师学生都有责任，并且也许都有和气融洽相处的愿望，但谁也没有主动找一种合理的方式，真是可悲。我记得自己那时尽管在心里有千奇百怪的想法——对于老师，但在公开场合下所显示的是"比之若天，仰之若父"，断然不敢活得自由一点的——这当然不能排除我个人性格上的因素的。

来校后，法学理论老师给了一个论题——"评'恶法亦法'"。10 分制，班里同学得了 8 分，9 分的很多，我只有 6 分。但高兴得不得了。因为这个题目可有两种或更多的看法：一种从法制程序而言，恶法若符合条件就一定是法；另一种因为真正的法体现的是正义，而"恶"没有体现正义，故恶法非法。我答的是前一种，一开始以为自己的观点错了。老师评讲时却没有肯定或否定哪一种观点，他让我们自己继续讨论，给我们 6 分仅仅是因为我答题方式和高中生一样按死板模式！就冲可以自由发表看法并且错了没有被一棍子打死，我庆幸我上了大学。并且对未来三年多的时间寄予了很大的希望。四年高中给了我什么，我到现在也不明白。

老师让我谈一下自己高中生活的感受，并且提供点儿现身说法，我很感激您这么相信我，也很乐意去做。考虑了好长一段时间，我决定寒假回来时把我的三本高中日记寄给您，但愿您能从一个极任性的、带欺骗自己的、虚荣心极强的高中女生的日记中捕捉到一点有益的东西。目前时间不允许我静心去写更多的体会，春节回来的日子里我愿能随时为您提供一点儿东西。

很激动，又写了这么多。我们 21 号放假，想老师为准备期终考试也很忙吧，愿您幸福，快乐！

此致

敬礼

冯珉娟　1989 年 1 月 10 日于宿舍

真没有想到她如此信任我，愿意把自己的日记提供给我。我对她的这份信任表达了由衷的感谢。

李老师：

您好！

开学后一直处在极度抑郁状态，故拖了再拖才把日记本寄出，请您原谅。

想说什么，但又不知说什么好。我一直有一种想法，虽然对自己高中几年“心灵的阻击”曾颇珍惜，但希望有一个值得信赖的人来读它，于是把它献了出来，在我这是一种解脱。看了您上学期寄给我的那份报告，知道老师想让中学生对共产主义理想、社会主义精神文明有一个极真实而不是虚假的模式的认识。我个人认为，何必要本着这个目的呢？（也许我还未完全认识您的行为）寒假期间见了几个中学生，言谈中他们的看法令我颇吃一惊，他们已远非当时的我们，用童心拥抱一切，对所有的假的东西已不表示怀疑，觉得本来是那样——尽管他们个人仍在追求真——可惜的是这种追求中已没有了那种天真率直的成分了。他们最大的苦恼不在于“共产主义理想、社会主义文明”与现实所见的冲突，而是如何处理人际关系，特别是男女同学的关系。高中时期，我对和女生交往不太感兴趣，而是喜欢和男生在一起，特别是和有才华的。我觉得和他们在一起有一种被督促着争取努力赶上他们的力量，而自己处处显示的也是较美好的一面，因此女友不多，有限的几个后来也大都作鸟兽散，在人际关系上，我败得很惨——虽然她们都认为我有“才华”，但已把它同我的人格分离了——我很自负。不久前读了一篇文章《请君珍视心中的爱》，说出了我的心里话：“现在我知道了，自己晚上总闷闷不乐，精神上感到很痛苦，因为我希望每个人都爱我，这是不可能的。尽管我可以成为世界上最鲜美的李子，而还是难免有对李子过敏的人！如果别人想要香蕉，我可以使自己成为一个香蕉，但我永远是一个二等品。而事实上我本来可以成为最出色的李子。如果我耐心地等待，那么喜欢李子的人就一定能出现！”假如让我再过一次高中生活，真应放下“恃才傲狂”的架子和那些“俗子”说说心里话，可惜，全晚了……

接下来的，大概是要向老师求助了。

请读者原谅我这里不能继续公开她写的内容，因为她向我诉说了她的一个内心的秘密，这属于她的隐私。我能告诉读者的是，她把她的心理困惑完全袒露给我，希望我给她以帮助，帮她摆脱困扰。

在说完自己的困惑之后，她继续写道——

李老师，您是第一个知道我内心秘密的人，寄来日记也多半为了我自己的解脱，看完后，如无兴趣保存，就替我把这三本日记毁了吧。唯一想知道的是，我以后怎么办？等您的回信，李老师。

顺祝

愉快！

冯珉娟　1989 年 3 月 22 日

读完她的这封信，我一下子感到手足无措，面对如此信任自己的人，我竟然不知道如何才能更好地帮她而茫然。我在思考，如何给她以真正有效的引导。因此，我暂时没有回她的信。不料，因为我没及时回信，她着急了——

李老师：

您好！

记得两个星期以前我就把日记本寄出去了，到现在还未得您的消息，我很紧张。当初寄的时候，我是没有挂号的，现在想起来，愈加担心，生怕邮路上散了以至于流失，因此非常希望您回信告诉我您收到了没有。

我不知道我提供的材料对您而言是否有用，也不希望您把我当成一个特别非同一般的典型来介绍给您的学生。只请您从一个近乎神经质的女子心理中（我总在怀疑自己神经有疾病）获得些启示以去治疗生活中与我情况类似的女生，如此，也是我的愿望了，如果老师有什么需要我说明白的，请您尽管提出来。

李老师，我非常想得到您的帮助，告诉我怎么办。

顺祝

愉快！

冯珉娟　1989 年 4 月 16 日

我不能再让她焦急地等待了，我给她去了一封长长的信。我从心理学的角度，对她的那个困惑进行了分析和引导，因为涉及她的隐私，我这里不便说得太具体。

在这次的信中，除了对她的心理进行疏导，给她介绍了几种自我调适和解脱的方法。我还谈了读她日记的感受——

从文字表达来看，你是很会写文章的。有些段落真是精彩极了，至少我在中学时代是写不出这样的文字的（那时候我擅长写“大批判稿”）。虽然上了大学，你也不放弃写作的练习，争取写出几篇好文章。另外，你是一位很有个性的女孩子，“我要回家”等好些情节使我很感动，同时也看到了你的倔强与坚韧，你真正是自己奋斗出来的，这对我班女同学很有启发（遗憾的是，我不好在班上念你的日记）。我衷心希望你保持自己自强不息的进取精神，在事业上有所建树。读了你的日记我又一次深切感到，当好一名老师太难太难了，你对你的老师有许多细致的分析评价，我想，我的学生也会如此苛刻地分析评价我的，只是我不知道罢了（我知道的大多是“好话”，这是假象），你不喜欢你后来的语文老师，从请教“襟”“带”二字中看出了他的浅薄，读到此处，我情不自禁地提醒自己道：千万不要成为这样的“先生”啊！总之，读了日记，我对自己能否当一名真正受学生欢迎的老师，竟然缺乏自信心了。当然，我会更严格地要求自己，尽力而为的。从这个意义讲，你是我的老师，我真心感谢你啊！

听宁玮说，你叫她告诉我，“不要去做自己做不到的事”，我理解你是为“耽误”了我的时间感到歉意。不要紧，这样的交流，只会充实我所热爱的教育工作，若放弃了这些，才是不可弥补的损失呢！愿继续与你保持联系。你的三本日记，我一定要妥善保存，我还想研究一下，以后一定退还你。

拖了这么久才回信，再次致歉！

李镇西

1989年5月13日

“李老师，非常感谢您给了我极大的帮助”

再次收到她回信，是在第二学年的开学初——

李老师：

您好！

开学后一直想给您写信，一直没有时间，明天就是教师节了，晚上看电影回来，不知怎么就拿起了笔，借此机会祝贺您又迎来了自己的节日。

不知怎的，每逢听到教师节，心里总有一种感慨。历年如此，校园墙上多贴了几幅标语，晚上看场电影，白天放一天假（今年恰好又是星期日），好一点儿的开个会，发个奖状证书之类的东西，教师节一过，一切又是外甥打灯笼，就工资而言，似乎高了一点儿，然而别的人（比如那些贪官）不需冒险就可以超过。您是老师，且是真正的老师，也许为了那么多的学生，为了自己所热爱的事业，您对这一切都认了，我则有很大的不平，尽管无力使全社会的人都衷心地对老师表示尊重。暑假里与高中同学相聚，因聊世界观决定方法论的缘故，和考了师专的几个同学有一种亲近感。我从中了解到，她们中只有一个因兴趣所使报了师专，其余的分了两类：一类是被学校强行收了去的，另一类则仅仅是为了跳“农门”。对于城市人情况我是不了解的，但农村孩子报考师专的，可以说100%为了保险，为了跳农门，别的“哪怕有一线出路，也不报师范”（我上了几天夜校的母亲对我这样说），如此看来，这部分人素质低得可怜是一定的了。由这种老师教出的学生，成绩好的走了旁道，差的为了保险再上师范……如此循环不已，九斤老太的后代——一代不如一代。什么时候有个完呢？所幸的是，有几个高中时的好朋友被强行录取了，在悲观了半年之后，如今终于能够认真对待了，并且决心将来与他们的学生成为朋友而非戒尺与手掌的关系。但愿当他们踏上了工作岗位之后，社会现实别残酷地冲刷掉他们这些热情。

李老师，非常感谢您给了我极大的帮助。这学期回来，我从心情方面而言是舒畅极了。您信中所示的几种方法坦白地说，对我的作用不是十分大，但是您能正儿八经听我诉说并予以理解和接受，能认真把它当成一回事给我出主意，令我感受到了理解和尊重，心理负担自然释却了。第一次向别人谈自己的这件事，发泄之后的效果令我吃惊。我同情我的同学，加上自己的体会讲给您听，猜想您的学生中会有类似情况，但愿会对您有点启发。

四川好美，乐山的“龙舟之乡”更是令人神往，住在北方真是亏了，连个船桨都没看见。“哗哗”溅起的水，粗犷雄浑的“嗨嗨……”，还有一排排舞着桨的粗壮的胳膊，整个儿是力的宣传；还有，不知道坐在乐山大佛的脚趾上，能不能怀疑是个广场……不说了，上学期间囊中羞涩，但愿毕业之后，能到四川出差。

此致！

敬礼！

冯珉娟　1989年9月9日

我感到她纯真，但也天真。出于关心和担心，我去信劝她——

珉娟同学：

你好！

……

读了你这次的来信，我觉得你太天真，太容易相信人（而且我想，幸好我不是坏人），还是多长一点心眼儿好，真正成熟起来。当务之急，还是把专业学好，将来于个人、于国家都有好处。不管天下风云如何，我们每一个人还是应该尽力为民族、为国家有所奉献，越是在国家困难的时候，我们越应表现出自己的良知与真诚。真希望你成为一个有出息的国家栋梁。

……

李镇西

1989年9月18日

在那年年底，我给她去信问候新年好的同时，也寄去了一份我写的《"未来班"实验报告》。1990年新年刚过，她回信了——

李老师：

您好！

元月5号收到您寄来的"报告"，请勿挂念。

……

这半年是灰沉沉的半年。最主要的一点是越来越发现自己走错了路，开始凄然咀嚼自己吞下的苦果。读了昨天收到的您的材料，这种感觉尤甚，第一个原因是对自己将来职业的失望，第二个就是对课本的枯燥内容的厌恶，第三个就是发现了自己对中文仍有并且越来越浓的兴趣。读了您给的材料，我一整天都沉不下心来，是一种从未有过的感觉，正如有一天唱着唱着“让我们荡起双桨，小船儿推开波浪”的时候突然落下泪来，恍然明白多么美好的时光竟然来不及体验，感受就这么悄然走了而且永远不回来，那份悲哀实在难以名状。高中时自己在日记中言“但愿我长大了成为一名中学语文老师，让我的学生像我佩服臧老师一样佩服我”！读了您未来班的构想与实践，一阵阵冲动令我坐立不安，多么想荣幸地成为一名语文教师，像您一样把计划与理想付诸现实啊！我会如您一样，把每一个学生都当成奇迹去培养，然后再含着泪享受他们回报给我的新奇与挑战，我将永生感谢他们给我的一切。然而反观自己，却发现永不可能了，这才明白，所谓金钱，是多么渺小啊！李老师，我好羡慕您，真的！由此我想到了您的班级，必是活泼向上的班级，完全可以猜得到作为班级一分子的每个同学那份骄傲与自豪；由此我想到了您的家庭，必然充满了和睦与昂然，您的小女儿必是很聪明很活跃吧！因为有这样一个全心全意爱着生活的爸爸！

因为要期末考试，材料没有仔细看，也许我将有一点建议，等寒假回来有时间再写吧。

非常感谢您给了我一个机会，一个条件，让我坐下来，全心全意地写了一封信，检查自己的思维，发泄一些情绪，当然更高兴对您有些启示，如果有。

顺祝

如意！

冯珉娟　1990 年 1 月 6 日

我回信——

珉娟同学：

你好！

……

你能对未来班感兴趣甚至感动，倒有些出乎我的意料。我的学生确实很爱我，最近，我又开始为即将毕业的学生编印纪念册，十分累，但十分愉快。我觉得只有这样，才对得起我的学生，其他没多想。北京《班主任》杂志来约稿，我把《“未来班”实验报告》寄去，他们来信说将在今年第二期发表。能对社会有点作用，我也感到欣慰。

有些想法，乃至牢骚，都可以理解，但不要丧失信心和实干精神。当务之急，便是学好知识，将来为社会、为国家、为民族尽一份责（我说这些，你不会反感吧），套话不一定是真理，但真理往往是“套话”，比如，“前途是光明的”便是如此。

好，不写了，下次再谈。

祝

学习进步！

李镇西

1990年2月17日

现在想起来，我和冯珉娟真正达到了既是师生关系又是朋友关系的那种境界。没有见过面，但我们能够互相信任，同时又都能从对方那里获得收获。她有什么苦恼或喜悦都愿意来信向我诉说，我在工作中有了什么思考或幸福也愿意让她分享。1990年5月20日，我在感动之余给她写的一封信，就是证明——

珉娟同学：

你好！

……

昨天（5月19日）我班学生以为是我的生日（多年来他们一直打听这个日子，我均保密），便以突然袭击的方式给我以极其隆重热烈的祝贺：教室里朴素而喜庆的布置，一块为我特制的蛋糕，一束绚烂的鲜花，一本有全班同学签名的影集……还有一个月便要高考了，可他们居然这等细心，我怎不感动？这也是当教师所特有的“财富”！

你的大学生活已经过了一半，应该抓紧这人生最宝贵的时光实实在在地学点东西，烦恼是每人每时都有的，但这不应妨碍我们的追求。前两天，我班程桦、杨嵩被保送北大和复旦，我也是这样勉励他俩的。不管怎样，我们都应也只能以自己的方式报效祖国，还是那句老话：“从我做起！”愿我们共勉。

忙，不多写了。

祝

进步！

李镇西

1990年5月20日

“好羡慕您手下的每一个同学”

高三学生为我祝生，真是让我幸福，我把这种幸福转达给冯珉娟，让她和我一起分享我的幸福。几个月后，这个班毕业了，我将为他们编印的班级纪念册《花季》寄给了她。这是一本凝聚着我和学生成长足迹、青春情感和人生理想的书。收到《花季》的冯珉娟很是感动——

李老师：

您好！

信与新近的《花季》一并收到，很感谢您，勿念。

收到《花季》的前夜，做了一个很美的梦——我对梦的暗示向来把握很准——于是一整天沉浸在极兴奋的期待中，预感有很贵的礼物会到了，及至收到《花季》。

疯了似的逃了两节课看完，晚上搅得同宿舍七个人拿着“肖像描写”与照片上的人对号入座，很久很久没有这种气氛了。再次感谢您的礼物。我必永远珍藏。

现在的中学生与我们当时实在是大不一样了，“新派”得很，读完了《花季》，首先看到了一个生机勃勃的大集体，听到了颇具“个性”的音符组成的主体明确的乐章，接着便想到了站在背后的您付出的心血，从没看到任何一个人如此认真执着地追求自己的事业，好羡慕您手下的每一个同学！记得以前每次与宁玮通信，总用过来人的训导的口气与她讲话，现在看来真真需要调整一个角度了。

……

盼着您有像《花季》或比它更好的书做礼物送我。

此致

敬礼

冯珉娟　1990 年 9 月 11 日

因为杨守丰，我认识了冯珉娟，因为冯珉娟，我对教育的思考更加深入而广泛。也许因为我们从未见面——当时也想象不出我们有可能见面，所以，她以高度的信任感向我非常真实地展示了她对教育的看法，和她内心的一些秘密。这些秘密是个别的，但也可能是普遍的。这让我在更广阔的范围内了解和感受我们的教育对象。说实话，尽管我和我每天见面的学生有着很真诚深厚的感情，彼此也有着相当的信任度，但和冯珉娟这样的几乎心灵零距离的接触是没有的。

这是一种颇为有趣且耐人寻味的教育现象。

如果从 1987 年 9 月算起，我们的通信大概保持了三四年，一直到 1991 年我调到成都工作后，我又先后换了几所学校，她也结婚生子，我们渐渐失去了联系。

不过，我常常和学生谈起和山东一群中学生这段难忘的通信经历的时候，我必然要提到“冯珉娟”这个名字。

“生命列车”继续前行

整整十年没有联系了，2001 年 1 月的一天，我在苏州大学宿舍里（当时我正在读博），突然接到一个电话：“是李老师吗？我是冯珉娟！”

我惊讶得不敢相信：“是吗？你怎么知道我在苏州？又怎么知道我房间的电话呢？”

她说她从最新一期《半月谈》上读到我的一篇文章，特别惊喜。于是根据文章上的作者单位，通过 114 查到我房间的电话。

我们在电话里兴奋地聊了好久，各自说着自己十年来的情况。她现在已经在 ×× 市中级人民法院工作，孩子已经几岁了。我们在感慨时间过得真快的同时，又互相问着：“什么时候能见见？”

那次我们都没有提到杨守丰的名字，其实我是想到了的，我相信她也一定想到了杨守丰。只是我们都守着一个默契，谁都没有说出那个让我们温馨而又心痛的名字。

这又过去 7 年了，写这段文字的时候，我当然会想到她。她现在是否还在 ×× 市中级人民法院呢？昨天我通过 114 查到 ×× 市人民法院的电话，对方回答我说没有这人。我心里一沉：难道从此真的就再也联系不上她了？我不死心，打开网络，通过“百度”搜索“冯珉娟”三个字，结果吓我一跳：无数“冯珉娟”，有副市长，有企业家，有演员……就是没有法官冯珉娟！在即将绝望之际，我灵机一动，输入“法官冯珉娟”，结果第一条就是“法官冯珉娟使案件‘枯木逢春’”。点击开来，内容是说“×× 市 × 法院执行法官冯珉娟”如何如何。是那个“冯珉娟”吗？

我赶紧再通过 114 查到电话打过去，结果无人接听，反复多次打过去，依然没有人接听。

留下的是无尽的遗憾……

昨天（2006年12月30日）下午，我在教职工大会谈到师生关系时候，非常动情地说：“最近，一位网友给我一个新年礼物，就是《生命列车》的flash，我看了以后非常感动。我想，我们能够在一起工作，一起在这里相聚，这的确是生命的缘分。在去年的今天，无论我的想象力多么丰富，也无法想到今年的此刻，我会在这里站着面对大家。这不是缘分是什么呢？不只是我和你们，还有你们和学生，还有每一个老师与其他老师之间，都是一种生命的相遇。我们坐在了同一列车厢里，在生命的轨道上奔驰。我无法把握我自己能够和大家一起走多远，但如果大家欢迎我，我会尽量和大家走得更远。我们都要珍惜彼此呀！”

我给老师们放《生命列车》，伴着音乐，一幅幅温馨的画面映入眼帘，字幕上的一行行字抓住了我们的心——

人生一世，就好比是一次搭车旅行……

降生人世，我们就坐上了生命列车。我们以为我们最先见到的那两个人——我们的父母，会在人生旅途中一直陪伴着我们。

很遗憾，事实并非如此。

他们会在某个车站下车，留下我们，孤独无助。他们的爱、他们的情、他们不可替代的陪伴，再也无从寻找。

尽管如此，还会有其他人上车。

他们之中有我们的兄弟姐妹，有我们的亲朋好友。我们还将会体验千古不朽的爱情故事。

坐同一班车的人，有的轻松旅行。

有的却带着深深的悲哀……

还有的，在列车上四处奔忙，随时准备帮助有需要的人……

尽量使旅途愉快吧！

善待旅途上遇见的所有旅客，找出人们身上的闪光点。

永远记住，在某一段旅程中，有人会犹豫彷徨，因为我们自己也会犹豫彷徨。

我们要理解他人，因为我们需要他人的理解。

我时常这样想：

到我该下车的时候，我会留恋吗？

和我的朋友分离，我会痛苦。

让我的孩子孤独地前行，我会悲伤。

我的孩子们上车时没有什么行李，如果我能在他们的行囊中留下美好的回忆，我会感到幸福。

我下车后，和我同行的旅客都还能记得我，想念我，我将感到快慰。

献给你，我生命列车上的同行者。

祝你

旅途愉快！

片子播放完了，但老师们还在沉思之中，我不由得产生了联想，想到我生命中曾经有过的风景。于是，我给老师们讲了 20 年前我和一群山东中学生的通信，我说先是一个学生给我通信，后来这个学生突然去世，于是她的同学接着和我通信，我们原来素不相识，但现在彼此信任，她们从我这里获得成长的养料，我从她们的信中也感到教育的幸福。虽然远隔千里，我们却彼此用生命照耀着对方。现在，当年和我通信的学生已经三十七八岁了，当年的中学生已经步入中年，我至今没有见过她们，但一想到曾经和她们的精神相遇，我便感到我们曾在同一列生命车厢里前行。她们曾是我生命天空中掠过的云彩，现在想起来还感到格外温馨！

在我讲述的时候，大厅里非常安静，几乎每一位老师都用明澈的眼睛注视着我，我注意到还有老师在擦拭着眼泪。她们和我一起分享这生命的芬芳。

我说："那么，每一个老师都应该想想，我给孩子们的未来留下怎样的生命记忆？我给同事们留下怎样美好的回忆？"

（2006 年 12 月 31 日追忆补记）

手记七："让人们因我的存在而感到幸福！"

——引导学生关注周围的人

多年来，我每接一个新班，送给学生的见面礼，总是一句话："让人们因我的存在而感到幸福！"

关于“爱”的见面礼

多年来，我每接一个新班，送给学生的见面礼，总是一句话：“让人们因我的存在而感到幸福！”

这是一位名叫马特洛索夫的英雄所说过的一句名言。

当然，说是“名言”，只是对五六十年代的共青团员而言；而对今天的中学生来说，这句话一定是相当陌生的——甚至“马特洛索夫”是何许人也可能茫然不知。

在20世纪50年代翻译出版的一本苏联传记《普通一兵——马特洛索夫》中，记载着这样一个真实而悲壮的故事：在苏联卫国战争冰天雪地的战场上，从德国法西斯的地堡中喷出的火焰阻挡了一个营的苏联红军的进攻，先后冲上前去的几名战士都倒在了地堡前空旷的雪地上。在这万分危急的时刻，一名叫亚力山大·马特维耶维奇·马特洛索夫的战士从侧面向地堡匍匐前行——

亚力山大感到，成百只眼睛正抱着希望注目着他和等待着他。城市和乡村都在等待着，人民在等待着，他带到此地来的正是人民的正义、人民的智慧。不能辜负人们对一个青年团员的信任。

一股庄严的勇气烧热了他的心，一种无敌的力量灌注到他的肌肉中去。

恐惧心已经没有了。他，马特洛索夫，也像每一个躺在雪地上的战友一样，准备尽一切可能，甚至用自己的死，来消灭敌人。

他迅速地跳跃着向右侧跑去，好像要绕过地堡似的，然后，在几乎与地堡平列的时候，却突然向左一转，左侧身体向前，跑到了冒着烟的、黑洞洞的、喷火的枪眼前，用自己的胸膛堵住了它。

指挥员达尔巴达耶夫的声音响彻了整个战场：“为了马特洛索夫，前进！”所有的战士都冲了上去……

我每次给学生讲这位英雄的故事时，总有学生会说："这不是战斗英雄黄继光的故事吗？怎么成了苏联的马特洛索夫了？"

我便给他们解释："是的，黄继光也曾有过同样英勇的壮举——在我小时候读过的一本有关黄继光的书中，明确地把黄继光称为'中国的马特洛索夫'。马特洛索夫已经离我们很远很远了，但这句话却永远不会过时。"

也许有人会以为这句话不过是"助人为乐"的另一种说法，我却告诉学生，不，助人为乐是刻意地做好事，而我则希望"让人们因我的存在而感到幸福"成为我们一种自然而然的生活常态。

2004 年 9 月新学期开学的第一天，我给刚见面的学生发了我写给他们的信。在信中，我照例把"让人们因我的存在而感到幸福"这句话送给了学生。我这样写道——

"让人们因我的存在而感到幸福！"我把这句话作为礼物送给你！（请你在心里默念一遍："让人们因我的存在而感到幸福！"）这既是一种伟大崇高的价值观念，同时也是一种平凡朴实的实践行为。用精神播撒精神，以真情赢得真情。亲爱的朋友，做一个"让人们因我的存在而感到幸福"的人，往往只需"举手之劳"：公共汽车上，你为一位老人让座，这位老人就会因为你而感到生活在这样一个文明的社会环境中是一种幸福；在街头，你热情耐心地回答一位外地人的问路，他就会因你而感到能够得到一位素不相识的人的真诚帮助是一种幸福；在教室楼道，你主动上前帮老师抱作业本，老师会因为有你这样的学生感到幸福；有同学病了，你哪怕是送上一句亲切的问候，他也会感到有你这样的同学是一种幸福……今后在我们班，当某个同学遇到困难时，你如果第一时间出现在他的面前并伸出温暖的手臂："别着急，有我呢！"那样，他会因为有你而感到班集体的无比温馨！我希望在我们的集体中，大家有共同的追求、共同的荣辱、共同的精神支柱、共同的心理依托；成员之间互相友爱，互相帮助，谁也离不开谁：每一个人为集体的挫折感到难过与忧虑，集体为每一个人的成绩感到欣喜与自豪。

我看同学们差不多都读完了我的信，便在黑板上写下一行大字："让人们因我的存在而感到幸福！"然后说："今天和同学们第一次见面，我已经从一些同学的行为看到这句话的含义。比如，上午我看到一位母亲陪他儿子来报名，上楼的时候，那位男生非常自然地搀扶着他的妈妈。我很感动，便走上去对那位母亲说，你真幸福，有一个这么懂事的孩子！在我看来，这位母亲便因为自己儿子的存在而感到了幸福！还有我们班的路遥同学，他来得比较早，便主动承担了为后来的同学服务的接待任务，后来的同学们便因为路遥同学的存在而感到了新集体的温暖！我希望，以后我们每一个同学都用自己的行动来注释这句话！”

教学生捕捉幸福

在接下来的几天里，我会尽可能地捕捉学生中的一言一行来解释这句话。

几天后的一节语文课上，学生开始按学号为序轮流做一分钟演讲。作为第一个发表演说的武山刚开始有些紧张，他先读了一段我写给大家信中的话，然后说了他对我们这个班的感受。接下来，他越来越自然从容，他讲到一件小事："那天早晨，我们小组第一次做卫生，因为那天上午我们还要去音乐厅听报告，我生怕时间来不及，这时同寝室的三位男同学便对我说：'不要紧，我们帮你！'这让我很感动，感到生活在我们班真是无比温暖。"

他在讲这件小事时，陆陆续续有语文组老师进来听我的课。陈珂老师一进来，便准备坐在一个空椅子上，她习惯性地用手擦擦椅子上的灰尘，这时离陈老师最近的一个男生马上拿出一张餐巾纸递给陈老师。这个细节被我发现了，并记在了心里。

刚好这时，武山的演讲结束了。我评论道："尽管武山刚开始有些紧张，但一谈到班上的同学，他谈吐便很自然了。他说的那件小事让我也很感动，是呀，生活在我们班，真是处处有温暖，因为我们都在实践着'让人们因我的存在而感到幸福'，而这种实践，往往是通过细节表现出来的，比如，在同学感到做卫生时间很急的时候，你真诚地说一声：'别着急，有我呢！'又比如，刚才，就在武山讲演的时候，我看到这样一个细节……"

我便把刚才那个男生递纸给陈老师的细节讲述了一下，然后走到这个男生身边："请问你叫什么名字呀？"

"魏铭江。"他很小声地回答，好像有点不好意思。

我对大家说："陈老师刚才就因为魏铭江这一个小小的举动，而感到了我们班同学的真诚和我班的温暖！陈老师可能也不知道他的名字，但不要紧，因为她会觉得，高一（3）班的学生真可爱！因为她一踏进三班教室，便感到了扑面而来的温馨！这时候，陈老师就因魏铭江的存在而感到了幸福，我们全班同学也因魏铭江的存在而感到了幸福。"

1997年我搬新家，结识了门卫李大爷，这是一位来自农村的老人。从他的身上，我读到了关于善良的故事，这些故事是"让人们因我的存在而感到幸福"的最好注释。那以后，我经常把李大爷的故事讲给我的学生听——

这位大爷我至今还不知他叫什么名字（只听人们都称呼他"李大爷"），但他却给我留下了极其深刻的印象，并令我十分敬重。想起来，他的确没有做过什么"见义勇为""扶困济贫"之类的大事，他之所以让我产生敬意，无非是这样一些"鸡毛蒜皮"的小事：我第一次去看新房子是晚上，刚走到单元楼前，就感到有人从背后疾步跑来，我还未反应过来，就听见"啪！"的一声巴掌响，眼前的楼道一下明亮起来——啊，原来是李大爷怕我上楼看不见，特意赶来为我打开路灯的声控开关。有一次，我爱人提着一塑料袋垃圾下楼，准备扔到街边的垃圾筒里，当时正下着大雨，我爱人正在踌躇，突然，李大爷冒雨从门卫室飞奔而来，不由分说"抢"下我爱人的垃圾袋又冒雨往街外奔去；每次刚刚下雨时，整个大院都听得到李大爷的呐喊："下雨了！下雨了！请各家各户把晒的衣服收进去啊！"就在昨天，我正在电脑旁写作时，又听见李大爷的呐喊声了："哪家的饭烧煳了！快看一看！别弄成火灾了呀！"我的鼻子不由得吸了一口气，果然，空气中弥漫着一股焦煳味……我不知道，李大爷在这里守了多少年的大门了，但是我知道这里的每家每户都很感激他——一位已经退休的老师对我说："自从李大爷守这个院子以来，这里几乎从未发生过失窃事件！"看样子，李大爷是没多少文化的，但他却赢得了我们这个院子里所有文化人的尊敬；他所做的一切，好像都没超出过他的工作职责范围，然而他做得那么认真，那么细心，简直可以说是一丝不苟，这种精神在当今社会的确是不多见的。因此虽然我写这篇文章时，还为把他写进来是否合适而犹豫了许久（我明白他的事迹远不能和马特洛索夫、黄继光等英雄相提并论），但我终于还是写到了他，因为正是由于他日复一日非常自然地做着许多"琐碎"的好事，我和我们这个院子里的住户，都感到了实实在在的温暖、安全和幸福！

我之所以要给学生讲李大爷的故事，是想让他们知道，对于包括中学生在内的普通人来说，在没有战争硝烟的和平年代，做一个"让人们因我的存在而感到幸福"的人，一般情况下并不需要洒血捐躯，而更多的时候往往只需"举手之劳"：在宿舍的楼道里，你为正在吃力上楼的大妈提一提菜篮子，她会为有你这样一位好邻居而幸福；骑车过马路，你宁肯停在烈日下等候绿灯，也不愿擅自闯红灯，那警察叔叔和义务交通管理大娘会因为有你这样遵守交通规则的好市民而感到幸福……

越来越激烈的应试竞争使学生之间的关系越来越紧张。为了个人的利益和前途，有的学生往往容易产生自私自利的思想，学生之间可能会出现钩心斗角的现象。我始终警惕这种现象在我班发生，如果真的出现了这种现象，这将是我教育的失败。由于我和我学生的共同努力，我们可以骄傲地说，直到临近毕业的最后一天，我们的集体都洋溢着一种同学之间真诚的爱。面对应试教育的惊涛骇浪，“风雨同舟”成了我们共同的信念。在初 2000 级（3）班，有一件事情至今我和我班的科任老师想起来都很感动：在初三复习最紧张的日子里，班上 21 位成绩优秀的同学每天都来到学校轮流为班上成绩不太好的同学当小老师，为他们补课。这 21 位同学是：蔡峰、崔涛、侯伯俊、胡崇锴、胡夏融、黄芪、黄璐莎、黄易浩、李之、李文力、卢星月、吕方继、潘琴、彭莹、钱程、王立炜、王倩芸、向启、叶诚、张潇文、周晓竺。哪个学生的时间不珍贵？哪个学生不面临激烈的升学竞争？他们这样的付出又是一种怎样的牺牲？

我知道，这些孩子们是在用行为自然而然地实践着“让人们因我的存在而感到幸福”。

2006 年 9 月，我出任武侯实验中学校长。在开学典礼上，我面对全校 2700 多名师生员工发表演说——

亲爱的同学们、老师们：

今天，是我作为成都市武侯实验中学的新任校长，在开学典礼上与大家的第一次见面。

在这个崭新的日子里，我们都有许多崭新的憧憬：初一小同学，憧憬着新鲜而紧张的学习生活；初二的同学们，憧憬着在新的一学年有更多的学习收获和成长乐趣；初三的同学们，憧憬着用青春勃发的激情和百折不挠的意志赢得明年六月的辉煌！各位老师憧憬着和孩子们一起创造完整而幸福的教育生活；作为校长，我则憧憬着在为大家真诚服务的同时，和我们学校每一个人一起度过充实快乐的每一天。

说到“幸福”，我想到了一句关于“幸福”的话。这句话也是我今天给大家带来的一份“见面礼”。这句话是——

“让人们因我的存在而感到幸福！”

当我说出这句话的时候，我有些担心，是不是所有人都愿意接受我这份礼物呢？甚至会不会有人在心里表示反感呢？亲爱的同学们、老师们，请相信我的诚意，我想告诉大家，在我们这个世界上，的确有这样的一些人，他们的存在使自己国家和民族充满了光荣和自豪，也让我们感到了幸福和温暖！相反，也有另外一些人，他们的存在却让周围的人感到了痛苦和不安。

亲爱的老师和同学，你愿意成为怎样的人呢？

我希望，我们经常问问自己：我的存在，给别人带去了什么？

……

整个操场鸦雀无声。全校师生静静地听着我的演说，我用了一些生活中的实例解释这句话的含义。然后我说——

今天，我把这句话送给大家，并愿意和大家共勉，我们都来做一个让人们因我的存在而感到幸福的人！现在，我请在场的每一个同学和老师，和我一起大声地说出这句话：“让人们因我的存在而感到幸福！”

“让人们因我的存在而感到幸福！”霎时间，这句话从全校老师和同学的心中喷发出来，回荡在学校操场的上空。

最后我说——

“让人们因我的存在而感到幸福！”做一个好孩子，让家长幸福；做一个好学生，让老师幸福；做一个好伙伴，让同学幸福；做一个好少年，让社会幸福；做一个好教师，让学生幸福；做一个好校长，让师生幸福；做一名好公民，让祖国幸福！

拨动心弦的《凤凰琴》

反映农村代课教师生活命运的《凤凰琴》是我最喜欢给学生读的中篇小说之一。我曾为不同年级的学生朗读。每读一次，我和学生的心都会受到震动；我们的视线会自然而然从校园投向窗外的远方，投向许许多多素不相识的善良而贫苦的劳动者。

这是一节语文课，我继续给学生们朗读《凤凰琴》。昨天，同学们被主人公的命运所打动。今天读的内容是小说的高潮部分，界岭小学的老师们为了争取“转正”开始了“明争暗斗”。但读着读着，我和同学们的心都沉重起来，沉浸在人物的命运之中，前几天以为很普通甚至很可笑的几位主人公，今天越来越显得那么可敬。

我读到孙四海等人晚上送学生回家遇到狼的情节——

到了学校，孙四海的窗口亮着，有人影一动不动地透出来，叫开门，王小莲气喘喘地问：“李子呢？女儿呢？”孙四海说：“她不是回家了？”王小莲说：“你们是在哪儿分手的？”孙四海说：“半路上，我想赶早回来复习，就没把她送到门口。”一听这话，王小莲哇哇地大哭起来，扭头就往门外跑。余校长也来了，大家意识到这个问题的严重性，立即分成两路：一路是孙四海和张英才，顺着路队走的路找，一路是余校长和邓有梅，沿近路往前找。孙四海跑得飞快，不一会儿就超过了王小莲，张英才跌了几跤，还是跟不上。幸亏孙四海要到沿途路边人家问问，才时断时续地跟住。跑到张英才头一回跟路队走时天黑的那道山岭上，月亮出来了，孙四海站在山梁上不动，等张英才跟上来后，就说：“李子在那边树上，被一群狼围着。”张英才一看，那棵黑黝黝的木梓树上，果然有李子嘶哑的哭声，树下有十几对绿莹莹的狼眼睛。

孙四海吩咐张英才，看准路后，两人大叫着往那树下冲，千万不能停，然后迅速爬上树去，等余校长和邓有梅来。说着，孙四海大叫：“李子——别怕——我来了！”张英才有些怕，不知叫什么好，嘴里哇哇地乱吼出一些声来，狼群吓得往后退了些，他们趁机爬上木梓树。孙四海一把将李子搂在怀里，李子没哭，他自己先哭起来，狼群又将木梓树围起来，但只过了半个小时，就被余校长带来的一大群人撵跑了。

回到学校，已是后半夜。孙四海不肯去睡，谁劝也没有用，一个人坐在旗杆下吹着笛子，一个个音符流得非常慢非常缓，沉沉地，苍凉得很，一如悼念谁或送别谁。张英才早上起来，看见操场上到处是焦黑的纸灰，他捡起一张没烧完的纸片一看，是中学课本。孙四海仍坐在旗杆下吹笛子，从笛孔里流出一点鲜艳的东西，滴在地上，变成一小块殷红。余校长坐在自己屋门口抽着烟，不远的山坡上，邓有梅双手掩面，躺在枯草丛中，都是一夜未眠。

晨风瑟瑟，初霜铺在山野上，褪色得发白的国旗，被衬出一种别样风采。张英才对余校长他们说："我是今天第一次听懂了国歌。"他这话含有多层意思，其中一种，是对自己搞的这场恶作剧很悔恨。他不敢说明白了，只想找机会报答一下，做一种补救。晚上，他将自己上山后的所见所闻，如升国旗、降国旗、李子的作文、余校长家的十几个孩子以及孙四海仅有的一次疏忽就能使学生遭到危险等，写成一篇文章叫《大山·小学·国旗》，又亲自下山送到邮局，寄给了省报。

读到这里，我突然想到了我远在云南山坡上教12个孩子的网友滇南布衣（真名"罗民"），想到了千千万万的乡村教师，胸口像是被什么揪了一下，鼻子开始发酸，喉咙被什么哽住了。我提醒自己：一定要控制住自己！这是在上课，下面的同学们都看着我，千万不要失态。但眼泪还是流出来了，我赶紧转过身背对学生，停止了朗读，用手使劲擦眼睛里涌出的泪水。

整个课堂一片肃静。同学们都静静地等待着我。

杨梅拿出一包纸巾通过前排的同学递给我，让我擦泪……

下课音乐响了，但同学们都没有离去，仍然坐在座位上。

情绪稍微平息一些了，我继续开始读。

终于下来了一个民办教师转正指标，盼望已久的指标下来了，但各自经历了灵魂的洗礼，大家都推让，最后这个指标给了余校长的长期瘫痪在床的妻子明爱芬——

大家跟着余校长进了明爱芬的房。张英才第二次进这间屋，觉得气味比以前更难闻。上次是夜晚，加上慌张，没看清，这次不同，清楚地分辨出，明爱芬的模样，完全是一张白纸覆在一只骨架上。

余校长捧着表格，走到床前说："爱芬，你终于转正了。"明爱芬眼珠一动："你别骗我，你总是对我这么说。"余校长说："这次是真的，万站长刚刚主持开了会，大家都同意转你。"张英才的舅舅说："这次上面特别批给界岭小学一个名额。"邓有梅说："这还得感谢张老师那篇文章舆论造得好。"孙四海说："余校长，你快把表格给她填了吧！"

明爱芬接过表格，从头到尾细看一遍，脸上逐渐起了一层红晕。她忽然说："老余，快拿水我洗洗，这手哇，别弄脏表格。"张英才连忙到外面去端水，趁机猛吸几口新鲜空气。明爱芬用肥皂小心洗净了手，擦干，又朝余校长要过一支笔，颤颤悠悠地填上：明爱芬，女，已婚，汉族，共青团员，贫农，一九四九年元月二十二日生。那支笔忽然不动了。邓有梅说："明老师，快写呀，万站长今天要赶回去呢！"明爱芬没有一点动静。在背后扶着她的余校长眼眶一湿，哽咽地说："我知道你会这样走的，爱芬，你也是好人，这样走最好，大家都不为难，你也高兴。"

我的声音开始哽咽，眼泪夺眶而出。我听见下面不少同学也在啜泣……

但这次我没有停下，继续用颤抖的声音读下去——

明爱芬死了。一屋的人悄无声音，只有余校长在和她轻轻话别。张英才忍了一会儿，终于叫出来："明老师，我去为你下半旗志哀！"张英才走在前面，孙四海跟在后面。邓有梅把在教室做作文的学生全部集合到操场上，说："余校长的爱人，明爱芬老师死了！"再无下文。张英才扯动旗绳。孙四海吹响笛子，依然是那首《我们的生活充满阳光》。国旗徐徐下落，志儿、李子、叶碧秋先哭，大家便都哭了。

最后，转正指标还是给了张英才——

张英才送完最后一张桌子回来，见舅舅和余校长正在他家门口争论着什么，两人都很激动。张英才想拢去又有些不敢。站了一会，孙四海和邓有梅也来了。舅舅见了，就喊："你们都过来！"张英才走过去。舅舅递过一张表："你看余校长是怎么填的。”张英才一看，上面赫然写着张英才三个字。张英才结结巴巴起来：“余校长，你怎么能把转正名额让给我呢？”舅舅说：“我劝不转他，就看你的了！”余校长说：“谁来也没有用，这是校务会决定的。”张英才不相信：“真的吗？”孙四海说：“是真的，从上次李子出事后，我就一直在想，假如自己一走，李子一家怎么办，特别是李子怎么办。我的一切都在这儿。转不转正，其实是无所谓的。”邓有梅接着说：“明老师这一死，我彻底想通了，不能把转正的事看得太重。人活着能做事就是千般好，别的都是空的。张老师，你不一样，年轻，有才气，没负担，正是该出去闯一闯的时候。”张英才仍说：“我不信，这不是你们心里想的。”余校长正色道：“张老师，你这样说太伤人心了。邓校长和孙主任的确是自愿放弃的。只有一点，大家希望你将来有出息了，要像万站长一样，不管到哪里，都莫忘记还有一个叫界岭的地方，那里孩子上学还很困难。”

读到余校长这句话，汹涌的泪水再一次像决堤一样冲出了眼眶，我不再擦拭，任泪水在脸上流淌，一边流泪一边朗读——

天上纷纷扬扬地下起了雪。学校依然在升国旗，张英才要余校长让他亲手升一回国旗，他在笛声中一把一把地拉动绳子，忽然听到身后响起了凤凰琴声。他忍不住回头一看，见舅舅和余校长正在合作，弹奏着《国歌》。

张英才离开界岭小学时，大部分学生还未到校，这种天气余校长、邓有梅和孙四海都要到半路上去接学生，三人都为不能为他送行而感到不好意思。张英才将那副四百度的近视眼镜送给了孙四海。余校长将凤凰琴送给了张英才。然后，大家握手道别。各走各的路。张英才和舅舅下到半山腰时，遇见了邮递员。邮递员又给界岭小学送来了一麻袋信，还给了张英才一张汇票。看后，他对舅舅说：“是报社寄来的稿费，一百九十三元。”舅舅说：“真不少，比我一月工资还多。”舅舅忽然说：“今后你要努力呀！那时，我总想，到了你们这一代人百事都好办了，没想到难办的事还有那么多。”正走着，身后有人喊。是叶碧秋的父亲，他要进城找活干。叶碧秋的父亲告诉他俩，余校长在举行葬礼那天，和那些孩子还没上学的家长都谈了话，大部分人的思想通了，表态说，过了年一定让孩子到学校里来。张英才和舅舅走累了，想歇歇，就让叶碧秋的父亲先走了。

雪越下越大，几阵风劲劲地吹过，天空就乱舞起来。转眼之间，地上没白的地方就白了，先前白了的地方变得浮肿起来。张英才望着雪景，不免说了句：“瑞雪兆丰年。”舅舅说：“别浪漫了，快走吧，不然就下不了山。”

小说的最后一句读完了。

沉默。

我想了很多很多，想到去年我去过的滇南布衣的那几所山坡的小学，想到了现在中国还有千千万万的苦难者，真不知说什么好！

过了一会儿，我开始说话：“这儿有一首诗，我请一个同学把这首诗写在上面，作者刘醒龙说这首诗对他触动很大，就因为这首诗，他写了这篇小说。我们请个同学把这首短诗抄在黑板上。就请张石吧，你的字写得比较好。”

张石走上前来，拿起粉笔，在黑板上抄那首诗。

在张石写黑板的时候，我给学生朗读了刘醒龙的另一首诗——

有一个梦想叫英山

想不尽田间与山间，
念不完乡间和民间，
凝烟含碧风轻云淡，
送不走的太阳上山下山，
问乌云桃花哪在后哪个在前？
青梅竹马常常回，
童年的新娘去不还……
燕子红，胭脂瓣，
香茶香，泉水泉，
有一个梦想叫英山！

想不尽田间与山间，
念不完乡间和民间，
雾动山移秋浓春浅，
留不住的月亮又缺又圆，
问东河西河谁流急谁流得缓？

乡情乡音岁岁深，
父老的辛勤年复年……
羊角吹，白马奋，
鸡鸣近，天堂远，
有一个梦想叫英山！

读完了，我说：“这诗写得非常好！这是作者刘醒龙民间情怀的真实写照。其实，我们在座的每一位都是从乡间走出来的。现在成了城里人了，有的人就抖起来了，看不起乡下人了。比如，我昨天去看管理男生宿舍的曾老师，她在帮男生们拖地板，满头大汗，我们想一想，她离开丈夫，就是为了挣几百块钱养家糊口，我们为什么看不起她呢？还有现在许多作家远离老百姓，漠视劳动人民的苦难，可耻！我曾经给你们讲过聂耳，当年他为卖报的小女孩写歌，现在还有这样的艺术家吗？至少很少！刘醒龙说过，我不做隔岸观火者，我要关注人民的生存状态！可现在有些作家在写什么？畅销书似乎只有三角恋、婚外恋、豪华酒店、老总……其实这些和老百姓的生活没有任何关系。许多书还有色情描写，所谓的美女作家，所谓用身体写作，可耻得很！”

我又说：“读这篇小说，我想到余校长、明爱芬这样的农村民办教师，他们一辈子都没有发表过文章，没有培养出一个大学生，他们的名字也从不被人知道，但他们比李老师高尚得多！李老师身在城里教书，还可以到处讲学、发表文章、出版著作。尽管我常常在讲素质教育，讲爱心，有什么不得了的？和他们比，我真是觉得惭愧。但是，我会尽量做好我的工作，同时，一有机会我就要为千千万万普通的老师呼吁呐喊！我多次想过，以后我有机会，也到农村去，办一所学校，和那些朴实的孩子在一起！到时候，如果在座的同学有读师范的，我欢迎你和李老师一起教那些孩子；如果没有当老师但你成了企业家，我希望你为这些学校多捐些钱。”

说到这里，张石把诗抄完了，我请大家看黑板，并且给大家朗读这首小诗——

一碗油盐饭

前天
我放学回家
锅里有一碗油盐饭

昨天
我放学回家
锅里没有一碗油盐饭

今天
我放学回家
炒了一碗油盐饭
放在妈妈的坟前

我请同学们把这首诗抄在本子上。然后我给大家介绍说："刘醒龙说，他至今不知道作者是谁，但他知道这是一个农村小孩子写的。正是这首诗改变了他的写作。从这儿，我读到了当年的老舍，当年的老舍可以写出骆驼祥子，现在这样的作家还有多少？我们同学和李老师正在捐助的那些贫困学生，你们想一想，他们的生存状态其实比《凤凰琴》写的还要惨。刘醒龙曾经在接受采访时这样说：'我经常在想，我们怎么给我们的子孙后代留下一个干净的中国？'是呀，我们怎么给后代留下一个干净的中国？在座同学都应该想想。你们看街上那些民工，那些钟点工，每一个人的背后都有一个心酸的故事。李老师教你们语文，就是让你们会比一般人知道巴金，知道《怀念萧珊》，知道刘醒龙，知道《凤凰琴》。同学们，李老师对你们说，你们中间的一些人长大以后可能也会有这样那样的权力，我就希望你们不要做贪官，永远不要忘了普通的老百姓！"

爱，意味着对人的尊重

我从自贡讲学回来，得知上周末班上发生了一些不愉快的事情——

课间，张石、齐磊、陈文林、赵洋等人在教室里猜拳，输了的就去摸王东云的耳朵。王东云当然要冒火。当时是陈文林输了，结果王东云差点就把陈文林打一顿，但他把气发向了电视柜，把电视柜砸坏了。

还有一次晚自习的时候，快要上课了，王东云等还有另外两个同学出了教室，后来他们迟了五六分钟才进来。赵老师批评了几句，没想到王东云便和赵老师顶了起来，最后赵老师叫王东云到她的办公室去，王东云却说他“有权利坐在教室里”。

星期天早上英语课上，张石在上课时吃东西，赵老师课后找张石谈话，张石的态度极其不端正，极不尊重老师。

开学两周来，班上情况都很好，但我从来就没有想过永远不出任何问题了。学生在成长过程中怎么能不出点问题呢？不出问题，还要我们教师干什么呢？所以，我不是特别生气，只是想着事情该怎么处理。

是的，我肯定要在班上进行教育，但我一直在思考：从什么地方入手呢？

中午休息的时候，我打开《成都商报》，看到报道说濮存昕等明星来蓉演出《雷雨》，盛赞成都观众的文明素质，我心里一亮：就以这个作为契机！

下午最后一节是阅读课，我拿着几张《成都商报》走进了教室。

我对同学们说：“今天的阅读课我给大家讲点课外的东西。讲什么呢？嘀嘀！我还要卖关子。先考你一个题：假如说要你列出 20 世纪中国最有名的话剧，你们将列出哪一部话剧？请说出三部。”

同学们七嘴八舌：“《雷雨》！”“《茶馆》！”“《屈原》！”……

我笑了：“大家基本上说对了。这次《雷雨》剧组来成都，非常感人。第一天来的时候，因为演四凤的田海蓉突然生病，不能出场，于是只好取消当晚的演出。这事如果发生在其他地方，很可能会引起风波，但是成都的观众非常文明，他们予以充分的理解，让演员们感动万分。明星们说，他们在成都遇到了明星般的观众！这几天的《成都商报》对此有许多报道，我这里读几篇……”

我开始朗读几篇文章。这几篇文章写的都是濮存昕、田海蓉等著名演员在成都演出时被成都观众的文明素质感动的事。同学们静静地听我读了这几篇文章。读完之后，我说：“这，的确就是和谐，文明的和谐，素养的和谐！和谐的核心，是尊重！演员对观众的尊重，观众对演员的尊重，一句话，是人对人的尊重！我觉得难能可贵的是，全场的观众都是素不相识的，并不是有人在组织，叫大家讲文明，没有！正是这无数素不相识的人达成了默契——我们要讲文明，要尊重演员！如果我们在场，会有怎样的表现？我相信我们的同学也会表现不错。”

我开始过渡到我今天讲话的主题：“无独有偶，我那天去自贡也遇到了让我特别感动的听众，就是听课的老师。这次我是在操场上公开课，我是第一次在操场讲课，结果那天下雨了，他们给上面搭了雨棚，但是遮雨棚上面有缝隙，也有些漏雨。当时我上去的时候就很感动，因为同学们坐得很端正，许多同学复印的课文都被雨水打湿了。我刚一上去，风一吹，上面的雨就下来了。我在讲的过程中，不时有水掉下来；特别是有些同学，刚要回答问题，风一吹，雨一下子从头上淋下来。下面听课的老师也很受苦，要挨雨淋，风也很大，挺冷的。那天下午我做报告，本来我比较累，但我对老师们说我非常感动，为了表示我的敬意，我就站着做报告，老师们给我热烈地鼓掌。这就是互相尊重！而这种尊重应该无处不在无时不在，对同学的尊重，对父母的尊重，对老师的尊重，更重要的是这种尊重应该体现在细节上……”

我突然停住了，沉默了片刻，同学们也沉默着，似乎也在思考。

“我……有很多话要讲，我相信，我们的同学在听我的讲话时会若有所思。我今天看随笔，有同学写道，星期天和父母上街，有的人有文化便有豪华车，有的人没文化只有去干苦力活，因此要好好学习云云。我在后面批道：恐怕不这么简单！一个人幸福与否恐怕与文化水平的关系没有这么直接。由于种种原因，可能有人没有读太多的书，但他有能力，吃苦耐劳，开朗大方，尊重人，与人的合作能力强，特别是有一颗善良的心，这就是能力啊，他同样可以生活得很幸福；反过来，有些博士毕业，甚至留洋，最后还当了官，但却是贪官，最后的下场非常悲惨，子女以有这样的长辈而感到耻辱。因此，人格是第一的！我们班上有些同学如果只是调皮，也无所谓，不是品质问题，如果有品质问题，就非常严重，如果高中都还没有改，以后改起来就很难很难。因为内心深处，有些东西根深蒂固。这样的同学如果那天去看《雷雨》，我就很担心他是否做文明观众，因为他不懂得尊重。我们都向往民主，现在说要建立民主社会，恐怕还很艰难，因为人的素质太差。我多次说了，比制度更重要的是人的素质。有的同学上课吃东西，还说什么美国人上课可以吃东西。是的，据说美国中学生上课比较随便，但是你为什么只学这一点呢？比如说，美国人很自立，不依靠父母；还有美国人在博物馆等公共场合很讲文明，这些你怎么不学呢？一个人，最重要的是善于自省，没有人不犯错误，犯了错误要能够自己提醒自己。最近，有没有同学犯什么错误呢？如果你发自内心地认为自己错了并且能够改正，我会非常高兴，我也随时欢迎你来找我聊。人与人之间就是应该互相尊重。我还是主张与人为善。今天，李老师由明星们在成都的《雷雨》演出想到这些，给大家谈谈，相信同学们能够理解李老师的！”

我似乎没有提到那几个同学做的错事，但我坚信，他们已经从我的话中明白了“尊重”二字，并想到了自己。既然如此，我还用得着点破吗？

有时候，教育是一种含蓄而明朗的暗示以及暗示之后充满信心的期待。

感受父母如山的爱

我喜欢在班上读学生的随笔。尽量利用学生随笔中的积极因素去感染更多的学生，这也是学生的自我教育。

课堂上，我读黄雅韵的随笔——

这个星期六，姑姑搬家请全家吃饭。饭局中，哥哥问我最近的学习生活，我很得意地告诉他，我非常适应学校的生活，不像从前的环境，让我郁闷了三年。哥哥很欣喜地看着我，他可能是觉得我变得够坚强了，还不住地赞赏我：总算学会去适应环境，没让环境适应自己。

其实并不是这样的。

是我周围的环境确确实实变好了。我也渐渐变成熟了。我周围不再环绕着冰冷的空气，同学间的沟通也多了。最大的变化是我星期天总能保持一种很好的心态来学校，而在以往每每要离开温馨的家到学校，如同从天堂到地狱般痛苦（这真是毫不夸张的比喻）！当我告诉哥哥，从前的环境真如同人间地狱一般，完全没有人性，同学只会自己顾自己，麻木地为分数竞争，而钩心斗角更是家常便饭。我还附了一句："你是不会体会到的。"哥哥不屑地盯着我，说他自己已经是大学生了，让我不要用自以为是的大人口吻跟他说话。我看他是真不能体会了。

刹那间，又想起李老师最近给大家讲的关于他女儿的故事。我真的很赞同也很欣赏晴雁姐姐的做法。当别的同学都只顾自己准备高考，漠然地对待那些需要帮助的同学，她却能坚持自己做人的原则，为同学们讲题。在那种面临高考又竞争严峻的学校中，是很难找到这样的事的。

从过去的环境到现在的环境，从晴雁姐姐想到自己，我觉得自己应该宽容而非世故，天真而非幼稚。

“我们的同学就是这样成长起来的！”我说，“同学之间应该互相鼓励，互相学习，学会以善良之心待人。这非常重要。”

教室里静静的，同学们若有所思。

停了一会儿，我说：“下面，我想读李老师教你们以来随笔作文中迄今为止最感人的一篇，这篇随笔是王龙写的，我在后面是这样批的：‘感人肺腑，又一篇《背影》！’”

父爱如山

王　龙

最近一段时间，我总是有些闷闷不乐和萎靡不振，除了学习上的压力和感情上的波折外，还有一个更重要的原因：父亲病了。

4月初的一天，我按照惯例在晚上回寝室后给家里打电话，不想接电话的并不是爸爸，而是妈妈。我问起她爸爸怎么没有来接电话时，她告诉我一个惊人的消息：“你爸爸病了！”

我当时就非常吃惊。父亲年纪也不小了，马上就到五十了，身体有点什么小毛病，并不奇怪。但问题在于，他竟然站不起来了！我当即觉得问题严重了。我问母亲，父亲到底得了什么病，她说她也不很清楚，因为检查结果还没有出来。她所知道的，只是父亲在前一天上班时，便觉得身体不太舒服。当下班时间到了，他想站起身回家时，却突然发现自己竟然站不起来了。放下电话，我沉默了很久。说实话，我极少把自己的情感当众表现出来，或者说是表现在脸上。因此，我没有哭，只是觉得心头沉甸甸的，仿佛被什么重物压住了一般。那天晚上，我很早就熄灯上床了。不是我不想学习，而是实在看不进书。那晚，我失眠了，真正失眠了。

第二天晚上，我给父亲打手机，询问他病情如何。他在电话里也没有多说什么，只是说他现在也没有检查出什么病，他过两天要到成都来做个全面检查。他让我好好学习，不要太记着这件事。可是，我如何能够不记着这件事？他是我父亲啊！

他是星期三到的成都。坐救护车来的。因为他现在只能平躺着而不能坐。于是我只得又在学校里熬了两天。在那两天里，准确地说是两天半，我深切地体会到了度日如年是何种滋味。因为，它就发生在我身上。

周六下午，我在教室里做完作业，就迫不及待地跨出了学校的大门。我要去见我的父亲。

终于，我见到了他。经过两天的诊断和治疗，他已经可以站起身来，并能以很慢的速度步行。但他背上却安了一个夹板，用来固定腰椎间盘骨。那天晚上，我和他谈了很多。从我的学习谈到他的病情。他的一番话，实在让我感动。我没有想到，其实，我早应该想到，平日里外表严肃的父亲竟有一副细腻的心肠。他对我说，儿子，我得病时，首先想到的就是你。我在想，假如我以后真的站不起来了，你怎么办呢？你，你想过这个问题吗？在我住院的时候，我想得最多的也是你。我不想让你因为我的病影响学习。说完，他抬起头，注视着我。

对于这个问题，我以前的确没想过。谁会去假设自己的父母多灾多难呢？那样是大逆不道的。我思考了一会儿，也抬起头，注视着他的眼睛说。我说，不会有这种情况的。你的病，医生也说了，没什么大不了的（顺便提一句，父亲得的是腰椎间盘突出，还有一些并发症）。你要相信你会好起来的。我永远是你的儿子，不论你怎么样了，你终究是我的父亲。我是不会离开你的。你现在的首要任务是把病治好，其他的不要想那么多。说完，我又认真看了他一眼。父亲的确有些老了。岁月已经在他的额头上刻下了条条细纹，一张饱经风霜的脸显得那么沧桑。父亲今年的工龄有32年了吧！我记得他是17岁参加工作的。他该好好休息一下了。他的确太累了。

写到这里，我的眼前又浮现出了父亲的影像，这时我不得不停下笔，稍微沉思了一会儿。我想，父亲那么辛苦，花那么多的精力和金钱在我身上，为的是什么呢？还不是想让我好生读书，发奋用功，将来出人头地，谋一份体面的职业吗？但我遂他的愿了吗？我思考了很久，得出了结论：没有。

一次次月考的失败，一张张不及格的试卷，一个个低得触目惊心的分数……这就是我给他的回报！这就是他用大量精力和金钱培养出来的儿子！本该读书的时候，我拿来看小说；本该休息的时间，我拿来听音乐……我不由得问自己：你做这一切的时候，想起父亲没有？我实在愧对于他。

父亲已于半月前回到老家了。现在每天做理疗。我只希望我下学期的努力能带给他一些精神上的慰藉。我在这里祝他早日康复。

父亲，你听见了吗？

教室里爆发出长时间的掌声。

掌声平息后，我说："我在看这篇随笔的时候，不住地感叹王龙真是一个非常懂事的孩子！他每个字都是真的。不过，这里我要批评一下王龙，你为什么不早些给李老师说你爸爸来成都治病了呢？我会去看看他。你从星期三要熬到星期六，为什么不给李老师说说？李老师虽然不是医生，但总可以帮你分担一些忧愁，也可以安慰安慰你。"

停了一会儿，我又说："王龙说他现在感到愧对父亲，我想问，为什么只有在这时候才想到？我非常理解他父亲对儿子的心情，他怕自己的病影响儿子的学习，我也是一个父亲，也有这样的心情。我女儿读高三，还有一个月就要参加高考了，妻子多次批评我不管女儿的学习，但我哪有时间管她！其实我心里是惦记着女儿的高考的，我这学期为什么睡眠不好，内心深处还是不放心她的高考，不管平时她学习多好，考试真说不清楚，简直就是一场赌博。我多次担心，万一我在她参加高考之前得了什么病，我女儿的考试肯定受影响。我真是担心，这种担心和王龙父亲对他的担心是一样的。下一次王龙给你爸爸打电话的时候，一定要代我们说一句话：'爸爸，李老师和全班同学祝你身体健康！'"

我又拿起张石的随笔："真是巧合，这次张石的随笔也写到他的父亲。张石跟他的父亲关系不太好，我想这原因可能一是他不太懂事，二是他父亲处理问题太过简单了。因此，他们父子俩有隔阂。我觉得张石的变化很大，不光是学习上的变化，包括对同学关心，还包括对他父亲的态度开始转变。他父亲最近遭遇了车祸。大概一个月前，我给张石母亲打电话，汇报张石的进步，结果打到内蒙古去了，接电话的是他父亲。后来我才知道他母亲到内蒙古去了，因为张石的父亲在内蒙古出车祸了。真是幸运，他父亲活了下来，但负了重伤，而坐在他父亲左右的人都死了。我打电话的时候他父亲还没有脱离危险。当时他爸爸在电话里声音非常虚弱，我对他说张石有进步，你不要担心张石，张石的表现很好。我想这句话一定能够减轻他爸爸的许多痛苦。这一个月过去了，我觉得张石一直很自觉。张石这个星期的随笔是这样写的……"

我读张石的随笔——

周六，我发现自己的手机上出现了两个未接来电，都是我妈妈打的。我随即打了过去。电话拨通的提示音响了几声，一个男的用厚重的四川话问："喂，找哪个？"我一听便知道是我父亲的声音，经过这次车祸，他的身体必定虚弱了许多。

不禁想起姐姐告诉我的话："医生说，幸好你老汉读过几年武警，身体那么好，一般人早死了。"我说："喊哈（喊一下）我妈。"他一定一听就知道是我，这是十几年来不知不觉形成的默契，是短时间内修炼不成的。"你找她有啥子事嗦？"我刚想说："你不要管嘛！"又想到他大病初有好转，就没有说出口。我问他："现在是不是要好点儿了嘛？"他说："是要好点了，但就今天精神最好，往天都不想动。"我又问："你们好久回来呢？"他说："应该是在五一左右。"我沉默了一会儿，不知又该问什么，他却又开口了："你一个人在家要注意点，不要出去耍晚了，在学校要老实点，少去惹祸，学习上要抓紧……"不知怎么的，这些话现在听来已经不再像以前那样逆耳，我"嗯"了一声，他又说："就这样吧！"说完就挂了电话。

旁人一定很惊讶，我们两分钟的对话中竟没有出现"爸爸"或是"儿子"这类词。这样的关系，我想会慢慢变好的。

我提议："我们还是给张石鼓个掌，第一，祝张石的爸爸早日康复，第二，祝张石和爸爸的关系越来越好！"

实际上吃晚饭时，我就找过张石了："我看了你写的随笔，很高兴你开始关心你爸爸了。这也是一种进步。我理解你以前对你爸爸有意见，这可能和你爸爸教育方式简单粗暴有关，但他毕竟是你爸爸呀！我希望你爸爸这次回来，你能够对他好一些，好吗？"

他点点头。

现在，同学们的掌声一定更能让他有所触动。

手拉手，同在一片蓝天下

早晨，我们乘坐学校一辆大巴向金堂进发。在成南高速路上行驶了近一个小时，又在山路上颠簸了一个小时，十点过，我们来到了金堂县五凤镇。

我班同学捐助了好几位贫困山区的失学儿童读书。其中的吴小莲吴小翠两姐妹，就在五凤镇。今天我们特意来看她俩。

刚一进镇，一位姓廖的老师便在镇口迎接我们了。在他的带领下，我们朝五凤镇中心小学走去。五凤镇因为经济落后，没有多少新房子，不过却因祸得福保留了老建筑，所以现在成了一座古镇。穿过小镇的街道，我发现这里的建筑的确很旧，但长期以来因为交通不便，这里并没有什么旅游业。最近，当地政府意识到这里的旅游价值，开始注意开发了。马上快到五一黄金周了，我们一进镇里便看到到处都在进行修缮。我们走过石板小道，走过青砖瓦房，走过破败庙宇，走过古老戏台……真是觉得走回了昨天的历史。

走出古镇，我们又沿着公路继续前行。这时太阳已经有点毒了，所有人都汗流如注，有同学开始唉声叹气，问还要走多远。我说："我也不知道，但是你们要知道，小翠小莲每天就是这样上学的。你们也体会体会吧！"

再走过一个缓坡，走进一片树林，便终于走到学校了——其实离镇也不远，大概一两公里吧。刚刚看到学校门，金堂市妇联的王峰主席和当地领导便迎了上来，电视台摄像机也对准我们的队伍。我们进了学校，校园里都是平房，但小巧精致，绿树成荫，尤其是房顶的黑瓦，让看惯了高楼大厦的我们感到了一点古朴的风味。

来不及喘息，也来不及擦汗，我们便被引进了一间教室，还没有走到教室门口，里面便响起了热烈的掌声。掌声中我们走进去，教室里面已经坐满了小同学，这是小翠小莲两姐妹所在的四年级一班的全体同学，小弟弟小妹妹们围成一圈，坐得端端正正，一双双明亮的眼睛看着我们。黑板上方挂着横幅——"同在一片蓝天下——城乡儿童手拉手爱心活动"。我班同学很快分散挨着小弟弟小妹妹坐好，有的同学还牵着身旁小同学的手。

联谊活动由王峰主席主持，她热情洋溢地评价了我们班同学对小翠小莲两姐妹的资助，并代表金堂县妇联向我们表示感谢。然后她请我发言，我一时没有准备，但看着在座的小同学们，还有一位朴实的乡村教师，我有感而发说了几句：

“我没有发言的准备，但这个场面让我很感动，也有话要说。我不认为今天是我们来帮助这里的小同学的，至少不完全是。准确地说，我们是互相帮助互相学习。而且，我们从这里学的东西更多。对我来说，这里的老师值得我学习。和你们一比，我感到惭愧。你们的条件比我差，待遇比我低，但你们却兢兢业业在这里为孩子们奉献着一切，你们才是真正的有爱心！我要向你们学习，像你们一样爱孩子！对我的学生来说，他们更应该向这里在座的每一位小同学学习，这些小同学们的勤奋、勤劳、朴实、善良的品格以及坚韧不拔的精神，正是我们的同学所缺乏的。今天到这里来，我的学生们将受到最好的教育。而且我坚信，在座的小弟弟小妹妹，凭着你们的这种品格和精神，刻苦学习，你们长大后一定会有出息的！”

虽然我的发言不长，但我觉得我说的是心里话。

我发言之后，是吴小翠同学发言。她今天穿得特别漂亮，白色的连衣裙，鲜艳的红领巾，把她的小脸蛋映衬得红扑扑的。她微笑着大方地走到了教室中间，很郑重地敬了一个队礼，然后拿出事先写好的发言稿，用清亮的声音开始了发言：“亲爱的大哥哥大姐姐们，你们好！我叫吴小翠。我向你们的到来表示最热烈的欢迎！欢迎你们到我们这里进行手拉手活动。同时，对你们表示深深的谢意，谢谢你们对我们的关心和帮助。”

同学们热烈鼓掌。

她继续用悦耳的童音说：“你们的到来使五凤的树变得更绿了，使五凤的水变得更清了，也使我们这些孩子们变得更加快乐了。你们不仅给我们带来了知识，增长了我们的见识，增添了我们的快乐，更让我们懂得了如何去做人，像你们一样用一颗关爱之心去关爱我们身边每一个需要关爱的人，虽然我们的力量微不足道，但我们也会尽力而为。我们相信，我们行！”

掌声再一次响起……

“正是因为有许许多多像你们这样的人，正是因为有了你们的帮助与支持，才有了我今天读书的机会。”她的声音开始变得低缓起来，“我的家在五凤镇红字村 14 组，家里有疼我的爸爸妈妈，还有一个可爱的妹妹。这原本应该是一个幸福美满的家庭，但一场又一场的飞来横祸，彻底地改变了它……”她开始哽咽了，“在我很小的时候，爸爸为了挣钱补贴家用，决定去外地打工，不幸的事就在这时……发生了。爸爸……爸爸，从汽车上摔下来……”她终于哭了起来，读不下去了，但她用手臂把脸上的泪水揩了揩，继续读，“从汽车上摔了下来……”她又哭了起来……

全场的人无不为之动容，不少同学也开始流泪了。我心里特别难受，我感到让这小女孩当着大家的面诉说她家庭的不幸，这对她是一种伤害！我真想让她别读了。这时候，我班同学开始大声说：“别读了，别读了！”

王卓跑上前去，用手搂着小翠的脸，帮她擦拭眼泪，然后搂着她回到座位上。

我走到小翠身边，说：“别哭了，你看有这么多的人爱你！”

她印满泪痕的脸终于绽开了笑容。

我说：“能把你的发言稿给我吗？”

她说：“好！”便把发言稿递给我了。

我说：“谢谢！我一定珍藏这份发言稿。”

这时，杨梅代表我班同学发言了。事前杨梅给我看了看她的发言稿，我觉得还不错，主要内容是勉励小同学们好好读书。但现在，杨梅甩开了发言稿，很随便很轻松地用一休哥式的演讲：问答式。

她大方地走到了教室中间，向大家问了好后，便问在场的小朋友有没有常常看书的，结果很多小朋友都自信地举起了手。

杨梅走到一个小朋友面前，问他：“小朋友，你喜欢看什么书啊？”他说喜欢看童话。杨梅又一连问了好几个同学，他们都说喜欢看童话，她又问：“有没有喜欢看《十万个为什么》的啊？”一个可爱的小女生举起了手：“我喜欢。”

杨梅又考了大家一个问题：“夏天打雷时为什么先看见闪电后听见雷声？”

马上就有一个同学举手回答：“因为光的速度比声音的速度快。”

杨梅笑了：“真聪明！我还以为是因为眼睛长在前面所以先看到闪电呢！”

大家都笑了。

杨梅像老师一样对小朋友们说：“人的一生中要吃两种饭，一种是用来填饱肚子的大米饭，还有一种就是喂脑袋的，喂脑袋的饭就是有各种知识的书……”

接下来她又问小朋友长大后想干什么，很多男生想当警察保卫人民够勇敢，而一些女孩子想当救死扶伤的医生。杨梅告诉他们只要有理想，有信心，干什么都能成功。

在热烈的掌声中，杨梅结束了演讲。

杨梅发言完毕，我们班的同学把礼物送给小弟弟小妹妹们，礼物虽然不贵——每一个同学一个笔记本，但这是我们同学们的一片心意。

然后是向小翠小莲赠送我们事先准备的助学金，杨梅和赵瑞代表同学们把装有现金的信封分别给了姐妹俩。不少同学还上前去送给两姐妹许多书和本子，还有其他文具。

全场再次爆发出热烈的掌声。王峰主席说："看，小翠小莲姐妹多幸福！有这么多关心她们的大哥哥大姐姐！"那一刻，两姐妹脸上笑容灿烂，她俩显得格外可爱！

联欢活动开始了。先是王龙同学献歌一首《大约在冬季》，然后一个小姑娘走了上来，给大家演唱《米兰》。她的嗓音非常甜美，歌声特别动听，我想如果在城里，她一定是少年宫合唱团的成员。

最近我班学生半期考试，因此这次我们并没有准备任何节目，但现场的气氛感染了大家，胡磊、蓝玲玲等班干部便临时在下面组织各种节目，于是，一个接一个地，我班同学竟然有了出乎我意料的精彩表演：胡磊、赵瑞的英文合唱，黄雅韵、赵瑞、齐磊、陈文林的合唱，潘攀的独唱——独唱时他还即兴邀请了一位小男孩和他一起唱，于是独唱变成了合唱，还有王楠楠的独唱……

相比之下，小弟弟小妹妹们显然是对这次联欢有着充分的准备，除了唱歌，还有舞蹈和小品。舞蹈是《北京的金山上》，当一群活泼可爱的小姑娘在音乐声中袅娜地舞出来时，我们惊讶地发现，她们手中的哈达竟然是用卷筒卫生纸替代的，但我们没有一个人笑，而是非常感动。雪白的纸条在她们的小手中舞动着，真像是洁白的哈达。

一群小男孩表演的小品也很有意思，内容是说几个男孩在铁路边玩赌博游戏，后来火车开来了被压死了。情节很简单，但孩子们表演得非常认真，大家报以热烈的掌声。王峰解释说，这个小品是根据孩子们的生活而创作的，因为五凤镇就在成渝铁路旁边，每天上学放学都有孩子要穿过铁路，常常还有孩子在铁路上玩儿，因此，老师经常给他们进行安全教育。

张帆和王龙又出了一个别出心裁的节目，他们来了一个古诗竞答。他们说出一句古诗的句子，让小同学们说出这句诗出自哪位诗人的哪首诗。"床前明月光""两个黄鹂鸣翠柳""离离原上草""孤帆远影碧空尽""远上寒山石径斜"……这些在高中生看来当然是非常简单的，但对四年级的孩子，尤其是农村孩子来说却不一定很简单。然而，出乎我们的意料，小朋友们答得非常正确，没一个把他们难住。每答对一个，小家伙们便到蓝玲玲那里去领奖品——一本作业本。

孩子们准备的最后一个节目是全班的大合唱《爱的奉献》。这个班的五十八个孩子整整齐齐站在了教室中间，用他们稚嫩的嗓音和真诚的感情唱出他们的心声——

这是心的呼唤，这是爱的奉献……

这首歌我们是再熟悉不过了，听过无数遍，但是今天听来特别感动，至少对我来说，从来没有像今天这样觉得这首歌如此感人。我给孩子们拍照，看到每一个孩子竭尽全力唱着，表情认真而严肃，透出他们全部的真诚——

啊——只要人人都献出一点爱，世界将变成美好的人间！

我注意到，在唱“啊”的时候，每一个孩子都在拼命地呐喊，最后一句真正是从他们心底迸发出来的心声。这些山里的孩子，只要承受了一点点爱，就格外珍惜，而且就会以十倍的爱来回报。多么可爱而纯朴的孩子啊！

我的眼睛湿润了，而且我看到，我班好多同学都流泪了，包括一些男同学。

最后我提议，我们班的同学和小弟弟小妹妹一起唱一首儿童歌曲《让我们荡起双桨》，我对大家说：“李老师和你们一起唱，让我们一起回到童年！”

让我们荡起双桨，小船儿推开波浪……

歌声中，我们结束了这次难忘而感人的联谊活动。

走出教室，两个班的同学在教室前合影留念。我特别和小翠小莲两姐妹一起合了一张影。

王主席过来对我说：“我以前教过的一个学生在镇上开了一家饭馆，他要表示一下心意，想请你们几位老师吃饭。”

我说：“谢谢了！我们就和同学们一起吃。”

我们来到学校厨房外面，那里已经摆满了盛有饭菜的餐盘。我和同学们领来便坐在屋檐下的地上吃起来。

我身边也坐着两位小男孩，我问他们叫什么名字，他们说："蒋益。""贺智麟。"

我对他们说，要好好学习，要争取读中学。

他们不住地点头。

我说："如果爸爸妈妈不要你们上学，你们就说，我一定要上学。"

他们说："好的。爸爸妈妈都很支持我们上学。"

我说："你们要争取考上大学！"

他们说："好的。"

贺智麟特别说："我要考清华！"

他这一句话让我感动而辛酸。我不敢保证他真的能够考上清华甚至考上大学，因为未来对他来说还充满艰辛，而他现在还不知道。

这时，武山走过来悄悄对我说："李老师，刚才同学们听说吴小翠和吴小莲每个月的伙食费仅仅 3 元钱！每天才一毛钱！同学们都想给她们捐钱。"

我说："可以，但一定要量力而行，而且绝对自愿。下午去她们家的时候，把钱直接给她们家里。"

平时在学校，一些同学吃饭很浪费，但今天我看到同学们都把饭菜吃得一干二净。

吃完饭，我执意要把饭钱给校长，但校长坚决不收："我决不会收！你们是客人嘛，这是我们的一点心意。"

推了一阵，我只好作罢。

这时我看到同学们正围着吕老师，从自己身上掏出一元两元五元十元，把捐款交给吕老师。同学们都没有准备，身上带的钱都不多，吕老师统计了一下，共 250 元。

吃完饭，同学们分为三个组，兵分三路开始深入小同学的家里进行调查采访，其中有一个组是去小翠小莲的家。

我没有和同学们一起去采访，因为王主席请我给五凤镇的全体教师做报告。午后两点，我来到五凤镇镇政府的会议室，面对一百多名朴实的教师，我实在不好意思做什么报告。我这样开头的："去年我给我的学生读过一篇小说，叫《凤凰琴》，这篇小说反映的是山区农村民办教师的生活，小说中老师们的高尚的情怀，让我和我的学生感动得流泪。今天，我面对的老师朴实无华，同样高尚。我是没有资格给你们做什么报告的！你们每一个人都值得我学习。我愿意向你们学习，并和你们交流。”然后我就班主任工作谈了我的一些体会，就教育民主谈了我的一些想法。

四点钟，我结束了我的发言，告别了那些朴实的老师们。王主席和五凤镇中心小学的校长送我去五凤镇中学——我们的车停在那里，学生也在那里等我。路上，王主席给我一个信封，说是一点心意，我知道她这是给我的讲课费。我当即拒绝了：“你说，我怎么可能到这里来收讲课费？不是我高尚，而是我怎么忍心？”

我说的是实话，在其他地方讲学，我会坦然地收讲课费，因为这是我的劳动。但今天在五凤镇，我不可能收！

王主席硬塞在我的手里，我只好收下，然后交给校长：“请你代我转交给小翠小莲，算是我的一片心意！”

开始校长坚决不收，但这次我的执着终于让他不得不收下了。

“再见！”我和同学们向窗外的老师们挥手告别，汽车缓缓开出小镇，又行驶在颠簸的山路上。

学会感动，学会感恩

打开马捷的随笔本，我发现他在随笔本每页的最上面都写上一行小字，“让别人因为我的存在而感到幸福”。今天，他题为《改变》的随笔特别让我感动——

时间的力量真是伟大，他总是默默地带来改变，又总是默默地见证着改变。一些伟大的“巨人”，都尝试着与时间赛跑，但最终都败下阵来，时间也一次次证明了它的无可战胜，面对它对我们的改变，我们是多么无助，我们只能改变着。

这周回家，我很意外地遇到了很多小学时和初中时的同学，真的让我又喜又惊。喜的是过了这么些年，他们竟然还记得我（事实证明，我是一个很容易被人忘记的人。第一，我比较内向，没有什么朋友，也不大爱说话，第二，我也没有什么值得别人记住的个性或特点，总之很容易被忘记，小学教了我六年的班主任竟在我毕业后一个月就把我忘记了），并热情地跟我打招呼，不知为什么当时我真有种想哭的感觉。惊的是他们变了，他们长高了，长壮了，更聪明了，但他们开始抽烟了，原来那些天真、对梦想不断追求的孩子在他们身上已经完全找不到了，取而代之的是一个个小伙子，而那些梦想仿佛随着时间慢慢地消失了。

今天，对我来说是个大日子，因为今天是我的生日——十七岁的生日——我成年前的最后一次生日。回头看看我这十七年来的生活，有喜，有悲，有甜，有苦，有真，有假，是个五彩的世界。不过将来会发生什么谁也不知道，童年时的那些梦想能否实现是个未知数，不过在我成年前的最后一年里，我要做什么，我要怎么样去做一个优秀的人，却越来越清晰，因为李老师曾告诉我们：“让别人因为我的存在而感到幸福。”（我就因为一大清早，虽然有月考的压力，但仍然收到了从四面八方送来的礼物而幸福，有的虽然只是一句祝福，但我的心是暖暖的，最令我感动的是李老师这么早来到教室，只是为了把书交到我的手里，我当时就很幸福，因为大家而幸福。）2005 年 12 月 1 日，无疑李老师是幸福的，为自己的女儿而幸福。李老师有这么出色的女儿应该很幸运，而有那么多的父母总是为自己的孩子操心。说实话，我就是让父母操心的孩子之一。我和父母的关系不是很好，虽然知道他们很爱我，但我有时认为他们太唠叨，太不顾我的感受了（现在想起来，真不应该，我在这里检讨），我 17 岁了，应该懂事了。父母的爱以他们的方式给了我们，我们应该珍惜，应该回报。我需要改变。如果说 18 岁的含义是“责任”，那么 17 岁就是“理解责任”，怎么能让李老师一个人幸福？我也要让我的父母幸福，我希望同学们也一样，让自己的父母幸福，但这是第一步，等到以后我们有能力后，要让身边所有人幸福！

时间善于改变一个人，但改变的方式是多样的，他会把你塑造得更美好或更低劣，就让时间来见证发生在我们身上的改变吧！

祝李老师幸福，快乐！（谢谢您的生日礼物）

你的学生和朋友　马捷

在寒冷的深夜，读到这篇随笔，我真感到温馨。我给马捷写了一封信。

亲爱的马捷：

读了你的随笔，我没有理由不感动。我再次幸福了！

你的确很内向，但内向的外表下却有一颗特别善良的心。这颗心，使你懂得“感恩”，懂得善待周围的人，懂得体谅父母和老师……我为有你这样的学生而骄傲！

人，不可能永远停留在童年，我们总要长大，但我多次说过，长大的过程中应该把童心随时带在身边，让纯真永远伴随着我们，所谓“永葆童心”。

说到“永葆童心”，我想到了多年前我写过的一篇短文，我把这篇短文中的几段话送给你，愿我们共勉——

作家王蒙在《青春万岁》中写道：“忠实于少年时代的友爱、热情和誓言，这是人生最严肃的事情。”永葆童心，包括保持正直品格、创造精神和生活热情。

生活中不乏这样的人，随着年龄的增长和阅历的增加，受不良社会风气的影响，他们往往以嘲笑的眼光看待自己少年时代的纯真以显示自己的“成熟”，因而渐渐失去了人生的理想与开拓的激情，成了庸庸碌碌的人，甚至有害于国家的人。不少人中小学时代也许曾是三好学生、优秀共青团员，可长大后却走向犯罪，类似的例子绝非个别。这些人堕落的原因是多方面的，而从道德上看，童心的丧失则是一个重要的原因。因此，对于中学生来说，保持童心的确是非常重要的。

保持童心，就是保持对人民的善良之心。你小学时能扶盲人过街，替迷路幼儿找妈妈，这可贵的善良之心应随着你的长大而扩展升华为对集体、对国家、对民族的爱，并把这种爱体现在工作、生活中的每一件小事上。

保持童心，就是保持对邪恶的正直之心。儿童的眼睛是容不下一粒沙子的，儿童的嘴巴是很难说假话的。童话《皇帝的新装》中，不正是一个小孩首先说出皇帝什么也没穿吗？面对“四人帮”的淫威，张志新同志坚持真理，敢于直言。有人说她“傻”，我却认为她拥有童心！

保持童心，就是保持对事业的创造之心。儿童对一切都感到新奇，什么都想试试。科学家最可贵的品质之一，就是永远对这个世界保持着孩童般好奇、探寻的眼光，而不断开拓、进取。这也是一种童心。

保持童心，就是保持对生活的热情之心。儿童对生活总是充满憧憬、幻想，拥有童心的人总是对生活保持着激情与乐观。有的人年纪轻轻，便对生活缺乏信心，而有的人虽已退休，却仍创造着生活的乐趣，正所谓“越活越年轻”。

马捷同学，走向成熟而不流于世故，保持纯真而不失于幼稚——这就是童心永存！

我坚信，你会永远纯真善良的。

你的朋友　李镇西

2005 年 12 月 16 日早晨

过了几天，马捷的随笔再次让我感动。

语文课前，我征求马捷的意见，是否同意我公开读他的随笔，他笑了笑：“可以的，没关系。”

在三班的语文课上，我给学生讲《泪珠与珍珠》的时候，再次谈到了“感恩”这个话题，于是，我打开了马捷的随笔本，先读了他前次的随笔《改变》，然后读他最近的一篇随笔——

感谢李老师给我的回信。说实话，我真没有想到我的一篇小小的随笔竟然有这么大的魔力，使李老师都感动、幸福！这也是我的幸福，原来幸福可以那么简单。

被幸福温暖了的圣诞节

幸福其实很简单，也许别人的一个微笑，一个举手之劳的帮助，都是我们幸福的源泉，也正如李老师所说的“懂得感恩”，当一个人懂得了感恩，他就会因为别人而感到幸福。

星期六，是圣诞前夜——平安夜，在这天我想所有人都想平平安安地和家人团聚。中午放学，我就早早地踏上了回家的路，可是很不巧，碰上了塞车，回到家已经一点过了，桌上还放着菜，爸爸因为值班，才回家，吃完就睡下了，而妈妈正在看电视等我回来。我进了门就在餐桌前坐了下来，闻了闻（我有严重的鼻炎，几乎没有嗅觉），有种“浓郁的香味”，我知道，平时爸爸妈妈都很忙，没有时间给自己做好吃的，可一旦我在家，他们一定会弄很多好吃的。我正准备吃，妈妈走了过来，坐在我身边，我吃惊地问道：“妈，你还没吃吗？”妈妈微笑着说：“刚才和你爸爸一起吃过了。”“那你……”我明白了，原来妈妈坐在我身边，只是想陪陪一个星期不见的儿子，看看儿子是不是又长高了，又瘦了，每当看见我长高了，她会很自豪，而每当看见我又瘦了，她就会特别心疼，幸福的泪流入了饭中，想起进门后连妈妈都没有叫过，我心中就有无限的羞愧，于是我对妈妈说：“妈，今天是平安夜，你想干什么？我陪你。”而妈妈却摇了摇头，说：“快吃，今天大家在一起过节就好了。”

这个圣诞节，我深深地幸福了，为我的母亲而幸福，而这也是我最温暖的一个圣诞节。

祝李老师

圣诞快乐

新年吉祥

您的学生和朋友　马捷

2005 年 12 月 25 日

读的过程中，我评论道：“这样的生活场景，我想大家都经历过，但同样的生活场景，你是否被感动？昨天我说过一句话，我说当年朱自清父亲越过铁路去买的橘子，能否感动今天的中国孩子？今天我要回答，能！至少能够感动包括马捷在内的一部分中国孩子的心！我相信，在座的同学也能够感受爸爸妈妈对自己的爱，并回报这份爱！”

一转眼，时间的脚步迈进了2005年最后一天。早晨第一堂课，我将一班的同学们带到多媒体教室，给他们上了一节班会课。

我说：“去年聚餐时李老师出钱请客，昨天晚上聚餐时我也曾想过由我支付餐费，作为我给你们的新年礼物。但我没有那样做，因为我想，你们的家里都很富裕，并不缺一顿饭钱。所以昨天晚上我们聚餐是用班费开支的。但我仍然要送给你们礼物，就是今天这堂班会课，这是一份精神的礼物。”

最近，班上个别同学有“早恋”倾向而被同学们议论，于是我便从这个“热点”谈起：“现在有一些中学生‘早恋’，其实他们当中许多人并不懂什么叫真正的爱情。说实话，现在我们这个社会，真正的爱情越来越少了。前几年一部《泰坦尼克号》轰动全球，为什么？就是因为当今世界纯粹的爱情已经不多，因此人们在电影中读到了一个美丽的爱情童话。我还要说，爱情是美好的，但它需要时间的见证。今天，李老师特意给大家带来一篇感人的文章，也是一个爱情故事，我个人认为这个故事的感人程度不亚于《泰坦尼克号》，不同的是，这个故事是真实的，而且主人公就在离我们不远的重庆。”

我打开本月28日的《成都商报》给大家读上面的一篇文章《63年后结婚，惊见新人是旧人》，这是一个传奇般的爱情故事：两位耄耋之年的再婚夫妇，新婚之夜才发现，老伴竟然是当年的原配！文章叙述了这对再婚夫妇——邱大明和刘泽芳曲折的人生和不平凡的爱情。

在读的过程中，每一个同学都非常专注地听着，他们显然也被这旷世奇缘深深地打动了。我注意到，不少女同学的眼睛是潮湿的，坐在前排的张晓淙流下了眼泪，她用手不停地擦拭着。

我评论道：“两位老人历经艰辛的爱情，一点都不轰轰烈烈，但却能打动我们。比起他们的爱情，现在一些人自以为是爱情的‘爱情’是不是肤浅了一些？”

停了一下，我又说：“现在有些中学生自以为相爱，我想，他们都应该严肃地问问：人生还没有正式开始，这份感情真的能够经历时间的考验吗？”

我又把话题转到邱大明和刘泽芳两位老人身上：“这两位老人现在非常珍惜彼此，相亲相爱，他们怀着一种感恩的心情爱着对方。当然，感恩绝不仅仅是表现在爱情方面，同样地，在友情、亲情等方面也应该有感恩的心态。这里，我想给大家读一读三班马捷的一篇随笔《被幸福温暖了的圣诞节》。”

我开始朗读，同学们再一次沉浸在感动当中……

读完了，我说："马捷所描写的所感动的，其实你们每一个同学都经历过，但是你们感动没有？现在，生活节奏越来越快，人人似乎都在匆匆赶路，而忘记了停下来品味人生的情感风景。生命如水一般无声地流淌，不知不觉就可以走过童年走过少年走过青年……李老师教你们，就是要提醒你们在人生路上不要只顾匆匆赶路，而应该停一停、看一看。我把生命的过程比作旅游。比如我们要去峨眉山，上最高点金顶，很多游人一到峨眉山便急匆匆地往山上攀登，他唯一的目标就是上山顶，而忘记了登山的乐趣更多的是在旅途中；到后来，金顶是上去了，但沿途许多美景却错过了。多少人生风景啊，你们是不是都应该随时用心去享受呢？比如，'感动'就是其中一道最美的风景！下面，李老师给你们播放一组照片，看你们能否被感动。"

我开始播放照片，这是一幅幅常见的生活场面图，但这些场面展示着扣人心弦的力量——白发苍苍的母亲、城市工地上的民工、护送学生过河的山村教师、为生活不得不走下矿井的少年、为讨回工资而被打得满脸是血的工人……

同学们都被震撼了。

我说："在 2005 年最后一天，我把这堂班会课作为我的礼物献给你们，希望你们能够在精神上有所收获，做一个善于感恩和感动的人！"

最后我给大家读了一段文字，作为今天班会的结束——

人不能没有原则，但要拥有自己的原则首先必须学会感动。因为，只有没有根本的是非观的人才会万事无所谓，才不会被感动。为什么我们不能扔下冷漠的面具，试着去被感动，哪怕感动于一朵花，一棵树，一条河？不会感动的人，是没有希望的人；不会感动的民族，是没有希望的民族。

附一：提高师生素质的有效途径

查有梁

经过两个半天的认真阅读，读完了李镇西撰写的《爱心与教育》，其间，我数次流下了眼泪。我不是一位多愁善感的学人，更何况“男儿有泪不轻弹”。我为一位教师的爱心、童心、悲心、真心、信心，自然地流下了热泪。我为四川有这样的青年教师感到骄傲，我为中国有这样的青年教师感到自豪。

《爱心与教育》这本书的副标题是“素质教育探索手记”。论述一位教师采用什么途径，有效地提高学生的素质。《中国教育改革和发展纲要》（1993年2月13日，中共中央、国务院印发）指出：“发展基础教育，必须继续改善办学条件，逐步实现标准化。中小学要由‘应试教育’转向全面提高国民素质的轨道，面向全体学生，全面提高学生的思想道德、文化科学、劳动技能和身体心理素质，促进学生生动活泼的发展，办出各自的特色。”这里明确提出了要提高学生的“四大素质”：思想道德素质、文化科学素质、劳动技能素质、身体心理素质。

“国际21世纪教育委员会”向联合国教科文组织提交的报告题为《教育——财富蕴藏其中》。该报告指出，教育有四个支柱，这就是：“学会认知，即获取理解的手段；学会做事，以便能够对自己所处的环境产生影响；学会共同生活，以便与他人一道参加人的所有活动并在这些活动中进行合作；最后是学会生存，这是前三种学习成果的主要表现形式。”（《教育——财富蕴藏其中》，教育科学出版社，1996年版，第75页）

很明显，“四个支柱”与“四大素质”，从整体上看，是全方位对应的，一致的。“四个支柱”立稳了，才称得上现代教育；“四个素质”全面提高了，才称得上现代教育。

我读《爱心与教育》一书，不仅看到了“全面提高学生素质的有效途径”，而且更多地看到了“全面提高教师素质的有效途径”。实施素质教育关键在于提高教师素质。

1998年3月6日，我为“成都市骨干教师研修班”做报告，题为“优秀教师素质研究”。对于“优秀教师素质研究”，我没有采用“讲授模式”，而是采用“参与模式”——让教师们通过参与、交流，自己教育自己。我提出以下20个问题，要教师们做书面回答，然后我当场做评论。40分钟过后，我收到了64张答卷。

经成都市教科所语文组吴玉明提示，我第一个念了李镇西的答卷。在我念李镇西的答卷时，全场很安静，显然教师们被他的回答所打动。我在念到他的精彩的回答时，内心十分激动，边念边给出好评。

李镇西的答卷如下：

1．对您影响最大的教育论著有哪三本？

①《给教师的建议》（苏霍姆林斯基）；②《教育诗》（马卡连科）；③《陶行知论德育》（陶行知）。

2．在您所教学科中，对您影响最大的专业著作有哪三本？

①《叶圣陶语文教育论集》；②《叶圣陶、吕叔湘、张志公语文教育论文选》；③《中国著名语文特级教师教学思想录》。

3．您认为最重要的师德有哪三点？

①真诚地热爱每一位学生；②平等地对待每一位学生；③永远不对任何学生绝望。

4. 对您启发最大的教育名言有哪三句？

①“教育要面向现代化，面向世界，面向未来。”（邓小平）②“真正的教育是自我教育。”（苏霍姆林斯基）③“先生之最大快乐，是创造出值得自己崇拜的学生。”（陶行知）

5. 学生最不喜欢的教师有哪三项缺点？

①懈怠；②不公；③专制。

6. 在您的学生时代，优秀教师给您印象最深的有哪三点？

①真诚爱生；②教学有方；③谈吐幽默。

7. 您对学生的教育赠言有哪三句？

①“让人们因我的存在而感到幸福！”（马特洛索夫）②“忠实于少年时代的友爱、热情和誓言，这是人生最严肃的事情。”（王蒙）③“天生我材必有用。”（李白）

8. 您最满意的论文或论著是哪三篇（本）？

①《教育呼唤民主、科学与个性！》；②《青春期悄悄话——致中学生的100封信》；③《爱心与教育》。

9. 您最好的教学经验有哪三条？

①注重文学感染；②引导学生自学；③师生平等对话。

10. 您采用的教学艺术有哪三条？

①让学生不知不觉地进入思维的王国；②让学生不知不觉地燃起思考的火焰；③让学生不知不觉地展开思想的碰撞。

11. 您采用的教学技术有哪三项？

①粉笔、黑板；②投影仪；③影视作品。

12. 您采用的教学模式有哪三种？

①师生平等探讨；②学生互相交流；③指导学生自学。

13. 您认为优秀教师最重要的素质有哪三点？

①童心；②爱心；③事业心。

14. 您认为优秀校长最重要的素质有哪三点？

①民主；②真诚；③有自己的教育思想。

15. 您认为优秀家长最重要的素质有哪三点？

①人格高尚；②不仅仅以分数苛求子女；③理解教育规律。

16. 您认为优秀学生最重要的素质有哪三点？

①善良；②正直；③有志。

17. 您对品德不良的学生采用的教育策略有哪三条？

①调动集体舆论的鼓励；②有意识地对其感情倾斜；③引导其不断战胜自己。

18. 您对成绩差的学生采用的教育策略有哪三条？

①设法增强其信心；②暗中降低学习要求；③创造其成功的机会。

19. 您对心理素质差的学生采用的教育策略有哪三条？

①与之建立朋友般的信任感；②保持思想和情感的交流；③有针对性地推荐有益读物。

20. 你认为理想的学校至少应具备哪三点？

①民主的校长；②和谐的氛围；③优越的教育科研条件。

李镇西仅在30分钟内，写出以上答卷，真实地反映了他的教育思想。这份答卷，正是《爱心与教育》的简明提要。我提出这20个问题要大家回答，是“突然的”，他们谁都没有准备，答卷的可信度高。我评论道：“你们对这20个问题的回答，是一本简要的《实践教育学》，你们各人正是按照自己的回答那样，来从事教育教学工作。对这20个问题的回答，部分地反映了你们的教育教学水平。”我建议每位教师都应对这20个问题给出各自的回答，然后，相互交流，相互启发，共同提高。理论教育学是需要的，因为它系统；实践教育学也是需要的，因为它生动。

在评论李镇西的答卷之前，我并不认识李镇西；甚至在评论之后，也不认识他。我虽然为“成都市骨干教师研修班”讲过几次课，但下面毕竟有100多位教师，没有一一交谈的时间，我不可能一一认识。这次课后，我又详细地看了收上来的64张答案，毫无疑问，李镇西名列第一。一个月后，成都市教科所普教室王必成主任打电话告诉我：“李镇西有一本新著，想请你看后作跋，同意吗？”我说：“可以，等我5月初，回蓉后即写。”我正想研究他为什么有如此高的水平。

5月8日，四川少年儿童出版社田曦、郭孝平两位编辑，同李镇西一起来到我的办公室，将《爱心与教育》的校样交给我，这时，我才认识李镇西其人，看了书后，才知其人其书。我把其他重要事情都放在一边，专心看此书，方知李镇西对我提出的20个问题的答卷，之所以名列第一，实非偶然，“冰冻三尺非一日之寒”。

1977年恢复高考后，李镇西首届考入四川师范大学中文系；1982年毕业后回到乐山市一中，做了9年语文教师、班主任；1991年应聘到成都市玉林中学当班主任、语文教师，工作了6年；1997年到成都市石室中学任教。1966年至1976年，正值中国的“文化大革命”，教育事业受到极大破坏，其间正是李镇西读小学和中学的年代，他受到的学校基础教育不可能是良好的；他的大学生涯，并非在名牌大学中度过，也并未获硕士、博士学位。然而，经过17年的教育教学实践，他作为一位教师的全面素质提高得如此快、如此高，这是很值得研究的。我认为，他的小学、中学、大学的老师们，在做人、做事、做学问方面，为他打下了较好的基础，这是不能忽视的；但是，更主要的，是他通过自己的教育教学实践，从实践中学习，从实践中提高，从实践中发展。他充分实践了以下四个成人教育模式：

其一，工作模式：参加教学，工作中学。过程是：教学→经验→比较→理论。

其二，经历模式：参加活动，经历中学。过程是：游历→考察→采访→总结。

其三，交往模式：结识师友，交往中学。过程是：乐群→亲师→访友→交流。

其四，自教模式：系统读书，自教自学。过程是：阅读→思索→笔记→创作。

我在《教育建模》（广西教育出版社，1998年）中，研究过上述四个成人教育模式，所幸李镇西正好是实践这四个教育模式的突出代表。必须补充的是：他非常善于向学生学习。《爱心与教育》正是他与学生们的共同创作，因而也适合中学生阅读。

《爱心与教育》，正是他广泛而深入地实施了上述四个教育模式，才使之经过17年的努力，即达到一流水平，这为我们如何有效地提高教师素质，提供了新的思路。

我对《爱心与教育》一书给出以下简要评论：

《爱心与教育》是一本成功的“实例教育学”。此书既有精要的教理阐述，又有典型的教例剖析。作者对“逆境”学生的关怀，对“后进”学生的转化，对“优秀”学生的培养，对“心理”教育的尝试，对“有效”德育的探索——有普遍的启发性，值得每一位中小学教师一读。家长阅读此书也会大受教益。这是一本智慧与情感整合的教育学。作者做到了：“言为人楷，行为世范”，“将心比心，以心换心”，“晓之以理，动之以情”。真正做到了：全面提高人的素质是教育的出发点，也是教育的根本宗旨。这本书“言之有人”，“教之在人”，讲真话，有感情，充满爱心。作者的教育思想源于苏霍姆林斯基，又超越了苏霍姆林斯基。本书也反映了作者如何开放式地进行语文教学，对学科教学改革也很有启迪。本书为探索建立有中国特色的社会主义的素质教育的理论、模式、实践做出了创造性的贡献。

生活是丰富多彩的，为了生活的教育当然也是丰富多彩的。《爱心与教育》提供的许许多多具体做法，是因时、因地、因事、因人而提出的，不是要人照搬；重要的是从整体上领悟这本书的思想、观点、方法。具体的做法，需要每一位教师也因时、因地、因事、因人，自己去创新。科学的生命力在于创新，教育学的生命力也在于创新。有创新则立，无创新则废。我们需要理性的教育学，也需要感性的教育学；我们需要共性的教育学，也需要个性的教育学；我们需要一般的教育学，也需要特殊的教育学；我们需要理论的教育学，也需要实践的教育学；我们需要原理的教育学，也需要个例的教育学。像《爱心与教育》这样高水平的生动的“实例教育学”，真是太少了！但愿这一本有创新的“实例教育学”引出更多更好的有创新的“实例教育学”。

李镇西从事过教育工作的三所中学，都是很有名气的学校，属于“处境良好的一流学校”。大量的学校是“处境一般的普通学校”，也有不少是“处境不利的薄弱学校”。我对在后两种学校工作的教师深怀敬意，对在后两种学校学习的学生深表同情。一流学校在于一流教师，一流教师在于一流教学。在后两种学校里，多一些一流教学，就可以多一些一流教师，就有可能成为一流学校。虽然，永远都不可能所有的学校都是一流学校，但是每一所学校里，都完全有可能出现一流教师和一流教学。我们中国的每一位教师都能像李镇西那样，通过教育教学实践，大大提高教师自身素质，从而有效地提高学生的素质，实施素质教育定会取得成功。

1998年5月10日

（本文作者为四川省社会科学院研究员、四川省智力开发与专门人才研究所所长、中央教育科学研究所兼职研究员。）

附二：爱心创造奇迹

——李镇西《爱心与教育》读后感

朱永新

对教师工作来说，没有什么比爱心更重要。

这是我读李镇西《爱心与教育》一书以后的最大心得。其实，他这本书本身就是用爱心写就的。

在这本书中，李镇西向我们表达了一个基本的信念：爱，不等于教育，但是，教育，永远不可能离开爱！

是的，你没有丰富的知识，扎实的功底，精湛的教艺……但你有一往情深的“爱心”，你就会吃别人不能吃的苦，坐别人不愿坐的“(冷板)凳”，苦读苦练，日积月累，终成大器。钱梦龙只有初中文凭，魏书生的情况也是这样，但他们却登上当今中国教育界巅峰，是对教育事业痴心不改的“爱”使他们实现了人生飞跃；李镇西本人，也是用他的爱心创造了他的教育辉煌，成为中国教师的杰出代表。

你的学生中没有天才，没有一看就聪明过人的孩子，没有英俊少年，有的是表现平平的一群少年，甚至是“调皮大王”、顽劣不化的主儿，是一考就“大红灯笼高高挂”的“差生”……但你有“化腐朽为神奇”的执着期待，有“没有教不好的学生，只有不会教的老师”的律己精神，有“转化一个后进生与培养一个优秀生一样重要，甚至更重要”的理性认识，一句话，有非凡的爱心，你同样可以培养出一批又一批优生和俊才。李镇西自愿把人见人烦的“差生”揽到自己班级，在转化和促成方面写下了一篇篇瑰丽的教育诗章。

你的学校没有气势磅礴的教学大楼，没有让莘莘学子足不出户就可以神游天下的互联网，甚至没有像样的课桌椅，但你有“跟困难做斗争其乐无穷”的精神，有“黄土高坡也能长出参天大树”的充分信心，有“鸡窝里飞出金凤凰”的不灭梦想，你就会迎难而上，变不利为有利，造就一个个敢于放眼天下、胸怀全球的国际化的现代中国人。我曾经到过一些老少边穷地区进行教育考察，一方面为他们的贫困落后而揪心，另一方面，也为那些“咬定青山不放松”的教育人的可贵精神和他们创造的非凡成绩叹为观止。是的，“匹夫不可夺”的“爱心”让他们也拥有了一份独特的风景和辉煌。

——教育的爱心是空气，是阳光，是土壤，是水源，是食粮，是布匹……你可以把它比喻为人类生存和发展必不可少的一切，而且绝不过分。所以，老一辈教育家夏丏尊说：教育没有情感，没有爱，如同池塘没有水一样。没有水，就不能称其为池塘。没有情感，没有爱，也就没有教育。

可是，在我们教育的现实生活中，缺乏爱心的现象还是太多了啊！

学生有不遵守纪律的行为（注意，有些行为是否属于违纪值得我们认真思考，如上课没有举手就发言、跟教师或家长“顶嘴”，如对异性同学有好感，写了一封流露好感的信，等等），不是循循善诱，而是充当“教育警察”，毫不留情，横加呵斥，甚至挥以老拳；学生有化解不开的思想症结，不是努力捕捉，认真发现，耐心引导，而是视而不见，甚或冷嘲热讽，大泼冷水；学生成绩有波动，不是和他一起分析原因，热情鼓励，而是公开批评，厉言“敦促”，不使他懊丧不已，就好像不能逞示严师之威……陶行知说，在我们的冷眼之前，可能就有牛顿；在我们的棍棒之下，可能就有瓦特；在我们的恶语之中，可能就有爱迪生。是啊，从某种意义上说，成才成器是人的潜力发掘和发展的必然，是人的一种不应被抹杀的天性，有意无意中，我们有许多同仁摧毁了这种必然，践踏了这种天性，没有积极的情绪体验和情感表达，当然无法感受教育的美好，创造教育的奇迹。

对于任何教师来说，你都不会与奇迹无缘。它萌芽于热情，胎动于鼓励，最终诞生于爱心之中。不止一例的植物人因为得到亲人细心呵护而从梦魇中醒来，重新拥抱美丽的人生。我想告诉你，你的教育对象中没有“植物人”，你的奇迹并不那么难以创造！

李镇西用爱心写就了《爱心与教育》，也用爱心创造了教育的奇迹！

附三：读者感言

韩兮冰冰：这本书所有的教育故事，都蕴藏着李老师的爱心。于是，质朴的文字变得有血有肉，质朴的故事变得感人肺腑，也就是在这有血有肉有情有爱的故事中，李老师的形象在我的心中显得越发高大，他的教育者的头衔也越发清晰。他注意锻造优秀学生的卓越人格，又时刻不忘与后进生进行思想碰撞，深入了解学生家庭学校个人方面的情况，总结出一套转化后进生的教育方法；他也怒火万丈地忍受学生对他的顶撞与公然挑衅，又不动声色地去理解去改造；他教学生学会感动，学会感恩，教学生捕捉自己的幸福，让学生懂得尊重别人，在以学业为主的高中成长阶段，让学生完美茁壮地成长起来！

刘老庄：作为高中数学老师，常陷题海中。偶从同事处看到《爱心与教育》，一下子被书中故事吸引住了。此书最大特点是真实。一切来自校园生活实际，都是师生的真情实感。书中没有装腔作势和故弄玄虚，更无矫揉造作和无病呻吟。清水出芙蓉，天然去雕饰。一切平平淡淡、自自然然、真真切切、清清爽爽。因为“真实”，所以“善美”。书中最打动我的是师生间那种“纯纯”的情感，有时像父亲对儿女们的关爱，有时像兄长对弟妹们的理解。终于明白当老师可以如此幸福！可是从教20年，感觉自己离书中故事渐行渐远，师生之间越来越淡漠。除了传授知识抓成绩，其他方面很少。当然这与当下教育过于急功近利有关，也有自身努力不够的原因。希望在后面二十年职业生涯中，能努力做到静下心来教书，潜下心来育人，成为像李老师一样享受教育之乐的人！

乐智阳光：“把整个心灵献给孩子。”苏霍姆林斯基的这句豪迈誓言就是对“爱心”之于“教育”所具有的崇高价值的首肯。一脉相承地，李镇西老师对一个好教师的定位，“每一个从他手中走出的人都能幸福地度过一生”，表达的就是这“师者仁心”的具体价值指向——用心有爱的教育之终极目标，就在于使学生拥有谋求幸福生活的能力。那么，为了达成这个“谋幸福”的能力目标，教师就必得（至少）要千方百计地将师生共同成长的这一段黄金岁月，倾情打造成一段情意融融、创造分享、敢爱敢恨、超越自我、放飞梦想、从远古直指未来的穿越之旅！于是，我们就惊喜读到了书中的各种走心的活动设计。而《爱心与教育》书中谈到的“给人民做牛马”的价值追求，恰恰是作者淡泊名利、勇于奉献、甘当人梯的精神写照。无疑地，也唯其拥有着如此宅心仁厚的宽广胸怀，作者才会把脚下的教育之路走得如此稳健，走出了这一番桃李争春晖、芳草遍天涯！

刘斐：数年前，可以说正当我处于教师职业的迷茫倦怠时期，一次偶然的机会，在一位教育同仁朋友的引荐下，很幸运地接触到了李老师撰写的《爱心与教育》一书。细细读完整本书，我一下子被书中朴实的文字语言所吸引，被一个个鲜活生动的教育故事所打动，更被李老师充满激情和富有爱心的教育情怀所感染。原来，教育也可以做得如此让人痴情迷恋！如此有成就感和幸福感！如今好多年过去了，坦率地说，正是由于我读了李老师的力作《爱心与教育》，才彻底唤醒了我的灵魂，点燃了我的教育激情，让我开始转变教育观念，尝试以另一种方式行走，渐渐地喜欢上了教师这份职业，进而越来越喜欢孩子，喜欢班主任工作了。如今人到中年的我，坚守乡村教育二十载，依然对教育充满无限的眷恋和深深的爱意，整天和一群纯真可爱的孩子们打成一片。我们一起读书学习，一路播洒阳光和雨露，共同创造属于我和孩子们的教育故事，诗意幸福地向前行走，收获着许多前所未有的幸福，我们过得充实而快乐！幸闻《爱心与教育》20周年纪念版精装本即将问世，衷心祝愿这部教育著作能在中国的教育大地上畅销不衰，拥有越来越多的读者，能为广大教学一线的普通教师和班主任带去更多福祉。

孙开仁：爱心与教育联姻，孕育了一段段朴实无华的动人故事；爱心与教育携手，让这个世界知道我们的名字叫教师，有一种爱叫师爱。一株株幼苗获取精神的钙质，一个个稚嫩生命茁壮成长，一份份爱心绽放五彩的光芒……《爱心与教育》是教师的心灵鸡汤，滋养每个向上向善向美的心灵，生动诠释什么才是教育的真谛；也是行动指南，鼓舞我们将爱进行到底。和《爱心与教育》邂逅是一份最美的遇见，让我们看到教师职业的伟大与教育的美丽，听到生命拔节的脆响，感受到自己作为一名教师的自豪与幸福。

一泓清洌：初为人师之时，一路磕绊，一心迷茫，一身倦怠，开始封闭自己，开始怀疑人生。是李老师的《爱心与教育》给我阴沉灰暗的世界洒下了一片光，照亮了前方的路。现在当班主任已近二十年的我，一直秉承着“心育”的理念，怀揣一颗诚挚的爱生之心，与一届届的孩子们共同成长。《爱心与教育》畅销二十年，成为教育工作者的指导手册，是因为这是一本有温度、有情怀的书。相信再一个二十年，以后更多个二十年，《爱心与教育》都会引领一代代教育者书写一代代教育情怀。

沉默是金：读《爱心与教育》，深刻地感受到：李老师用自己的那片云推动学生的那片云，用自己的心灵唤醒学生的心灵。读《爱心与教育》，感悟李老师的教育之爱，学习李老师的教育之智。读《爱心与教育》，让我明白了必须“用心灵赢得心灵”，让我明白了必须用教育之爱进行教育活动，必须用教育之智处理教育问题。《爱心与教育》影响了我的教育，也必将继续指引我的教育。

水润青海：真诚祝贺李老师！读《爱心与教育》感想有三个：一个是巨大的心灵震颤。李老师背着生病的学生翻山越岭去医院，嘴里还乐呵呵地“给人民做牛马的人民永远记得他，骑在人民头上的人民把他摔垮”；学生家长给李老师半篮子鸡蛋，李老师一天一个煮给那个学生吃。说实话，我也是真心爱我的学生们，李老师明朗了我“真心施爱自己的学生没有错”，震颤掉了世俗与偏见，让我心灵无比坦荡。第二个是思想上的强烈共鸣。李老师班上的一个女孩不幸离开人世，女孩的妈妈亲口告诉李老师孩子的病不好治，李老师极度悲痛地反思，唤起人对生命的敬畏又唤醒生命的灵性。我也喜欢反思，李老师的反思给了我新生能量，让我学会了自觉成长。第三个是增强教书育人工作的自信。读李老师的书，我看到教育大家教育名家和学生的真实生活，这是我们最鲜活的教育读本，常态化引领我们一线教师，让我们相信都能做最好的自己，自信满满教书育人，真实朴素铸写师魂。

杨一：我是一名师范生，走上三尺讲台已经十多年了。从毕业的那个时候就一直拜读李老师的书。最近，重拾这本书，细细捧读，书中所描述的师生真实情感还是深深地感动了我，更为李镇西老师那充满爱心、民主、真诚、人性的教育所折服。就这样，我陶醉着、感叹着进入了一种会意忘文的阅读境界，带着自己的心去读，带着自己的梦去读，带着自己的实践去读，带着自己的思考去读。时时反省自身，反省自己与李镇西老师之间的差距。李老师在书中这样写道：当一个好老师最基本的条件是什么？是拥有一颗爱学生的心！他还说：离开情感，一切教育都无从谈起。师爱是教育工作中不可缺少的良剂。爱学生，就必须善于走进学生的情感世界，就必须把自己当作学生的朋友，去感受他们的喜怒哀乐。李老师和学生间的一个个故事都体现了他为人师表的真心，他对学生的爱，不但是爱优秀生，而且更爱差生。对班级中的优生、中等生、差生坚持按号轮流家访，对有进步的学生会给他们一张报喜表带回家等，李老师在教育岗位上处处闪耀着爱的火花，这都是值得我们教师学习的地方。李老师的《爱心与教育》，是教育界不可多得的珍宝，也是我们教育学生的难得范本。李老师对学生倾注了毕生的爱心，是我学习的好榜样，我将奉献出我的爱心，让爱心掌舵，扬起教育风帆，让学生们都能在我的引导和教育下，开始幸福快乐的人生。

我就是我：班级管理既是一门科学又是一门艺术，在读了李镇西老师的《爱心与教育》后，不由得为李老师的教育行为所感动，所震撼。我结合自己的工作，努力学习和创新，践行“爱的教育”的管理方式，享受到了班级工作的轻松愉悦，品味到了教书育人的甘甜快乐！在《爱心与教育》中，我们看到了他作为一个教育者对自己的教育活动目标的理解，不是成绩单、分数或大学录取通知书，而是活生生的人。从他的身上，我看到了一个真正的教育者成长之路和应有的品格，看到了教育者爱的力量。

黄建军：李镇西老师的书是我的为师幸福的发现之书，是我的班主任工作研究的启蒙之书，是我的教育人生的导师之书。

天线保保：教育贵在爱！镇西老师的《爱心与教育》就是一本通过身体力行，用真实案例阐述教育大爱的书。它是红烛，为我们初为人师者照亮了前行之路，它更是为师者们的心灯，是应该精读细读的教育指南。

江涛：因为刚工作就做了班主任，所以在班级管理、教育学生上经常会遇到很多难题和困惑。一次偶然的机会读到了李镇西老师的《爱心与教育》这本书。我几乎是连续几天没有间断地把它看完的，因为深深地被里面的故事所吸引了。这本书不是单纯的教育理论著作，而主要是写教师与学生之间的故事，是一个个真实的案例，所以看的时候不会感觉枯燥，很容易沉浸在里面，时常还会有画面感。虽然书中的故事大多发生在上个世纪八九十年代，可以说那时候社会经济水平、教育实际、学生特点和现在是不可同日而语的，书中一些管理班级的具体做法放到现在可能也很难奏效，但这本书中既朴实又深刻的教育思想、教育观我觉得放在今天依然光芒四射，有着很强的现实意义。比如教育始终要尊重学生，教师要真诚地与学生交流，要走进学生的内心，同时教师在各方面要为学生做示范等这些教育理念。扪心自问一下，这些现在我们都做到了吗？答案好像并不是那么确定。感谢《爱心与教育》这本书，它让我学到很多且更加坚定了自己的教育观。

David：读大三的时候，在老师的引导下，作为师范生的我开始有了当老师的念头。在图书馆的一次寻觅中偶遇了李镇西老师的《爱心与教育》，看了之后爱不释手，读完李老师的杰作，我振奋，我感动，我流泪，我挂念……一个个鲜活的学生形象在我的心中萦绕，直到今天还一直关心着书里那些学生的变化发展，还一直关注着李老师的微博和公众号！是李老师和他的杰作让我对教育的信念更加坚定，哪怕在教育的路上举步维艰，我也要坚持做一个平凡而又“发疯”的老师，让教育朴素的爱和理想信念坚定不移，走向远方！感谢李老师！感谢您的《爱心与教育》！感谢您的未来班！

周老师：曾经，我一度认为好老师就是对学生负责。他们不会的知识，我们不厌其烦地教给他们；他们没有掌握的笔画笔顺，我们一笔一画地示范给他们看……当我看到李老师的《爱心与教育》一书时，我开始反思自己，我对学生的教育智慧吗？我感到一阵脸红，我只是很努力地在教，但是我并没有走进他们的内心，没有真正成为他们的朋友，我对待他们的方式真的能称得上是一名智慧教师的行为吗？一直以来自己就担任着班主任的工作，班级管理事无巨细，好像是头“老黄牛”，面对班级管理虽然自己是一味地全心付出，但收效甚微，更谈不上管理之中的智慧了。当新加入教师岗位的老师问我管理班级、教育学生有哪些管理经验可分享时，我给他们推荐了李老师的这本《爱心与教育》。我想当他们看完后，肯定有不一样的收获。这本书值得我们重新再去细细品读，体会教育的真谛。

A_yan：从教八年，有得意有失落，更有无数次地对自己表示怀疑，最怕的是自己没能在孩子的美好年华里给予最美好的牵引。得意的时候读《爱心与教育》让自己不忘初心，失落怀疑自己的时候读《爱心与教育》又让自己砥砺前行。很喜欢镇西老师一系列的书，用朴实的故事说教育，充满了正气与正能量，鞭策指引着我这个热爱教育的一线教师一路前行。教育本身应是充满爱的，带着一定的责任，用爱与智慧谱写出来的教育才有血有肉有生命。感谢镇西老师，感谢《爱心与教育》！

一叶兰舟：记得当年读着《爱心与教育》，当小学音乐教师的我无限羡慕当班主任的老师能和一群孩子天天在一起，梦想着有一天也能像李老师一样当上班主任。我在2002年心想事成，终于也当上了一名班主任。我也学着李老师那样，天天记录自己和孩子之间的故事。现在还记得当时脸上粉刺密布，忙得像个陀螺，有时甚至被孩子气得焦头烂额。我就从李老师的书中找寻治班秘方，《爱心与教育》和苏霍姆林斯基的《给教师的建议》，成了我的案头书。真的是“读你千遍也不厌倦”。一年的班主任生活让我写了四十万字的日记，恰逢教育科学出版社编辑在教育在线征集“新教师成长日记”，我便精选了三十万字的日记投稿。令人欣喜的是我的这本名为《飘着花香的琴弦》的日记被选中，于2004年在教育科学出版社正式出版发行。而这套丛书的主编就是李老师，他真是我生命中最重要的他人。永远感恩李老师——我的良师益友！

牙签汪琼：我是在10年前看到的《爱心与教育》这本书，我认真阅读了里面的一个个故事。当时我已经从教10余年，但是对“十年树木，百年树人”，这句话理解得不是很深刻，觉得老师教学生，我们的价值体现应该就是毕业升学考试的成绩，对学生的成长评价也是局限在毕业升学的成绩上面，没有去关注学生毕业后的人生发展。自从读了这本书，我就有意地去了解了我以前教过的学生的情况，真的是品行端正、吃苦耐劳的娃娃，都有一个好人生。从此改变自己的教育思路，我开始去用心关注每一个孩子，尽量做到“用爱去教”。在这10年中取得了很好的效果，包括教学成绩和学生的成长。真的感谢《爱心与教育》这本书，当我迷茫时，它就是我前进的明灯。

雯荠：老师的《爱心与教育》在我心中就如教育的“宝书”一样。我从这本书中看到教育原来是可以这样真诚的、无私的、充满热爱和希望的。我最高兴的是自己从此以后一直把爱心献给教育，真的像老师书中写的那样尊重热爱学生，学习老师的一些教育方法，对学生不仅真诚耐心也实实在在地运用一些教育智慧，取得了很好的效果。这都是因为我刚刚毕业就有幸接触到老师的这本《爱心与教育》。

程兰：作为一名普通的乡村教师，若问我的教育信仰，我定会脱口而出：拥有一颗全心全意爱学生的心。六年前，第一次翻开《爱心与教育》便被那质朴的语言和一个个鲜活的事例打动着。感谢李老师坚定了我的教育信仰，感谢李老师让我感受到做教师可以如此幸福，感谢李老师启迪了我的教育智慧，启发我不断地探索、反思、前行着……从《爱心与教育》到《做最好的老师》再到每天阅读镇西茶馆的文章，内心不由得呐喊：教育界太需要这样接地气的专家了。李老师，我们将紧跟您的脚步，以对每位学生的滚烫爱心和对教育事业的满腔赤诚，誓做孩子们最好的老师。

董润丰：在教育专家数以百千计、教育著作数以千万计的当今中国教育界，如果一定要我在心中排个名次，那么，充满育人情怀的李镇西老师是当之无愧的第一！催人泪下的《爱心与教育》是永远流传的经典，这本书是我桌案之上的知己和老师。作为老师，我的教学路上也有帮助过的“伍建”，也有打过持久战的“万同”，更有一个个尊敬我、爱戴我的“小天使”——我把我的学生称为天使，因为和他们在一起我充满了欢乐！这一切的力量源自李镇西老师和他的《爱心与教育》。值此《爱心与教育》出版20周年之际，我想借此再次倾诉对李老师的敬佩之情和“见贤思齐”之心，并与全国的教育工作者共勉——让我们将“爱心”进行到底！